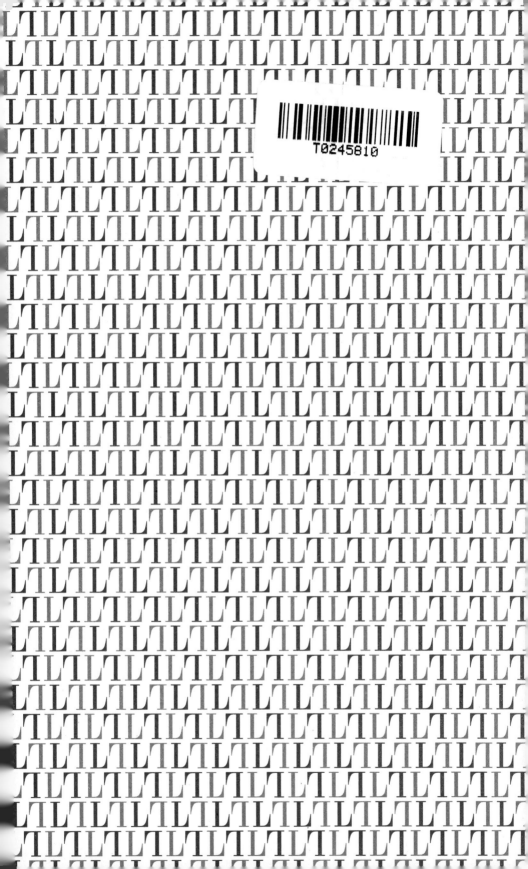

El enigma
Paco de Lucía

El enigma
Paco de Lucía

César Suárez

Lumen

ensayo

Papel certificado por el Forest Stewardship Council®

Penguin
Random House
Grupo Editorial

Primera edición: enero de 2024

© 2024, César Suárez Martínez
© 2024, Penguin Random House Grupo Editorial, S. A. U.
Travessera de Gràcia, 47-49. 08021 Barcelona

Printed in Spain – Impreso en España

ISBN: 978-84-264-2643-7
Depósito legal: B-17.816-2023

Compuesto en M. I. Maquetación, S. L.
Impreso en Egedsa, Sabadell (Barcelona)

H 4 2 6 4 3 7

Índice

Una pareja perfecta

La Banda del Tío Pringue

LA BÚSQUEDA

LA GUITARRA ES UNA HIJA DE PUTA

A Sandra

Paco encanta al que no sabe y vuelve loco al que sabe.

MANOLO SANLÚCAR

Con ustedes, el fabuloso
Paco de Lucía

No cesaremos de buscar
y el fin de todas nuestras búsquedas
será llegar al lugar en el que empezamos
y conocerlo por primera vez.

T. S. ELIOT

El crujido de las clavijas ajustadas por la mano izquierda de Paco de Lucía acompaña el monólogo de Jesús Quintero. Como si fuera un poeta antiguo, con una dicción impostada que le hará famoso, el presentador declama así ante las cámaras de Televisión Española:

Apareció un actor llamado James Dean. No era el mejor de todos, pero sin embargo se convirtió en una leyenda. Aparecieron unos chicos en Liverpool. No eran los mejores músicos, pero de alguna manera revolucionaron el mundo juvenil. Apareció el Cordobés. Los críticos decían que no era buen torero, pero acabó con el cuadro. Y ahora, Paco de Lucía... Paco de Lucía ¿qué es? ¿Es un mito, es una leyenda, es una mentira perfecta? Se han dicho muchas cosas en todo el mundo sobre Paco de Lucía. Recuerdo una crítica que más o menos decía: «Hombres así se dan uno cada siglo». Ha venido a resucitar el fenómeno de un Paganini o de un Liszt.

Es miércoles 25 de febrero de 1976. Suenan aplausos tras el panegírico. Estamos en el programa *La hora de... La guitarra de Paco de Lucía.*

Quintero y Paco aparecen sentados en dos sofás tipo puf color marrón. Paco rasguea su guitarra y fuma con afán mientras el presentador habla. Hay una mesa baja de cristal con un cenicero redondo de mármol, una licorera con whisky, una hielera, dos vasos de tubo y unas flores rojas. La alfombra que acota la escena tiene un llamativo estampado circular. Paco lleva el pelo largo, una camisa blanca. Quintero, una cazadora de cuero color caramelo. Detrás hay un extraño adorno que simula una especie de estalagmita. Podría ser una lámpara. Algún nostálgico desorientado pagaría mucho dinero por ese artefacto si se lo encontrase hoy en el Rastro.

—¿Eres tan bueno como dicen, o es que abundan los mediocres? —pregunta Quintero sin más prolegómenos.

Paco posa el cigarrillo en el cenicero, mira a su interlocutor y sonríe:

—No me das otra alternativa que la de decir que abundan los mediocres.

—Nos gustaría conocer el paisaje de tu nacimiento —continúa Quintero.

—El paisaje de mi nacimiento está entre dos aguas.

—¿Tú crees que los hombres que nacen junto al mar son distintos a los hombres que nacen tierra adentro?

—El hombre que nace junto al mar tiene una cara así más de galápago... [Risas]. Sí, es más soñador, tiene un sentido de la libertad el hombre que está al lado del mar. Yo no puedo estar sin ir al mar mucho tiempo. Yo necesito esa expansión que te da el mar, ese poder respirar a gusto, a fondo.

Siguen las preguntas y se intercalan actuaciones en directo sobre un escenario gigantesco con forma de guitarra. Para llegar a la boca del instrumento, en el centro de la tarima, hay que avanzar por la pasarela del mástil. Paco cuenta cómo conoció a Camarón y el rostro del cantaor aparece en la pantalla con la seriedad de una cueva. Observa concentrado las manos de Paco, que igualmente metido en sí mismo ataca una bulería. Canta Camarón:

> Me lo encontré en el camino
> y nos hicimos hermanos,
> le invité a que se subiera
> a lomos de mi caballo.

Luego se da otra situación hasta entonces nunca vista: un flamenco hablando inglés con un músico indio. El indio es el virtuoso del sitar Ravi Shankar. Paco y él se conocieron en Japón, donde coincidieron después de un concierto. Paco le pregunta si es amigo de The Beatles. Shankar guarda las distancias y responde que solo es amigo de George Harrison, el *Beatle* que fue a Benarés a aprender con él.

—¿Crees que el flamenco y la música india son similares? —pregunta Paco en inglés.

—Pienso que todas las músicas están relacionadas.

En la escena siguiente, Shankar toca el sitar sentado en una alfombra voladora, cortesía de la pasión futurista por el croma que tenían los realizadores de televisión de la época.

La entrevista está preparada de antemano. De lo contrario, Paco habría caído fulminado por la vergüenza hace rato. Quintero maneja el espacio exacto que va de la palabrería artificiosa a la confesión intimista. Si el silencio de Paco es pudoroso y enigmático, el de Quintero es irónico e intrigante. Rebobinemos la escena unas horas antes de la entrevista. En el taxi, de camino al programa, Paco va sentado detrás con Emilio de Diego. Quintero, en el asiento del copiloto, lee en voz alta las preguntas que va a hacerle un rato después.

—Pero ¿es que tengo que hablar? ¿No puedo salir a tocar y ya está? —protesta Paco.

—Paco, es un programa de televisión hecho para ti. Algo tendrás que decir...

—Ya. ¿Y qué digo?

—Lo que quieras. Tú sígueme a mí. Si te pregunto qué piensas que diría Manuel de Falla, que tuvo que irse a París a estrenar *La vida breve*, al ver a Paco de Lucía en el Teatro Real...

—Manuel de Falla, sí, y qué.

—Cómo que y qué, Paco, que qué crees tú que diría, que estamos en una entrevista.

—No sé, Manuel de Falla diría: «Qué poca vergüenza tienen estos flamencos que se meten en todos los sitios», ¿no? Me imagino yo.

—Muy bien, ahí lo tienes. Y si te pregunto qué es más importante para ti, la *Novena sinfonía* de Beethoven o la vida de un pescador de Algeciras...

—Anda, Jesús, es que vaya preguntitas te buscas... Pues diría que para mí es más importante que ese pescador pueda escuchar todas las tardes en su casa la *Novena sinfonía*. ¿Qué te parece?

—Fantástico, ¿ves? Ya vamos al compás.

Quintero sigue leyendo el cuestionario durante el trayecto. Trata de allanar el terreno a la timidez de Paco.

—¿Prefieres la popularidad o el reconocimiento?

—El reconocimiento.

—¿Hay muchas cosas en tu vida que no se puedan contar?

—Todo lo que no se deba contar.

—Bien ahí, Paco, va mejor el misterio que la certeza... A medida que pasan los días, ¿te sientes más solo?

—Yo añoro la soledad.

—¿Qué es más importante a la hora de tocar la guitarra, la derecha o la izquierda?

Paco se lo piensa. Parece que va a decir algo pero no se arranca. Enciende otro cigarrillo.

—¿Qué digo?

Ante la duda de su amigo, Emilio de Diego interviene:

—Hombre, simplificando mucho, la mano izquierda es la que busca, la inteligente. La mano derecha es la que ejecuta. Eso puedes decir.

—¡Coño, qué bien queda eso!

—Sigo. ¿Qué temes más, la muerte o el ridículo? —continúa Quintero.

—¿Qué digo, Emilio?

—Pues que hay una cosa aún peor que la muerte y que el ridículo, que es una muerte ridícula, como por ejemplo en una guerra.

Parece que algunas de estas respuestas ingeniosas sugeridas por Emilio no fueron del agrado de unos cuantos, que las interpretaron en clave política. Efectivamente, carga de profundidad llevaban, aunque no era la intención ni el estilo de Paco mandar ningún mensaje, ¿o quizá sí? Convertido en «mito y leyenda» por artimaña del brujo Quintero, y en «mentira perfecta» por obsesión propia, sus declaraciones tuvieron una repercusión inesperada.

Meses más tarde, un lunes por la noche, Paco caminaba por la Gran Vía de Madrid con su novia Casilda y su amigo Manolo Nieto. Iban a ver una película en el Cine Avenida. Paco se quedó atrás para comprar la prensa en un quiosco. Un grupo de individuos le reconoció.

—¿Así que los muertos en la Guerra Civil te parecen ridículos? —le amenazó uno de ellos.

Le sujetaron de los brazos y del pelo. Empezaron a darle patadas y puñetazos. Le tiraron al suelo y le pisaron las manos.

—¿No dices que la derecha ejecuta? ¡Pues toma, *hijoputa*!

Cuando Manolo y otros transeúntes acudieron en su ayuda, los energúmenos salieron corriendo.

—Para mí que he recibido más de lo que se han llevado —dijo Paco con la ironía que aún le quedaba tras el incidente.

Al ser preguntado, un policía de tráfico que andaba por allí se excusó del socorro diciendo que no podía desatender la circulación para mediar en la bronca estando la calle tan concurrida a esas horas.

Dentro del laberinto

La escena siguiente tiene lugar poco más de un año antes de la anterior con Quintero, también en un plató de Televisión Española. Unos bailarines silueteados en color fucsia revolotean en la pantalla. El fondo es un disparate de figuras psicodélicas que dejan al espectador aturdido. La música de orquesta da paso a Mari Carmen y su muñeca parlanchina, Doña Rogelia.

—Señoras y señores, damas y caballeros, mozas y mozos... —anuncia una voz.

—¿Mande? —dice Doña Rogelia.

A las coreografías espasmódicas del Ballet Zoom se unen con un baile discotequero Lola Flores, Tony Leblanc, Fernando Esteso, Emma Cohen, Andrés Pajares, Marujita Díaz... Son algunos de los personajes más populares del momento. Cantan: «La noche es joven, anímate, con tu programa pásalo bien, en tu pantalla encontrarás ¡felicidad!».

El programa *¡Señoras y señores!*, dirigido por Valerio Lazarov, empezó a emitirse en color la noche del sábado 16 de noviembre de 1974. En Televisión Española se combinaban los formatos clásicos, de presentaciones tradicionales, con los innovadores, como este de Lazarov, con un uso entusiasta del croma y movimientos frenéticos de las cámaras. Presentan, a la vez que bailan, Ángela Carrasco y María José Cantudo. Van vestidas con un mono de licra púrpura y una especie de quepis circense. ¿Por qué este atuendo y a qué viene esa hipermotivación rítmica? No importa. La felicidad no necesita explicación.

«Si tienen hambre de flamenco, si tienen ganas de guitarra, aquí tenemos a un fenómeno, Paco de Lucía...», cantan Carrasco y Cantudo con el soniquete de la rumba «Entre dos aguas». El citado guitarrista aparece entre las vedetes con traje oscuro, pantalones campanudos, camisa blanca y cara de circunstancias. No sabe qué hacer con los brazos. Alguien le ha aconsejado que los mantenga en un apoyo ficticio y cruce las manos sobre el ángulo del primer botón de la chaqueta. Mueve levemente la cabeza, suspira y dirige una mirada nerviosa hacia arriba. Está incómodo. Es un hombre fuera de lugar dentro de un laberinto. Reconoce esa sensación de bochorno que le atenaza desde que era un niño. Piensa: «Quién me mandará a mí meterme en esto». Se gira a su izquierda y sonríe cortés a Cantudo. Luego hace lo mismo con Carrasco.

Suceden unas cuantas actuaciones de lo más variopintas. Unos irlandeses rubicundos les cantan con banjo y *whistle* a unas marionetas. La cómica Paloma Hurtado disfrazada de cabaretera dice a ritmo de charlestón que «no hay emoción más grande que la de encontrar a eso que llaman el novio». Dolores Vargas, la Terremoto, monta un ídem con «Achilipú». Hasta Neil Diamond mueve las caderas antes de cantar «Soolaimon».

Por fin, Ángela Carrasco anuncia «Entre dos aguas». La rumba comienza a sonar. Un efecto óptico de colores dorados deja paso a la mano derecha de Paco de Lucía pulsando las cuerdas de su guitarra. El plano se abre y vemos la sombra de su hermano Ramón acompañándole detrás con la segunda guitarra. La cámara alterna el rostro concentrado y sudoroso de Paco con el veloz rasgueo de sus dedos. Con los ojos cerrados echa el cuello hacia atrás. Cuando llega el remate, da un golpe de mano final, abre los ojos y suspira. Este tema le convertirá en el primer músico flamenco que alcanza un número uno en las listas de éxitos. Tiene veintiséis años.

El sencillo «Entre dos aguas» empezó a ser conocido por el público unas semanas antes de que Paco pasase ese mal trago en televisión. En la otra cara del vinilo estaban los fandangos «Aires choqueros», una interpretación nada convencional con un compás muy acentuado. La rumba estaba incluida en el álbum *Fuente y caudal*, publicado en otoño de 1973, que apenas había vendido trescientas copias. Era el cuarto disco en solitario de Paco, un desconocido fuera de los gustos flamencos hasta que un día el periodista Jesús Quintero, que aún no era el Loco de la Colina, le cita en su oficina.

—Paco, yo creo que es el momento de llevar la guitarra flamenca a todos los públicos. Podemos hacer que suene en las radios y en las discotecas.

—No sé si me veo, Jesús, lo mío es otra cosa, el flamenco siempre ha sido minoritario...

—Todo el que escucha «Entre dos aguas» se queda *enganchao*, ¿por qué no vas a tener tú el éxito de Camilo Sesto o de Raphael?

—Eso sí es verdad, que llevo toda mi vida sin parar de dar conciertos por el mundo y no trinco *na*.

—Pues déjame intentarlo, vamos a llevar «Entre dos aguas» a todas partes.

—Pero ni se te ocurra ponerme a hacer el chufla, ¿eh, Jesús? Que yo para eso no valgo.

Cuando esta conversación tiene lugar, *Fuente y caudal* está a punto de ser descatalogado. Paco lo ha grabado por exigencia del contrato con Philips Records, su nueva compañía, que acaba de adquirir Fonogram. Su estilo asombra a quien lo escucha, pero para el público ajeno al flamenco aún es extraño aplaudir a un guitarrista.

Por entonces, Quintero llevaba la agencia Euroconciertos. Alquilaba el Teatro Monumental y el Alcalá para llevar a artistas flamencos a Madrid, desde Camarón a la Paquera de Jerez o Lole y Manuel. Nada más hablar con Paco, llama a Mariano de Zúñiga, director de Philips.

—Mariano, estoy representando a Paco de Lucía y lo vamos a poner de número uno. Es un guitarrista mejor que Jimi Hendrix. Vete preparando para el bombazo.

Quintero es tan intuitivo como testarudo. Su apuesta por extender el flamenco a otros auditorios es arriesgada, pero piensa: «Si Las Grecas están triunfando con "Te estoy amando locamente", ¿por qué no Paco?».

Un conflicto interior

Cuando entra en el estudio a grabar *Fuente y caudal,* Paco solo tiene una composición cerrada: la taranta. De este palo del flamenco provienen los estilos mineros. El resto de los temas del disco no le terminan de convencer, algo que por otra parte es habitual en su proceso creativo. El capítulo de su agónico perfeccionismo llegará más adelante. Algunas de las falsetas del disco coinciden con las que grabó con Camarón de la Isla en sus trabajos anteriores. La portada del álbum es una fotografía de Paco con ánimo antiguo, en una tonalidad que tira al color sepia, mirando hacia un lado con patillas de bandolero y un pañuelo anudado al cuello, la guitarra en posición. El foco está en su lado izquierdo, de tal manera que el lado derecho de su rostro queda en sombra.

En la contraportada figura que todas las canciones están compuestas por Paco de Lucía y J. Torregrosa, algo que mucho tiempo después se demostrará que es falso. La figura del compositor y arreglista José Torregrosa Alcaraz era común en las casas discográficas. Ya que casi la totalidad de los músicos no sabían solfeo, un productor con conocimientos musicales se encargaba de transcribir la pieza en una partitura con el fin de registrarla en la Sociedad de Autores. Como un derecho adquirido, pero ignorado por los intérpretes en la mayoría de los casos, el productor se atribuía la coautoría de cada obra, en «compensación» por su trabajo. Tras once años de litigio, una sentencia del 3 de marzo de 2023 reconoció que Paco de Lucía es el autor íntegro de treinta y ocho obras en las que figura Torregrosa como coautor. La investigación demostró que en algunos registros, como por ejemplo «Entre dos aguas», Torregrosa manipuló los porcentajes escritos a mano para apropiarse del cincuenta por ciento de derechos de autor. Paco no fue consciente de esta estafa hasta que su hija Lucía, abogada, se la reveló en 2012.

—Paco, nos falta un tema para completar la duración del vinilo, ¿qué hacemos? —dice Torregrosa.

—¿Por qué no incluyes la rumba? —interviene Carlos Rebato, el mejor amigo de Paco, que no era músico pero se defendía con la guitarra.

La rumba que le hará famoso surge de una improvisación, algo poco habitual entonces en el flamenco, sobre la base de «Rumba improvisada», un tema de su disco *Recital de guitarra*, publicado en 1971. Más tarde, Paco explicará: «Empecé a grabar el disco sin tener todas las canciones, y tuve que incluir el tema porque faltaba uno. Me siento libre tocando la rumba, porque no hay tradición en rumbas y puedes hacer lo que quieras».

A su vez, en los acordes de «Entre dos aguas» hay similitudes con «Te estoy amando locamente», compuesta por Felipe Campuzano. También parece recordar a otra rumba muy sonada del momento, «Caramba, carambita», de Los Marismeños, con música del propio Paco y letra de Rafael de León y Manuel Clavero. El tema cuenta una aventura playera donde el guitarrista liga y se va a Torremolinos con su hermano Ramón.

Dijiste que me querías
a la orillita del mar,
de pronto vino una ola

y no me quisiste ya [...].
De día sobre la arena
me juras loca pasión,
de noche a Torremolinos
te vas con Paco y Ramón [...].
Caramba, carambita, carambirulí.
Caramba, carambita, carambirulá...

—Mete la rumba con bongó, Paco, que suena bonito —insiste Rebato.

A Paco no le convence la idea, pero se fía a ciegas de su amigo, al que cariñosamente llamaba «Cara Rata». Su hermano Pepe de Lucía, que le acompaña en el estudio, también es partidario de incluir la rumba. Al fin, se decide a llamar al percusionista peruano José Luis Ganoza, alias Pepe Ébano, y le dice que se traiga su bongó para sustituir a las palmas. Ébano viene de grabar con Las Grecas. En la revolucionaria instrumentación incluye un bajo eléctrico que toca Eduardo Gracia.

La certeza de que «Entre dos aguas» puede colocar a su artista entre los primeros del pop es otra de las divinas corazonadas de Jesús Quintero. Un precedente que le da la razón es el éxito de «Achilipú», la canción que convirtió en una estrella a Dolores Vargas, prima del gran guitarrista Sabicas y hermana del Príncipe Gitano, ese hombre sin prejuicios para versionar «In the ghetto», de Elvis Presley, y lo que hiciera falta. A la vez, Quintero ha preparado una gira de cien conciertos por todo el mundo que tiene una parada culminante en el Teatro Real de Madrid. En pocos meses, el Loco de la Colina consigue que la rumba de Paco suene sin parar en radios y discotecas. Para ello, jugó al efecto bola de nieve. Una emisora de las primeras en emitir «Entre dos aguas» empezó a recibir llamadas de los oyentes para que volvieran a poner «esa canción tan pegadiza». La expectación llegó a oídos de los sorprendidos directivos de Philips, que decidieron hacer una pequeña campaña de publicidad para apoyar el nuevo fenómeno. Quintero vuelve a llamar a De Zúñiga para que reedite *Fuente y caudal*.

—Te lo avisé, Mariano —se jacta.

«Entre dos aguas» despachó más de trescientas mil copias y estuvo veintisiete semanas de 1975 en los primeros puestos de los sencillos más vendidos. Hasta entonces, solo Los Pekenikes, que habían toreado a The Beatles en Las Ventas diez años antes, habían sido capaces de hacer sonar un tema instrumental en Los 40 Principales. La rumba compite con los temas de *Jesucristo Superstar* adaptados al castellano, que Camilo Sesto interpreta cada noche en el Teatro Alcalá Palace de Madrid. Al triunfo de la guitarra flamenca se une Manolo Sanlúcar con otra rumba, «Caballo negro». El éxito de «Entre dos aguas» arrastra al público a buscar los discos anteriores de Paco. Se convierte en un ídolo a su pesar. Si quieres estar en la onda, tienes que ir a un concierto de Paco de Lucía. En el guateque es imprescindible pinchar «Entre dos aguas». Ni el propio Paco se lo explica: «El flamenco tiene unos ritmos muy difíciles, pero la rumba es lo más asequible». Quizá sea eso. Por primera vez se rompen las apretadas costuras del flamenco. Llegan aires de un tiempo nuevo.

La revista *Semana*, decana del periodismo de sociedad, anuncia un *boom* del instrumento de cuerda:

Dicen que el que da primero da dos veces, y, por ello, Paco de Lucía, sordo y tranquilo luchador, siempre podrá decir «primero yo» [...]. El caso es que nuestro ya cotizado solista e inspirado músico necesitaba salir de su ostracismo para «vender»; talento había, claro.

En *Fotogramas*, la periodista Rosa Montero resume la cuestión:

La masa identificaba el flamenco con diversas perversiones musicales de tipo folclorista y populista, al frente de las cuales se puede situar un Manolo Escobar en plan de arrollador líder, subido en el pódium de su perdido carro [la rumba «Mi carro» se había hecho muy popular desde su lanzamiento, en 1969]. El flamenco estuvo, por tanto, desprestigiado por desconocido, hasta que en los últimos cinco años se ha producido una recuperación de este género, a partir de los círculos intelectuales jóvenes o progres. Hemos vivido el *boom* de los nuevos cantaores, de Gerena, de Morente, de Menese. Pero hasta la rumba «Entre dos aguas», de Paco de Lucía, ninguno de ellos había conseguido sobrepasar las fronteras de la popularidad elitista, de campus universitario y artículo de *Triunfo* [revista que en los años sesenta y setenta se identificó con las ideas y la cultura de la izquierda].

Según Montero, Paco logra una diana espectacular que ni él mismo se acaba de creer. Y lo hace sin tergiversar su música ni salirse del estricto campo del flamenco. «Este Paco de Lucía, tan tímido, tan encerrado en su música, en su guitarra», escribe.

Descubrir de pronto la popularidad asustó mucho al tímido Paco. Para disgusto de unos cuantos inmovilistas, él es el artífice de la ruptura de una imagen hasta entonces indiscutible: la del cantaor acompañado del guitarrista. A partir de él, la guitarra se traslada por primera vez a un lugar preferente del público y el guitarrista flamenco se convierte en una figura independiente, tan capaz de triunfar en los grandes escenarios como los intérpretes de guitarra clásica. Más tarde, dijo: «No estaba preparado para este éxito y tuve un conflicto interior bastante importante por ser conocido incluso más que Camarón. De pronto me hago famoso en España, me sacan en las revistas. Aquello fue muy fuerte para lo que yo tenía previsto que iba a ser mi vida».

Así estaban las cosas

Aquel año de 1974 en el que Paco da el salto a la popularidad impulsado por una serie de circunstancias que no tenía previstas, el planeta alcanza la cifra de cuatro mil millones de habitantes y algunos empiezan a alarmarse por la superpoblación. Al mismo tiempo, un equipo de paleoantropólogos encuentra lo que queda del esqueleto de una de las primeras pobladoras de la Tierra. La llaman Lucy en honor a la canción alucinógena de The Beatles «Lucy in the Sky with Diamonds», cuya letra habla de cielos de mermelada y flores de celofán.

En la final del Mundial de Fútbol, celebrado en Alemania Occidental, Paco va con Países Bajos. Le gusta más el juego de la «Naranja mecánica» que el de los alemanes, aunque su líder, Johan Cruyff, juega en el FC Barcelona y él es del Real Madrid. El grupo sueco Abba se da a conocer gracias a la canción con la que ganan el concurso de Eurovisión, celebrado en Brighton, «Waterloo». El tema que interpreta en el festival el portugués Paulo de Carvalho, «E depois do adeus», se convierte en el himno de la Revolución de los Claveles, que pone fin a cuarenta y ocho años de dictadura. La retransmisión de esta melodía en la radio de Lisboa en la noche del 24 de abril es la señal para que el ejército se subleve contra los gobernantes.

Antonio Ruiz Soler, el Bailarín, es liberado por Franco de la cárcel de Arcos de la Frontera, donde llevaba dos semanas encerrado por blasfemar durante el rodaje de *El sombrero de tres picos*. Nada más salir, se va directo a ofrecer un ramo de flores a la Virgen de Arcos tal y como había prometido. Otro famoso bailarín llamado Antonio, de apellido Gades, recorre los escenarios europeos con su espectáculo *Suite flamenca*, con música de Emilio de Diego, y estrena *Bodas de sangre* en el Teatro Olímpico de Roma. A María José Cantudo le falta poco para decidirse a protagonizar el primer desnudo frontal del cine español (su cuerpo reflejado en un espejo) y dar por inaugurado el «destape» con la película *La trastienda*. Mientras, Marisol se pone rockera y canta: «No me importa mi destino, vivo mi libertad, solo voy en busca de mi felicidad» antes de posar para la portada de *Interviú*.

Diez semanas después del cambio de gobierno en Portugal, Franco sufre una tromboflebitis. Su yerno, el doctor Cristóbal Martínez-Bordiú, no está presente en la exploración física que tiene lugar en su habitación del palacio de El Pardo. Se encuentra en Manila, donde Amparo Muñoz es elegida la mujer más bella del mundo y aprende a dormir sentada para evitar que abusen de ella. Cuando a Franco le informan de su diagnóstico, él mismo se anticipa al noticiero y dice: «Esto va a ser una bomba política».

Su médico personal, Vicente Gil, le anuncia que hay que llevarle al hospital y trata de quitarle importancia al asunto. Le dice que también Eisenhower y Stalin tuvieron que ser hospitalizados en su día. Así lo cuenta el cirujano cardiovascular Ramiro Rivera, que estaba allí. Los mecanismos de sucesión se activan. En el gobierno se enfrentan los que abogan por una apertura y los que prefieren conservar el régimen tal y como está. Antes de dimitir, el director de Televisión Española, Juan José Rosón, emite varias veces seguidas la canción de Fórmula V «La fiesta de Blas», cuya letra dice: «En la fiesta de Blas todo el mundo salía con unas cuantas copas de más», parece ser que en alusión al procurador en Cortes Blas Piñar, que se prepara para fundar el partido de extrema derecha Fuerza Nueva.

Con este panorama, una encuesta de la revista *Telva* recopila los principales problemas de la mujer española en 1974 en una página firmada por Marisa Pérez Bodegas. Este sería un resumen de los principales:

1) Igualdad de hombre y mujer ante la ley. Hace mucho que los padres de la patria no se ocupan en las Cortes de este asunto. La última vez que lo hicieron quedó abolido aquel artículo que establecía la mayoría absoluta de edad para la mujer en los veinticinco años, por los veintiuno del varón. ¿Qué tal si se metieran ahora con la famosa «licencia marital»? [Las mujeres casadas necesitaban la autorización legal de sus maridos para realizar diversos actos de carácter jurídico o patrimonial. Esta norma estuvo vigente hasta 1975 y se basaba en el Código Civil de 1889, que establecía que el marido era el representante de su mujer].

2) A iguales circunstancias, salarios iguales. Si el rendimiento y la situación laboral de un hombre y una mujer en una empresa son iguales, ¿por qué no van a serlo también sus sueldos?

3) El discutido trabajo de la mujer casada. En principio, que deje de discutirse. Partiendo del hecho de que muchísimas casadas trabajan —la mayoría, por absoluta necesidad—, parece obligación de la sociedad el hacérselo posible: a) promocionando la jornada continua, que le permitiría estar en su casa unas horas indispensables; b) dándoles verdaderas oportunidades, porque hay empresas —textual— que «tienen por norma no contratar

mujeres casadas»; c) creando guarderías buenas y baratas; d) revisando la legislación vigente para hacerla menos paternal con respecto a la mujer y, por tanto, más eficaz.

4) La entusiasta escalada de los precios. Que está alcanzando ya el techo del mundo.

5) El fantasma de la enseñanza. Que haya, de verdad, plazas gratuitas para todos los niños. Porque los puestos escolares construidos a lo largo del año por el Ministerio no son aún suficientes.

6) Exceso de trabajo personal. Porque si pagar a una asistenta es imposible, los pisos son pequeños y revueltos y las familias, grandes, ¿quién corre con el grueso de los trajines? La madre, que recibiría encantada dos novedades: la colaboración de los hombres de la casa y el abaratamiento de los electrodomésticos. Así tendría tiempo para leer algún libro.

7) Esa evidente falta de espacios verdes. Sobre todo, en el erial llamado gran ciudad.

8) La desconfianza en sí misma. En su criterio, en su capacidad para educar a esos hijos que se le marchan por los cerros de Úbeda.

Estos problemas se encierran en dos: hace falta promoción y respeto para ella, y una vida más fácil para los suyos. Dos picas en Flandes, vamos.

Entretanto, Paco se distrae del agobio de la fama en el cine con su novia, Casilda Varela. Le gustó mucho *El padrino*, incluso leyó la novela de Mario Puzo, y ya tiene ganas de que llegue a España la segunda parte. También han visto *El gran Gatsby*, con Robert Redford y Mia Farrow. Se les hizo larga. Paco gasta alguna broma cómplice con la historia de amor entre Daisy Fay, la chica rica más bella de Kentucky, y Jay Gatsby, el aventurero que se convierte en millonario solo para tratar de conquistarla. Casilda le lee un fragmento de la novela en el que Scott Fitzgerald describe a Gatsby:

Había algo brillante en torno a él, una exquisita sensibilidad para captar las promesas de la vida, como si estuviera vinculado a una de esas complicadas máquinas que registran los terremotos a quince mil kilómetros de distancia. Tenía un don extraordinario para saber esperar, una romántica presteza que jamás he hallado en otra persona y que no es probable que vuelva a encontrar.

Un pollo en la plaza de Oriente

Cae la tarde. Rafael de Córdoba persigue a la Polaca por las azoteas de Cádiz. Bailan entre antenas y ropa tendida. Suenan los compases de la «Danza del fin del día», de Manuel de Falla. Parece que el bailaor no lleva buenas intenciones. En realidad es el espectro de un hombre celoso que murió a causa de una venganza. A pesar de ello, la gitana Candelas sigue atada a él mediante el hechizo que ella misma conjuró para enamorarle. Solo el amor de Antonio Gades, que baila en el espigón de la playa de Santa María, puede librarla del embrujo.

En 1967, Francisco Rovira Beleta llevó al cine *El amor brujo*, de Falla, con guion de José Manuel Caballero Bonald. Cuatro años antes había dirigido *Los Tarantos*, un *Romeo y Julieta* de familias gitanas en el barrio del Somorrostro de Barcelona, con el Mediterráneo de fondo, Carmen Amaya y, cómo no, Gades. Rovira Beleta contaba que el Cine Comedia se llenaba todos los días de gitanos para verla. A algunos les gustaba y a otros no. «Hubo uno al que le debió de disgustar bastante, porque me persiguió un día con una navaja para echarme en cara que en la película se mostraba a los gitanos como si fueran navajeros».

A Casilda le gustaba mucho el flamenco. Todos los días se pasaba por el rodaje de *El amor brujo*. Allí conoció a Emilio de Diego, guitarrista amigo de Paco, con quien volvió a encontrarse más tarde en Madrid. Casilda estudiaba Derecho y practicaba baile en la escuela de Regla Ortega, tía de Manolo Caracol. En los ensayos de la academia tocaba la guitarra Luis Landero, que tiempo después se haría escritor.

En Madrid, Paco y Casilda solían coincidir en el Sherry, un bar cerca de la plaza de Santo Domingo que era lugar de encuentro de andaluces, universitarios y flamencos. Paco era admirado en el ambiente flamenco, pero aún no era conocido más allá. Había grabado sus primeros discos en solitario, *La fabulosa guitarra de Paco de Lucía* y *Fantasía flamenca de Paco de Lucía*.

Una noche, después de echar unas partidas en los billares de Callao, Paco aparece en el Sherry con su hermano Antonio y con Emilio de Diego. Allí estaba esa chica elegante y resuelta en la que Paco ya se había fijado. Le gustaba cuando intervenía en la tertulia flamenca del Sherry. Decía lo que pensaba sin titubeos.

—¿La conoces, Emilio? Anda, preséntamela, que me voy a casar con ella.

La presencia de Paco viene precedida de cuchicheos y miradas furtivas. «Ahí viene Paco de Lucía». Algunos se atreven a pedirle que toque algo, que es justo lo que más odia Paco si no está entre amigos. A no ser que se lo diga alguna chica guapa... Se hace el remolón. No recauda halagos.

—Ese es el chico de Algeciras que toca la guitarra en los tangos rocieros de Rocío Dúrcal que te gustan tanto —le dice a Casilda una de sus amigas.

—¿Esa letra que dice «tengo una pena en el alma que me muerde las entretelas»?

—Anda, pídele tú que toque algo. Te está mirando desde que ha entrado y parece que sonríe...

—Bueno, si quiere tocar ya tocará. No sé por qué se hace tanto de rogar.

Aburrida de la situación, Casilda da un paso adelante aprovechando que se ha formado un corrillo alrededor de Paco, y dice con gracia:

—Deja ya de *ronear* [coquetear] y toca algo si es que vas a tocar...

A Paco le sorprende que la chica a la que está deseando conocer le hable con ese descaro en un ambiente en el que todos le tienen tanto respeto. Le gusta.

—Habrá pensado que soy idiota, pero es que parece que estemos viendo a la Virgen de Lourdes —le dice Casilda a su amiga.

Poco después empiezan a salir juntos o, como dice Emilio de Diego con su casticismo literario, «deciden armonizar su idilio».

Casilda Varela Ampuero es hija del teniente general José Enrique Varela, nacido en San Fernando (Cádiz), y de Casilda Ampuero Gandarias, que pertenecía a la alta burguesía bilbaína, vinculada con Altos Hornos de Vizcaya. El general Varela fue ministro del Ejército con Franco y, desde 1942, alto comisario de España en Marruecos. Después de la Guerra Civil intercedió por Miguel Hernández para librarle de la pena de muerte con la ayuda de Rafael Sánchez Mazas, escritor y miembro fundador de la Falange. La primera niñez de Casilda transcurrió entre Tetuán, donde estaba la sede de la Alta Comisaría, y Tánger, donde el alto comisario disponía de una casa de recreo en el palacio del Monte. Por allí pasaron artistas internacionales como Jorge Negrete y personalidades como Umberto de Saboya, que reinó en Italia durante treinta y tres días, hasta que los italianos eligieron la República por plebiscito. Cuando el general Varela murió en 1951, a los cincuenta y nueve años, su viuda y sus hijos regresaron a España.

Paco de Lucía creció en el humilde barrio de La Bajadilla, en Algeciras, Cádiz. Su padre, Antonio Sánchez Pecino, vendía telas, quincalla, lo que fuera. Tenía un puesto en el mercado de abastos. Tocaba la bandurria, pero se dio cuenta de que lo que faltaban eran guitarristas. Aprendió a tocar la guitarra. Por las noches salía a buscarse la vida en las juergas de los señoritos, dándoles coba a los borrachos «*pa ganá pa comé*». Su madre, Luzia Gomes Gonçalves, nació en Castromarín, cerca de Monte Gordo, en el Algarve portugués. Emigró a Ayamonte (Huelva) con su hermana mayor, y de allí a Algeciras, donde conoció a Antonio.

Hay muchas historias de amor entre personas de distinta clase social. La de Paco y Casilda es una más y es diferente, como todas. Ambos provenían de mundos antagónicos y, sin embargo, descubrieron una afinidad asombrosa, intermediada por el flamenco y por un tiempo en el que todo empezaba a ser posible. En *Últimas tardes con Teresa*, Juan Marsé cita a Gil de Biedma:

> He aquí que viene el tiempo de soltar palomas
> en mitad de las plazas con estatua.
> Van a dar nuestra hora. De un momento
> a otro, sonarán campanas.

Casilda lee la novela de Marsé y le encanta. Se la pasa a Paco. Desde que su amigo de Algeciras José Luis Marín, que estudia Ingeniería en Madrid, le descubrió los placeres de la lectura, Paco quiere recuperar el tiempo perdido con los libros. Es un lector analítico. Más que evasión, busca argumentos intelectuales a sus divagaciones filosóficas. Ese territorio es, precisamente, el favorito de Casilda. Discuten durante horas sobre las razones del yo de Ortega y Gasset y los mundos felices de Orwell. El autor favorito de Paco es Erich Fromm. No puede estar más de acuerdo con una de sus frases: «Solo hay un significado para la vida: el acto de vivirla».

Hablan mucho, de política, de filosofía, de cine, del futuro. Se les va el santo al cielo. Se entienden tan bien que coinciden en casi todos los puntos de vista. A Paco le sorprende la seguridad con que Casilda expone sus opiniones. Les dan las tantas en la calle. El sereno les pide el documento de identidad. Su centro de operaciones es el Café Varela, muy cerca del Sherry, cuyo nombre no tiene nada que ver con la familia de Casilda. Ella coge el bus número cinco desde su casa en la calle Almagro y se encuentra allí con Paco. Desde el Varela, van al cine o ponen veinte duros cada uno y compran un pollo asado en la calle Silva. Se lo comen en un banco en la plaza de Oriente sin parar de hablar. Luego se dejan caer por algún tablao y a veces acaban en las ventas que están abiertas toda la noche. Algunos domingos quedan en la floristería de la plaza de Santa Ana que lleva una floristera de Jerez, donde suelen encontrarse los flamencos. Ninguno de los dos tiene un carácter convencional. Ambos poseen un temperamento fuerte e independiente. Casilda pasa los veranos en Cádiz. De niña iba con su madre a Algeciras para comprarles a las matuteras productos de contrabando: chicles Bazooka, tofes y jerséis de angorina. Entraban en el cuarto pequeño de una casa, se abría una cortina y aparecía la señora Mica con aquellos manjares. En el Hotel Reina Cristina probó las ancas de rana por primera vez. Cuando formalizan su noviazgo, Casilda se queda algunas noches a dormir en Algeciras, en casa de la hermana de Paco, y más tarde en una pensión.

Un día, en aquel banco de la plaza de Oriente, Casilda le lee a Paco la página 206 de la historia de Teresa y Pijoaparte:

Luego Teresa cerró los ojos. El muchacho regresó a su boca todavía caliente con renovado ímpetu, y ella no opuso resistencia. La seguridad y la fuerza de su oscuro mandato, que de repente le transmitió una oleada de calor proponiéndole aviesamente la distensión, la tenían sin embargo menos admirada que el atrevimiento de sus manos, que ahora, después de haberse apoderado de su cintura pasando el brazo por debajo de ella, la atrajeron hacia sí recostándola suavemente sobre el hombro y exploraron bajo del elástico del bikini como en un saco de manzanas. La otra pieza del bañador había perdido su emplazamiento inicial y los senos de Teresa, como graves caritas de niños pegadas al cristal de una ventana, sorbían con avidez el ancho tórax del murciano mientras que en medio de una irisada explosión de luces ella seguía jurándose a sí misma no entregarse, precisamente cuando, de pronto, como si él hubiese adivinado su pensamiento, la soltó. «Nos están mirando», dijo Teresa, en un intento inútil y tardío de asegurarse la iniciativa. Pero él era quien había decidido no ir más lejos y eso la tenía admirada, por cierto. Sin que mediara entre los dos ninguna otra explicación, sus manos coincidieron sobre el paquete de cigarrillos y se echaron a reír. Luego, ya más tranquila (y sobre todo, feliz, feliz, feliz), Teresa dejó que él se ocupara gentilmente de su persona, como un enamorado tierno y solícito: arrodillado ante ella, Manolo le puso el cigarrillo en los labios y le dio lumbre, limpió su espalda de arena, ordenó luego las cosas en torno, se incorporó, sacudió la toalla y volvió a extenderla para que la muchacha se sentara cómodamente.

«Ídolo sin pedestal», dice la portada de la revista *Blanco y Negro* del 3 de mayo de 1975. Y bajo el nombre de Paco: «Polémica en torno a su revolución del flamenco». En la foto de apertura, el guitarrista, con el pitillo en la boca, firma un disco a dos jóvenes que parecen adolescentes pero llevan anillo de casadas. El pie de la foto siguiente describe a Paco como «un muchacho de cara larga y seria que recuerda a Keith Carradine y tiene un enorme poder para atraer a las masas». Él declara: «Lo único que quiero es estar relajado junto a Casilda. Ella es la que mejor me conoce». En la fotografía que apoya esa frase, Paco, con una pelliza que podría ser la de un trampero, sostiene con su brazo la cabeza de Casilda mientras ella, cubierta por un poncho, se apoya relajada en la cadera de él. Ante la parquedad en las respuestas de Paco, Casilda traza a la periodista un retrato revelador de su novio:

Paco es un hombre enormemente atractivo para las mujeres. «Tira» de la gente. Aparte de gran instrumentista es, indudablemente, un fenómeno social. Su inaccesibilidad —ese foco en la cara que lo aísla del público—, la expresión seria, los ojos cerrados, sin mirar dónde pone los dedos, ese aire de misterio lo hacen atractivo ante la gente joven que, desde su fila de teatro, puede imaginarse un Paco de Lucía a su gusto y medida. ¿Pose? Quizá. Cuando toca la guitarra entre amigos, jamás cierra los ojos... Tal vez se le haya presentado de una forma colorista, pero no demasiado. Con la rumba «Entre dos aguas» comenzó a mitificarse su figura, a verse en él a un personaje vendible. Pero Paco sabe que esto es circunstancial. Un medio. Quiere difundir el flamenco y para ello es necesario que la gente capte primero lo más fácil. Es como un gran globo. Sobre lo que quede de él cuando se desinfle, Paco construirá lo que realmente le interesa.

Asalto al Teatro Real

—¿Quién hay en el público? —pregunta Paco, inquieto, a Jesús Quintero en el camerino del Teatro Real.

—Hombre, Paco, que esto no es una sala donde te asomas a un agujero y ves a la gente desde el otro lado de la pared. Voy a dar una vuelta y te cuento.

—¿Qué has visto? —pregunta Paco cuando vuelve Quintero.

—Está todo Madrid. He visto a Paco Umbral, a Núria Espert... Hay gente hasta en el escenario.

—Ya, pero ¿y guitarristas? ¿Has visto a algún guitarrista?

—Sí, he visto a uno que te gusta mucho, Manzanita, y también está el hijo de Niño Ricardo...

—Pues para esos voy a tocar esta noche.

El 18 de febrero de 1975, un músico flamenco pisó por primera vez el escenario del Teatro Real, entarimado de color azul para la ocasión. El «templo», vetado a paganos de la clásica hasta entonces, se llenó de jóvenes melenudos. Entradas a cien y a treinta pesetas.

Los bedeles calcularon una media de edad de veintinueve años y manifestaron su sorpresa al oír gritos en medio de una obra musical, algo a lo que no estaban acostumbrados. «¡Paco! ¡Viva la madre que te parió!», se oyó. Y la madre, Luzia, que pisaba por primera vez aquel teatro, sonreía emocionada. Aunque se ampliaron las localidades, la mitad de los que querían asistir se quedaron fuera. No desaprovecharon la tarde en los bares de alrededor. El teatro llenó su aforo y seiscientas sillas más fueron habilitadas en el escenario. Acompañado únicamente por su hermano, Ramón de Algeciras, Paco tocó ocho temas, todos basados en la interpretación de obras y falsetas de sus discos anteriores: «Alegrías», «Tarantas», «Granaínas», «Zapateado», «Soleá», «Fandangos», «Guajiras» y «Rumba». El concierto se grabó y fue lanzado en disco unas semanas más tarde, con estas palabras de Félix Grande en la contraportada: «Hay en la música de Paco una soledad tumultuosa, una bravura radical, una impetuosa pena y una serenidad dramática».

Algunos le dijeron que no tenía vergüenza, que ni ese teatro era sitio para un flamenco, ni un flamenco tenía sitio en ese teatro. Otros le defendieron diciendo que no era solo Paco quien se llenaba de honra al actuar en un recinto tan ilustre, sino el recinto el que a su vez se honraba al acoger la música de «este andaluz del pasado, del presente y del mundo».

A Paco, el evento ni siquiera le pareció un «reto histórico», como algunos indicaron, sino «un acto de justicia con el flamenco». Llevaba años tocando en los principales escenarios del mundo: el Carnegie Hall de Nueva York, la Filarmónica de Berlín, el Odéon de París, el Royal Albert Hall de Londres, la Ópera de Viena, el Teatro Avenida de Buenos Aires o el Palau de la Música, en Barcelona (en 1970, con motivo del Festival Internacional de Música por el bicentenario de la muerte de Beethoven).

—Al fin y al cabo, un teatro no es más que un edificio de ladrillos. Casi prefiero tocar en un bar a mi aire que delante de gente tan rígida —dijo Paco molesto por la supuesta polémica.

En la revista *Triunfo*, unos meses después del concierto, Paco se sincera sin olvidar ese matiz tan suyo de no acabar de creerse nada del todo, llámese inconforme escepticismo:

En realidad yo no esperaba tantos aplausos, porque el público español no está preparado para la guitarra. El flamenco no tiene ninguna aceptación, y la gente desdeña todo lo que se haga con una guitarra fuera del dominio del clásico, fuera de todas las expresiones que halagan en la alta burguesía [...]. Están esos flamencólogos que solo ven la fantasía de la luna, del gitano, de la piel aceitunada; en una palabra, García Lorca. Eso no es la realidad del flamenco. El flamenco está en un período de transición. Solo dos o tres personas pueden hacer algo. Porque hay mucho camelo, mucha mentira. Hasta dentro de lo que se llama flamenco puro.

La solemnidad y el esnobismo se le atragantaban. Era incapaz de disimular ante los farsantes. Años más tarde confesó que estar en el Real no le hizo sentirse especialmente orgulloso, sino que incluso le dio un poco de rabia cuando le comunicaron que tenía «permiso» para tocar allí. «Fue como si me dijeran: "Bueno, venga, vamos a abrir la mano y a dejar que un flamenco entre a tocar aquí". Y duele que pase eso en tu tierra, donde se supone que debemos apoyar nuestra música y potenciar lo que tenemos, porque pienso que musicalmente lo más importante y lo más original de España es el flamenco».

La periodista María Antonia Iglesias relató así el concierto:

Anoche una guitarra flamenca, un artista joven y austero y un público que no sobrepasaba de ningún modo los treinta años fueron la noticia de Madrid. Lleno hasta la bandera, como era imaginable, en el Teatro Real para oír a Paco de Lucía [...]. Anoche el flamenco de verdad, el que solo pueden hacer unos pocos que para eso han nacido, se quedaba prendido en la garganta y el cerebro de miles de estudiantes, se iba a mezclar en la atmósfera con los espectros de ilustres acordes que han ido haciendo la historia del Teatro Real. Algo fundamental de nuestro arte se ha unido para siempre a toda la música imperecedera que guarda el vetusto edificio de la plaza de Oriente: el flamenco.

Por su parte, José Ramón Rubio, quizá sin pretenderlo, atinó en las páginas de la revista *Triunfo* con una de las claves del enigma de Paco de Lucía: «Por su posición privilegiada en el campo de la aceptación popular, a Paco de Lucía se le está empezando a comparar con el peor de sus rivales, él mismo».

Cuatro días después del concierto del Real, el 22 de febrero, Paco dio otro recital en el Teatro Monumental de Madrid, también organizado por Quintero, en la I Semana del Cante, Baile y Guitarra. A lo largo de cinco noches desfilaron por el Monumental artistas hoy legendarios como Camarón, Lebrijano, Fosforito, José Menese, la Perla de Cádiz, Enrique Morente o Terremoto de Jerez. El repertorio de Paco fue mucho más amplio que el de la noche del Real y, según testigos de ambos eventos, estuvo más inspirado. Entre los temas que interpretó, se escucharon algunas falsetas del álbum que estaba preparando, *Almoraima*.

En las Navidades de ese año, 1975, Paco anunciaría el primer televisor en color Philips, modelo K-9, con la edición especial de un elepé promocional con sus temas más famosos. El disco incluía el clásico «Panaderos flamencos», compuesto por Esteban Sanlúcar, abriendo la cara A, y el ya incuestionable «Entre dos aguas» en la B. En la portada del disco, Paco aparecía relajado tocando la guitarra en pantalón vaquero y camisa azul cian, dentro de la pantalla de un K-9 con letras de colorines. Por si el posible comprador necesitara más motivos para adquirirlo, el disco incluía un número para participar en el sorteo de uno de aquellos relucientes televisores.

Un mes antes había muerto Franco.

En la mente del impostor

Paco llegó a pensar que era un impostor, que aquello no podía estar pasándole a él. Un éxito a gran escala era un asunto inédito para la mayoría de los guitarristas, cantaores y bailaores, acostumbrados a ganar para ir tirando, si es que les llegaba, con mucha incertidumbre. El flamenco nunca fue una música de triunfadores. La carrera de un flamenco solía ser larga y penosa. Los «pelotazos» discográficos eran cosa del pop, donde con suerte se colaba algún cantautor. Con razón cantaba por soleares el maestro Manuel Torre (o Torres, según quien le nombre):

> Pérdidas que aguardan ganancias
> son caudales *redoblaos*,
> estoy tan hecho a perder
> que cuando gano me *enfao*.

Quien padece el síndrome del impostor, aun sin ser consciente de ello, cree que su éxito es una cuestión circunstancial o azarosa, que no está a la altura de lo que se espera de él, que su talento está sobrevalorado y en algún momento los que ahora le alaban acabarán tirándole al foso. El miedo a decepcionar nunca desaparece. Las inseguridades se magnifican. Millones de personas en todo el mundo piensan que no se merecen sus logros.

Paco de Lucía convivía con ese temor casi neurótico a que se descubriera su «engaño». «Esto no puede durar —pensaba—. Tarde o temprano se darán cuenta de que no soy tan buen guitarrista como parezco».

En algunos casos, el síndrome afecta a la autoestima y puede producir ansiedad y depresión si quien lo padece no es capaz de controlarse emocionalmente, en definitiva, «si no se conoce a sí mismo», como advierte el adivino ciego Tiresias a la ninfa Líriope en *Las metamorfosis* de Ovidio.

Paco se pasó la vida retándose a sí mismo. Sospechaba de los halagos. Esa gigantesca duda interior le obligaba a realizar un esfuerzo permanente para justificar su extraordinario talento. No era falsa modestia. Si la crítica le calificaba de «increíble, soberbio, milagroso», él pensaba que estaban exagerando, que le tomaban el pelo o, lo más probable, que no tenían ni idea. Sobre todo porque el estricto crítico que llevaba dentro era el primero que le decía con certeza si había tocado bien o mal. Al final, los juicios propios y ajenos pueden simplificarse en esa frase de Bertrand Russell: «El problema del mundo es que los estúpidos están seguros de todo y los inteligentes están llenos de dudas».

Cuando Paco era niño, el guitarrista era «el banderillero del flamenco». A los guitarristas ni los nombraban en los carteles, ni estaban bien considerados, incluso ni les pagaban. La popularidad entre el gran público vino acompañada de un sentido de culpabilidad enfermizo. Nunca el guitarrista había sido más famoso que el cantaor.

«De pronto me vi salir de ahí y me convertí en una primera figura, y la verdad es que mi cabeza no estaba preparada para asimilar esto. Me daba vergüenza estar al lado de un cantaor y que me pidieran autógrafos por la calle, porque yo era el acompañante, el banderillero».

La comunión de Paco con el instrumento es tal que no se ve capaz de razonar los motivos de su prodigio sin sentirse impostado. Ha pasado tantas horas pegado a la guitarra que se siente torpe cuando trata de explicarse sin ella. Aborrece las entrevistas porque le obligan a definirse, que es justo lo que pretende evitar.

«Estás ante un hombre que hace música totalmente intuitiva. Paso muchas horas preparándome, pero mi música no está pensada de antemano. No es prefabricada. Mi técnica no es más que el resultado de sacar fuera todo lo que he sentido en mi vida. Flamenco es esto que siento, lo que tengo en mi subconsciente, lo que quiero decir», dijo en una de sus primeras entrevistas.

En una reflexión muy posterior, un día antes de recoger el Premio Príncipe de Asturias de las Artes en 2004, Paco repasó algunos matices de su enigmática angustia: «Soy un enfermo de perfeccionismo y siempre he pensado que no valgo; no me gusto nada, creo que lo hago todo mal, jamás oigo mis discos. Llega una edad en que pienso que estoy equivocado, que no soy objetivo, que tengo un problema en la cabeza, que no estoy capacitado para juzgarme y que los objetivos son los demás, y que si ellos dicen que todo bien, será verdad. Pero eso no quiere decir que yo oiga un disco mío y me emocione, eh. ¡Eso nunca!».

Una boda en Ámsterdam

Los amsterdameses que se asomaron a los canales el 27 de enero de 1977 fueron testigos de un hecho bastante curioso. Un barco de recreo transportaba por sus aguas a cincuenta españoles con gran algarabía. Se oían gritos de «¡vivan los novios!» y el sonido de un romántico acordeón. Algunos de los pasajeros no pudieron reprimir un amago de *pataíta* por bulerías, a pesar de que el instrumento acompañante no fuese el más apropiado.

Paco y Casilda se casan en Ámsterdam «para evitar el jaleo» de la prensa en España. Solo asistieron los padres de los contrayentes y sus familiares más cercanos. En total, cincuenta personas. Tan reducido número de invitados en un país extraño para ellos se debió al estricto deseo de intimidad del guitarrista, que sentía el ahogo de la fama más de lo deseable. «No quiero que mi vida sea motivo de sensacionalismo ni de chismorreo», explicó Paco. Su hermana mayor, María, se quedó en Algeciras al cuidado de sus hijos pequeños, cosa que el guitarrista disculpó con pena. La revista *Hola* realizó un reportaje del evento y dio la imagen de la nueva pareja de moda en su portada del 12 de febrero. En la foto, Paco mira a la cámara con su habitual pose levemente impaciente, en un esfuerzo más por estar relajado. El ineludible pitillo entre los dedos. Casilda, cogida de su brazo, le observa con candidez. Lleva un traje de novia sencillo, con cuello redondo y una mantilla de encaje. Él tiene veintinueve años; ella, dos más. Tendrán tres hijos: Casilda (1978), Lucía (1979) y Curro (1984).

El músico le había jurado a su prometida que se casaría con ella cuando pudiera comprarle un chalet y un Mercedes, es decir, ofrecerle el nivel de vida del que ella provenía. Se ve que el estatus deseado por el guitarrista llegó tras más de una década sin parar de dar conciertos por todo el mundo. Hasta el momento de la boda el dinero se lo había administrado su padre, don Antonio. A Casilda, la ríspida cuestión no le importaba tanto, pero para Paco era muy importante solventar ese rancio asunto de la diferencia de clase, sobre todo de cara a la imagen que de él tenía su suegra. Para la señora Ampuero, su yerno no dejaba de ser un bohemio. Desde luego no era el tipo de hombre que ella tenía pensado para su hija. Pero Casilda no es una mujer que acepte imposiciones de ningún tipo, y mucho menos si tienen que ver con convenciones sociales.

La ceremonia tiene lugar en la iglesia católica de Begijnhof, situada en un antiguo convento rodeado de canales construido en la Edad Media, al que antiguamente solo se podía acceder a través de un puente. La Reforma protestante aplicada en Ámsterdam por los calvinistas convirtió Begijnhof en el único recinto donde era posible celebrar reuniones católicas. La capilla estaba dentro de las casas habitadas por las beguinas, y por tanto el culto estaba protegido por ellas y por santa Úrsula, su patrona. Estas mujeres no pertenecían a ninguna orden religiosa, pero habían decidido aislarse del mundanal ruido en este patio del centro de Ámsterdam, prometiendo castidad y ayuda a los necesitados.

En el convite nupcial se sirve el siguiente menú:

Extrait de veau au fenouil et cerfeuil.
Súprèmes de turbot Riesling.
Filet de boeuf Wellington.
Supreme nupcial.
Vino blanco de Chablis, Grand Cru Les Clos 1975, y vino tinto
de Burdeos, Mouton Cadet 1973.

¿Por qué Ámsterdam? Una serie de casualidades los llevan
hasta allí. Paco es una de las jóvenes estrellas de Philips Records y
el director de la compañía, Mariano de Zúñiga, le sugiere que la
casa de discos podría organizar una boda discreta lejos de los pe-
riodistas de España en la capital holandesa, casa matriz de la
marca. A la vez, hay una campaña para lanzar los temas de Paco
a nivel mundial y situarle como figura más allá del ámbito del
flamenco.

«Me ha dicho el señor Piet Schellevis, director general de
Philips, que muy pronto seré popular en Holanda», declara Paco
a *Hola*.

Acaba de grabar su disco *Almoraima* (1976), el primero con
temas nuevos desde *Fuente y caudal*. El flamenco está de moda.
Muchos jóvenes españoles que no vienen de una tradición flamenca se sienten identificados estética y emocionalmente con
ella. Al fenómeno de Camarón, que pronto grabará *La leyenda
del tiempo*, hay que añadir el futurismo de Enrique Morente en
Despegando, con Pepe Habichuela, que sigue la senda de su anterior álbum con Manzanita, *Se hace camino al andar*; el magnetismo de Lole y Manuel hablando de un *Nuevo día*; el ímpetu del Lebrijano con su mítico álbum *Persecución*; el afán de
pureza de José Menese, que graba un disco en directo en el
Olympia de París; el alucinante Niño Miguel, que tuvo una carrera corta y desgraciada pero dejó dos discos de guitarra inolvi-

dables; y por supuesto el extraordinario eco de otros dos músicos coetáneos de Paco de Lucía, Manolo Sanlúcar y Serranito, que protagonizan con él el mayor avance que se ha dado jamás en la guitarra flamenca de concierto.

La Almoraima es un lugar cercano a Algeciras en la suave sierra de Los Alcornocales, donde por mayo los algecireños van a una popular romería. Tras la desamortización de Mendizábal, la finca y el convento que allí había pasaron a manos de aristócratas, en este caso los duques de Medinaceli, con el difuso ánimo de distribuir la riqueza. Para dar esa imagen *cool* de tradición y modernidad en la portada, Paco se fotografía apoyado en el quicio de madera de una ventana que da al claustro de La Almoraima con actitud desafiante. Lleva una camisa verde estilo guerrillero con el pecho desabotonado y un colgante *hippy*. Por primera vez, la guitarra no aparece en la portada de uno de sus discos.

Una vez más, Paco mira atrás para seguir avanzando. A muchos les resulta inexplicable la manera en que alguien puede extraer sonidos tan distintos de un instrumento antiguo e, incluso, rudimentario. La bulería inicial, «Almoraima», se sostiene sobre una base rítmica que bebe de Ricardo y Sabicas; la rondeña «Cueva del Gato» rinde homenaje otra vez a Ramón Montoya; en las cantiñas «A la Perla de Cádiz» hace un guiño a la pariente de Camarón; y «Río Ancho» es la esperada continuación de «Entre dos aguas». Tradición tonal y revolución técnica, a la que añade instrumentos de fusión como el bajo o el laúd árabe.

Según el crítico Alberto García Reyes, Paco de Lucía propició el cambio que necesitaba la guitarra justo cuando era más necesario, «no se sabe si porque el desarrollo de su toque coincidió con ese momento o porque él lo buscó». Abrió el horizonte de sus dos escuelas, la de Niño Ricardo y la de Sabicas, para integrarlas con la suya propia y la de sus contemporáneos, y así proyectar el flamenco hacia el futuro. La guitarra flamenca vive una época dorada, la maestría de Manolo Sanlúcar, Serranito y Niño Miguel es asombrosa, pero incluso para estos virtuosos Paco de Lucía viene de otro planeta.

La kryptonita de Paco

«Paco de Lucía ¿qué es?», se preguntaba Quintero. ¿Es un «producto de consumo», como declaró el propio Paco sobre sí mismo de manera irónica en alguna ocasión? ¿Es simplemente «el hijo de Luzia la Portuguesa», como le gustaba definirse? ¿Es un músico inalcanzable? ¿Un descarado que viene a romper las normas de la cultura en la que fue criado? ¿Un «mito», una «mentira perfecta»? ¿Acaso los mitos no son también construcciones de mentiras que nos complace creer? Lo cierto es que los mitos dan sentido a lo inexplicable y en el universo flamenco hay unos cuantos.

La mitología flamenca habla de las rencillas y piques entre cantaores míticos. Silverio Franconetti y el Nitri, Antonio Chacón y Manuel Torre, Manolo Caracol y Antonio Mairena, Pepe Marchena y Juan Valderrama. Mantenían una rivalidad real o inventada, que muchas veces provenía de una recíproca admiración. «En aquellos desafíos nobles se ponían a prueba la valía y la elegancia de las personas», cuenta José Blas Vega en su *Vida y cante de don Antonio Chacón*.

Paco jamás encontró un adversario. No tuvo rival. Todos los guitarristas que le escuchaban se rendían de inmediato a su genialidad. Pronto se convirtió en el rey que había llegado para derribar las antiguas murallas del flamenco. ¿Qué hubiera ocurrido si hubiese encontrado un enemigo a su altura? Nunca lo sabremos. Tenía un carácter competitivo y le motivaba llegar el primero, saber más, cuestionarse. Cuando en el Teatro Real le pide a Quintero que se asome para ver qué público ha acudido al concierto, en realidad quiere saber qué guitarristas hay en el patio de butacas. Todos los músicos le señalan como un gurú. Él asume resignado la presión y la responsabilidad de mostrar el camino. «Si yo me equivoco, es posible que los guitarristas flamencos que me siguen se equivoquen también. Así que debo tener mucho cuidado para equivocarme lo menos posible», dijo. Sabe que le observan, y no todos con buenos ojos.

La mitología griega nos cuenta que Aquiles, el más veloz de los hombres, tenía un punto débil, su talón. La ninfa Tetis, su madre, quiso hacerlo inmortal sumergiéndolo al poco de nacer en el río Estigia. El talón por donde le sostenía quedó fuera del agua y por esto se convirtió en la única parte vulnerable de su cuerpo. La mitología moderna habla de Superman, un héroe de ficción reconocido por toda la humanidad. Según sus creadores, el personaje es invencible salvo cuando se expone a la radiación de un mineral extraterrestre, originario de su planeta natal, llamado Krypton. Ante el fulgor verde cristalino de la kryptonita, Superman se paraliza y sus poderes desaparecen.

En el caso de Paco, su punto débil es su propia naturaleza. Nadie había poseído un dominio técnico tan absoluto de la guitarra como él. Su expresividad con las cuerdas nunca antes se había visto. Su inquietud creadora es inaudita. Pero las dudas le atenazan cuando se mira al espejo. Él mismo es su mayor rival. ¿Logrará mantener el listón tan alto como lo ha puesto concierto tras concierto, disco tras disco? El terror a decepcionar a los suyos le llena de desazón. Un fallo imperceptible le martiriza y le impide apreciar lo demás. Nunca se muestra contento con el resultado de lo que hace. El poeta Félix Grande, una de las personas que mejor profundizó intelectualmente en Paco, se atrevió a definirle como una «pura angustia». Esa vitalidad que expresaba por fuera con la guitarra era por dentro una cuerda en tensión permanente, «un rayo atado a una redoma».

Su fabuloso don para el instrumento contenía también una porción de kryptonita capaz de inutilizar sus poderes. Él mismo es el contrincante al que tiene que derrotar para no perder el equilibrio que se le exige. «Cuánto le cuesta a Paco de Lucía el prodigioso regalo que nos hace es algo que no sabremos nunca. La soledad, incluso la desesperación que hay siempre bajo la laboriosa humildad de un artista, no se puede cobrar, no se puede pagar», afirma Grande. Su primer biógrafo, Donn E. Pohren, aseguraba que Paco no se sentía satisfecho con ninguno de sus discos, evitaba escucharlos, e incluso prefería no poseerlos. «Tal actitud tiene sentido, pues la música de un artista que progresa a la velocidad que Paco lo hace se vuelve obsoleta casi al momento de nacer».

Hay una anécdota que Paco contaba sobre la falta de interés que le provocaban sus composiciones una vez que estaban creadas. Iba conduciendo su coche y en la radio empezó a sonar una guitarra por alegrías. «Qué bien suena eso», se dijo.

Cuando el locutor pronunció el nombre del intérprete, empezó a gustarle menos. Era él mismo y no se había reconocido. Siguió escuchando y empezó a sacar defectos. Ya no sonaba tan bonito como cuando pensaba que era otro el que tocaba. Cada vez más asqueado, apagó la radio. En el documental de Televisión Española *Francisco Sánchez, Paco de Lucía*, dice:

No debería estar tan descontento con la vida como suelo estar, porque lo he pasado muy bien. Me cuesta ver lo bueno. Me fijo en lo malo. Hago un disco y, si está bien, se da por hecho, porque es lo que se espera. Pero como haga una cosita que no esté del todo bien, o que esté mal, ya para mí el disco entero no vale nada, ni yo sé tocar, ni merece la pena seguir con la guitarra... Soy una especie de enfermo. Dicen que eso es bueno, porque estimula la creación, pero se pasa muy mal.

Una melancolía de tiempos remotos

> Cuidad vuestro folclore y ahondad en él cuanto podáis.
>
> JUAN DE MAIRENA
> (ANTONIO MACHADO)

Hasta no hace mucho tiempo, el flamenco era un arte de exclusiva y paciente transmisión oral. Las familias gitanas conservaron las letras y los cantes durante siglos en la Baja Andalucía. Cuenta el cantaor Antonio Mairena en su libro de memorias que los gitanos de antes eran tan celosos y tan rígidos con sus costumbres que no permitían que nadie se entrometiera en ellas ni asistiera a sus fiestas privadas, en las que cantaban, bailaban y tocaban la guitarra como habían aprendido de sus abuelos, de sus padres y de sus tíos.

Hay quien insiste en alimentar un origen misterioso del pueblo gitano, pero los documentos históricos apuntan a que son originarios del norte de la India. En el siglo IX cruzaron oriente hacia Europa. Las penalidades y el rechazo que sufrieron durante su peregrinaje calaron hondo en su cultura.

Conocemos su llegada exacta a la Península por un salvoconducto que emitió Alfonso V el Magnánimo en 1425, autorizando la entrada de un grupo de gitanos al Reino de Aragón y ordenando a las autoridades que no pusieran impedimento a Juan de Egipto Menor ni a las gentes mandadas por él. Los miles de gitanos que llegaron a la Península en aquel tiempo se asentaron en su mayoría en tierras del sur. Su habilidad para el comercio, su gusto por la música y la fiesta, y la necesidad de artesanos facilitaron que se instalaran en la Baja Andalucía.

Las danzas y canciones con fondo hindú que trajeron consigo se habían mezclado con las influencias recogidas en su periplo desde oriente. Estas formas entraron en contacto con los usos folclóricos andaluces, que a su vez mantenían reminiscencias del pasado árabe. En ese sustancioso y variado caldo se cuecen los elementos básicos de lo que, con el paso de los siglos, se llamará flamenco.

La música flamenca no se manifiesta de manera más o menos estructurada hasta el último tercio del siglo xviii, tras un dilatado proceso de elaboración que aglutina una miscelánea de melodías helénicas, árabes, hebreas, visigóticas y persas, tanto laicas como religiosas, a las que se añaden los romances y tonadas de Castilla.

Para el poeta Ricardo Molina, investigador del flamenco, «el cante es la queja de un pueblo secularmente subyugado y sus coplas no son sino desesperación, abatimiento, lamento, renuncia, expansión biográfica, superstición, imprecación, magia, alma herida, confesión oscura de una raza doliente e irredenta. La copla es autoterapia y no *ludus* [diversión, juego]». Con razón Enrique Morente, que no daba puntada sin hilo, cantaba esta letra popular recogida por el gran Silverio Franconetti:

> Yo no cantaba *pa* que me escucharan,
> ni porque mi voz fuera buena;
> yo canto *pa* que se me vayan
> las fatiguillas y las penas.

Por su parte, la guitarra se convirtió en el instrumento idóneo para acompañar la mezcla de los bailes boleros y el baile flamenco, representaciones castizas (gitanas o agitanadas) de estilos que reunían tanto lo refinado como lo popular. La nueva forma de cantar, basada en el jipío con sentimiento, ya aparece en el *Libro de la gitanería de Triana de los años 1740 a 1750*, escrito por el Bachiller Revoltoso «para que no se imprimiera», y que habla de un cantaor que tenía por costumbre «arrancarse con un largo aliento» llamado queja de galera, «porque un forzado gitano lo daba cuando iba al remo y de este pasó a otros bancos y de estos a otras galeras», sin saber que con su lamento estaba creando uno de los rasgos más reconocidos del cante. «Y así comenzó probablemente a gestarse la criatura —explica el musicólogo Faustino Núñez—, fundiendo el universo musical de la guitarra, el compás y el baile andaluz con la queja gitana, obteniéndose el caldo apropiado con el que cocinar los diversos estilos del flamenco».

Entre finales del XVIII y principios del XIX, se pone de moda un «andalucismo agitanado» entre lo más florido de la juventud del momento. El folclorista Julio Caro Baroja destaca la afición de la aristocracia no solo a los usos populares de los gitanos, en referencia a sus bailes, cantes y el acompañamiento de la guitarra, sino también al habla gitanesca. «Esta afición cunde y se halla no solo en Cádiz, donde se creía que vivían los gitanos más atildados, sino en Sevilla, Málaga y otras poblaciones con gitanería más brava y bronca», escribe Caro Baroja. George Borrow, viajero inglés que recorrió la Península entre 1835 y 1840, autor de *Los zincali*, habló del gusto de las clases altas por la compañía y los modales de los gitanos. En las *Cartas marruecas* (1793), de José Cadalso, encontramos esta descripción de una juerga en un cortijo donde varios caballeros han quedado para ir de cacería:

Habían concurrido algunas gitanas con sus venerables padres, dignos esposos y preciosos hijos. Allí tuve la dicha de conocer al señor tío Gregorio. A su voz ronca y hueca, patilla larga, vientre redondo, modales bastos, frecuentes juramentos y trato familiar, se distinguía entre todos. Su oficio era hacer cigarros, dándolos ya encendidos de su boca a los caballeritos, atizar los velones, decir el nombre y mérito de cada gitana, llevar el compás con las palmas de las manos cuando bailaba alguno de sus apasionados protectores, y brindar a su salud con medios cántaros de vino [...]. Contarte los dichos y hechos de aquella academia fuera imposible, o tal vez indecente; solo diré que el humo de los cigarros, los gritos y palmadas del tío Gregorio, la bulla de voces, el ruido de las castañuelas, lo destemplado de la guitarra, el chillido de las gitanas sobre cuál había de tocar el polo para que lo bailase Preciosilla, el ladrido de los perros y el desentono de los que cantaban no me dejaron pegar los ojos en toda la noche.

Gracias al investigador José Blas Vega sabemos con precisión la primera vez que se reconoce el flamenco como un estilo musical, en el diario *La España*, el 18 de febrero de 1853:

La música flamenca que motiva esta gacetilla es la que en la tierra de María Zantísima se conoce con este nombre. Sin perjuicio de hablar más detenidamente en nuestra próxima *Revista Musical*, queremos decir hoy cuatro palabras acerca de la fiesta puramente nacional que se verificó antes de anoche en los salones de Vensano, calle del Baño [un local donde había una escuela de danza regentada por italianos, en la actual calle Ventura de la Vega de Madrid]. Los protagonistas fueron lo más escogido entre los flamencos que se hallan actualmente en Madrid; así es que los aficionados pudieron admirar tres escuelas diferentes a la vez. Ejecutaron con el más admirable y característico primor todo el repertorio andaluz de playeras, cañas, jarabes, rondeñas, seguidillas afandangadas, etc., etc. También hubo algunas señoras, entre otras una preciosa gitanilla de rumbo y singular salero, que amenizó la fiesta con su baile. La reunión se componía de más de cien personas de todas clases y condiciones: diputados, gobernadores de provincia, literatos, capitalistas y hombres de ciencia. Sentados alrededor de una gran mesa estaban los artistas de sombrero calañés, cantando y tocando la guitarra, con grande aplauso del entusiasmado concurso. No faltó el ambigú nacional, profusamente servido con manjares de la tierra (y pescados de la costa) y regado con el popular manzanilla. El sarao duró desde las nueve de la noche hasta las tres de la madrugada.

En *La Nación* se lee, en 1856, la crónica de un establecimiento donde se reunían los flamencos para interpretar su música:

Hay en el centro de Madrid, plazuela del Ángel, un café al cual concurren por las noches, a pasar el rato a tragos, gente de buen humor, es decir, mozos macarenos y hembras de trapío. En medio del café está sentado en una silla, con la propia satisfacción que si fuera un trono, un moreno andaluz entonando al compás de su guitarra cantares andaluces de pura raza, cuya letra manifiesta la poesía que hay en el alma de los hijos de aquel privilegiado suelo.

Es así como, desde mediados del siglo XIX, se empieza a llamar flamenco al género que antes era conocido como cantes andaluces, canciones gitanas, bailes del país, canciones andaluzas o baile de palillos, y de esta manera lo flamenco se convierte en sinónimo de gitano, aunque como explica el escritor José Luis Ortiz Nuevo, autor de las imprescindibles memorias del cantaor Pericón de Cádiz, «la cuna fuera andaluza y muchos otros andaluces los que lo hicieran, andaluces pobres, eso sí».

Sirva también esta escena noctámbula de Pío Baroja en *Las inquietudes de Shanti Andía* (1911) para ilustrar el ambiente flamenco de una taberna, ya en el siglo XX:

Ya no pensaba en islas desiertas ni en hacer de robinsón; mis ideales eran otros. Quería transformarme en un andaluz flamenco, en un andaluz agitanado. Entrar en una de esas tiendas de montañés a tomar pescado frito y a beber vino blanco; ver cómo patea sobre una mesa una muchachita pálida y expresiva, con ojeras moradas y piel de color de lagarto; tener el gran placer de estar palmoteando una noche entera, mientras un galafate del muelle canta una canción de la *maresita* muerta y el *simenterio*; oír a un chatillo, con los tufos sobre las orejas y el calañés hacia la nariz, rasgueando la guitarra; ver a un hombre gordo contoneándose marcando el trasero y moviendo las nalguitas, y hacer coro a la gente que grita: «*¡Olé!*» y «*¡Ay tu mare!*» y «*¡Ezo e!*»; esas eran mis aspiraciones.

Y el término «flamenco» ¿de dónde proviene? Como no hay una explicación única al origen de la palabra, nos remitimos al comienzo de la primera recopilación de letras populares de cantes flamencos, realizada por Antonio Machado y Álvarez, Demófilo, y publicada en 1881:

Los gitanos llaman gachós a los andaluces, y estos a los gitanos flamencos, sin que sepamos cuál sea la causa de esta denominación; pues no hay prueba alguna que acredite la opinión de los que afirman, ora, que con los flamencos venidos a España en tiempos de Carlos I, llegaron también numerosos gitanos; ora, que se trasladó a estos en aquella época el epíteto de flamencos, como título odioso y expresivo de la mala voluntad con que la nación veía a los naturales de Flandes, que formaban la corte del rey, injeridos en los negocios públicos. El pueblo, o mejor dicho los cantadores, no dan noticia alguna que pueda servir de seguro indicio para conocer el origen de la denominación de flamencos; consta solo que se llama así a los gitanos; pudiendo acontecer, dada la índole y genialidad siempre festiva y picaresca de la raza andaluza, que se dé este nombre a los gitanos por el color de su tez, moreno-bronceado, que es precisamente el opuesto al blanco y rubio de los naturales de Flandes.

Poco después, Machado y Álvarez dejará escrito un consejo que influirá profundamente en sus hijos, Manuel y Antonio: «¿Queréis conocer la historia de un pueblo? Ved sus romances. ¿Aspiráis a saber de lo que es capaz? Estudiad sus cantares».

Manuel de Falla, «maestro espiritual» de Paco de Lucía y quizás el único compositor español de una repercusión mundial comparable a la del guitarrista, afirmaba en su ensayo sobre el cante primitivo andaluz que el «toque jondo» no tiene rival en Europa. En *El cante jondo*, escribe:

En la historia española hay tres hechos de muy distinta trascendencia para la vida general de nuestra cultura, pero de manifiesta relevancia en la historia musical, que debemos hacer notar; son ellos: a) la adopción por la Iglesia española del canto bizantino; b) la invasión árabe, y c) la inmigración y establecimiento en España de numerosas bandas de gitanos.

Falla defendía la influencia de la guitarra española en la música europea, y no tenía duda de que los instrumentistas españoles del siglo xv fueron los primeros en acompañar con armonía la melodía vocal. «Los efectos que *inconscientemente* producen nuestros guitarristas representan una de las maravillas del arte natural» y revelan «posibilidades sonoras jamás sospechadas». Describía el cante jondo como «un grupo de canciones andaluzas cuyo tipo genuino creemos reconocer en la llamada seguiriya gitana, de la que proceden otras, aún conservadas por el pueblo y que, como los polos, martinetes y soleares, guardan altísimas cualidades que las hacen distinguir dentro del gran grupo formado por los cantos que el vulgo llama flamencos».

No obstante, y a pesar de sus argumentos, Falla estaba convencido, ya en 1922, de que ese tesoro del canto puro andaluz «no solo amenaza ruina, sino que está a punto de desaparecer para siempre». El asunto no es novedoso: la desaparición del flamenco se venía anunciando casi desde la primera noticia de su nacimiento.

No olvidemos que en su origen el cante flamenco es una expresión de dolor y desconsuelo de un pueblo, como lo es el blues. Según Ricardo Molina, se trata del «grito elemental y primitivo de un pueblo sumido en la pobreza y la ignorancia. No es teatro ni pretende efectos sobre el público. Es una tragedia viva. El cante es grito. Es otro mundo». Y es, también, una expresión de rebeldía de los desfavorecidos, de los perdedores, de los de abajo. Dicen unas soleares:

> Las lindes del *olivá*
> son anchas *pa* los don Mucho
> y estrechas *pa* los don Na.

A la vez, el componente de rebeldía que transmite el flamenco, con ese sentido anárquico de la vida, deriva en una idiosincrasia particular que tiene bastante de irredención e individualismo. Quien guste de escuchar los cantes con una perspectiva antropológica, podrá percibir cada eslabón de una cadena humana que se prolonga desde hace más de dos siglos.

Hay cierta tristeza indescifrable, un llanto por los que se fueron, una melancolía de tiempos remotos que son intrínsecos al flamenco. «Se canta lo que se pierde», dijo Antonio Machado. «Canto porque me acuerdo de lo que he vivido», dijo Manolito el de María, quien, como su tío Joaquín el de la Paula, nunca quiso grabar discos.

Toda esta enjundia milenaria, que recoge el respeto y la gratitud a los antepasados, forma parte de la memoria inconsciente de Paco de Lucía. De ellos proviene su ímpetu y su devoción. Ahí están reunidas el hambre, la rabia, el gozo y los anhelos de todos los guitarristas a los que no conoció, aquellos de los que le hablaron y que le dejaron su intangible herencia.

Paquirri el Guanté (1773-1836), que era de oficio guantero y murió envenenado por un marido celoso; Maestro Patiño (1829-1902), considerado el «artífice de la guitarra flamenca profesional» y «el padre del toque jondo»; Paco el Barbero (1840-1910), el primero que comenzó a dar conciertos de guitarra en solitario, donde mezclaba piezas propias de flamenco con otras clásicas; Paco de Lucena, el Lentejo (1859-1898), «el virtuoso de la época, como solista y acompañando», cuyo toque fue recogido por el incomparable Diego del Gastor; Miguel Borrull (1866-1926), de quien dicen que se formó con Francisco Tárrega, y a cuyo hijo, también llamado Miguel (1899-1976), Paco de Lucía aconsejaba escuchar con detenimiento «como adelantado que es de la modernidad»; Javier Molina (1868-1956), padre del toque jerezano, que trae «el amanecer de la guitarra flamenca moderna» y acompañó a los cantaores más grandes de su época, Antonio Chacón y Manuel Torre; Juan Gandulla,

Habichuela (1867-1927), el favorito de la Niña de los Peines, que perfeccionó la precisión del toque para acentuar la expresividad del cante y el baile; Ramón Montoya (1879-1949), el primero que sitúa la guitarra flamenca como protagonista, iniciador de la escuela que enlaza con Sabicas, Niño Ricardo, Serranito, Manolo Sanlúcar, Juan Habichuela, Niño Miguel... Y Paco de Lucía.

Dice Félix Grande que todos los flamencos tienen un profundo respeto por los viejos, incluso por aquellos a los que no han conocido nunca. Esos viejos a los que se refiere Grande se llamaban el Planeta, el Nitri, Tío Luis el de la Juliana, el Viejo de la Isla..., los principales cantaores antiguos de los que tenemos referencia. El respeto de Paco de Lucía por la tradición era «estremecedor», a la vez que tenía una necesidad angustiosa de seguir adelante, de ir más allá, de sobrepasar los cánones que había aprendido de niño. Por eso, en más de una ocasión confesó el miedo que se tenía a sí mismo, a perder el equilibrio y no estar a la altura de sus maestros en la cadena centenaria del flamenco. Es importante considerar esta idea si se quiere entender su relación con la música.

En una entrevista de 2003 donde habla del apego a sus raíces, Paco recuerda una minera que compuso para el disco *Siroco* (1987), considerado su obra cumbre, y cómo al oírla pensó: «Es una falseta bonita, pero no suena a minera». Dijo:

> Me di cuenta de que sonaba a nuevo, pero a un nuevo sin esencia. En ese momento decidí oír a Ramón Montoya, y lo estuve escuchando tres o cuatro días. Cambié tres cositas de lo que ya tenía compuesto, tres silencios, ni siquiera añadí nada, y eso ya cogió el carácter. Es algo que es muy difícil de definir, es una

sensación pura: tres o cuatro detallitos... Yo siempre estoy volviendo a escuchar a los clásicos; mientras más intento avanzar,
más me agarro con una mano a lo que tengo detrás, porque siempre me dio mucho miedo salirme de lo que es el flamenco, o de
lo que yo creo que debe ser.

La historia de Ramón Montoya

A Ramón Montoya le daba miedo navegar, «que para algo soy, además de madrileño, gitano», decía, y por eso se lo pensó mucho antes de cruzar el Atlántico en barco, aunque le aseguraban que en América se hincharía a ganar dinero. Por fin, en mayo de 1937, ya consagrado, diez años antes de que naciera Paco, llegó a Buenos Aires con su guitarra La Leona a bordo del vapor Campana, procedente de Marsella, para integrarse en el espectáculo de la bailaora Carmen Amaya en el Teatro Maravillas.

En una entrevista para el diario *La Nación* a su llegada a Argentina, Montoya recordaba sus inicios en el Café de la Marina, que estaba en la calle Jardines, en un Madrid repleto de locales de ocio y variedades llamados «cafés cantante». Eran unos salones amplios con espejos y pinturas costumbristas donde los artistas flamencos convivían con elencos de zarzuela, cantantes de ópera, humoristas, magos y virtuosos de los malabares. Los cafés, que comenzaron en Sevilla a imitación de los *cafés-concert* franceses que pintaron Degas o Manet, tenían un tablao de madera en una zona elevada, donde se daba el espectáculo. El éxito de estos establecimientos fue clave para la profesionalización de los intérpretes del flamante género flamenco. Cada vez más artistas quieren participar en el nuevo negocio, que ofrece un salario digno a quien tiene arte para cantar, tocar y bailar a lo flamenco.

«Es gracias a la intensa actividad profesional desarrollada en los cafés por lo que hoy podemos presumir de tener un tesoro, el repertorio de cante, toque y baile —dice Faustino Núñez—. El número de artistas, gitanos o no, de toda Andalucía y de otras provincias aumentaba a la vez que el repertorio engordaba». Rara era la provincia española que no contara con alguno de estos cafés, y extraño el cantaor que «no buscara en sus adentros y se quebrara la cabeza para sacar a flote sus más raciales o artísticos sonidos».

Ramón Montoya nace, según él mismo cuenta en *La Nación*, en «el mismo barrio del Avapiés [sic], de esa tontería de barriada que tan bien define a la capital de España», en 1879. Alguna explicación debía de tener que Lavapiés haya sido desde siempre el barrio más flamenco de Madrid. Su familia se dedicaba a la compraventa de ganado y su padre era aficionado a la guitarra. «Yo empecé muy chico a rascarle las tripas con más afición que mi padre todavía. Aprendí completamente solo y por intuición, cogiendo de oído lo que me salía al paso y poniendo en sacarlo todo mi entusiasmo, porque me gustaba mucho este arte».

Se quedaba absorto fijándose en la posición de las manos de los guitarristas que tocaban en la calle, en su mayoría mendigos ciegos. Un día, tendría unos doce años, vio una guitarra magnífica en un mercadillo. La vendían por nueve duros. Aprovechando el ambiente bovino y su fama de buen jinete (a veces hacía números a caballo en un circo ambulante), le dijo a su padre que en el mercado le habían ofrecido un asno estupendo por solo nueve duros. Su padre vio la oportunidad y le dio el dinero. Ramón volvió a casa con su estupenda guitarra y alguna explicación increíble. El padre primero le dio una paliza y después le buscó un profesor.

Dicen que aprendió en las escuelas del Maestro Patiño, de Paco de Lucena y de Miguel Borrull, aunque él afirmaba que fue autodidacta. Tenía fama de mal genio, aunque genio fuese. El único modelo que menciona Montoya es el guitarrista Canito, a quien «le fui imitando el estilo y le sacaba todas las filigranas que le veía y escuchaba». Este Canito aparece en *La busca*, de Baroja:

—Ya no hay artistas —decía el chalán—, antes venía uno aquí a ver al Pinto, al Canito, a los Feos, a las Macarronas... Ahora, ¿qué? Ahora, *na*; pollos en vinagre.

—Ese es el tocaor —dijo, señalando a este último la Chivato.

No pararon mucho tiempo las dos cantaoras en la mesa de Leandro y Manuel. El bizco estaba ya en el tablao; empezó a puntear la guitarra, se sentaron seis mujeres en fila y empezaron a palmotear rítmicamente. La Tarugo se levantó de su asiento y se arrancó a bailar de costado, luego zarandeó las caderas de una manera convulsiva; el cantaor comenzó a gargarizar suavemente; a intervalos callaba y no se oía entonces más que el castañeteo de los dedos de la Tarugo y los golpes de sus tacones, que llevaban el contrapunto.

Canito murió joven y el dueño del Café de la Marina necesitaba un sustituto. Cuando oyó tocar a Montoya en un festival a beneficio de la madre de Pastora Imperio, creyó que era el propio Canito, que había resucitado. Así le contrató «por seis pesetas diarias, o mejor dicho, nocturnas».

Su inquietud natural y su habilidad innata con el instrumento le llevaron a superar la técnica y las formas de los tocaores antiguos. Con solo dieciocho años empezó a destacar como solista de guitarra en los cafés donde actuaba. Desarrolló el toque por farruca, que Faíco bailó hasta en la Rusia de los zares. A partir de 1910, con treinta años, y hasta su muerte en 1949, grabó discos para Gramófono Company con los mejores cantaores del momento: Juan Breva, la Niña de los Peines, Angelillo, Aurelio de

Cádiz, Pepe Marchena, Manuel Vallejo, Juanito Valderrama, la Niña de la Puebla… Durante dos décadas formó una pareja histórica con Antonio Chacón, el emperador del cante, el cantaor más sobrado de calificativos para elevar su arte, llamado el Papa del Flamenco y el Divino, con quien actuó en el Concurso de Cante Jondo de Granada de 1922. A Montoya le gustaba recordar esta anécdota de Chacón, para ilustrar el carácter bondadoso y mayestático del cantaor:

> Me presentó en Sevilla durante las ferias. Había allí reunido lo más grande que el cante tenía entonces, y fui yo, ilustre desconocido, para acompañar a don Antonio. Al presentarme se limitó a decir: «Primero vais a cantar todos vosotros y luego lo haré yo, acompañado por Montoya, y os aseguro que os voy a hacer llorar a todos». Y así fue, en efecto: acabaron todos llorando. Su admiración por mí era tanta que llegó a perdonarme que en una fiesta del duque de Medinaceli llegara tarde por preferir jugar al billar, y se limitó a decirme: «Montoya, ¿usted es jugador de billar o tocaor de guitarra?».

Según José Manuel Gamboa, la estrecha colaboración entre Montoya y Chacón es clave en la evolución de la guitarra. «Pusieron al día e incorporaron al inventario del género una serie de toques con características propias. Fueron los primeros flamencos que entregaron grabaciones donde el compás queda definido sin titubeos». Así que de alguna forma la pareja Montoya-Chacón puede ser el precedente de la que formarán Paco de Lucía y Camarón de la Isla, que siguen el camino que aquellos marcaron en afinación, armonía y ritmo.

Lo cierto es que en Ramón Montoya se funden todos los prodigios de los guitarristas anteriores. Su figura supone un antes y un después. Le denominan de muchas maneras, y significativamente «el taumaturgo» de la guitarra. «Es el primer concertista flamenco en toda regla —dice Gamboa—, pues construye un repertorio único y personal, exclusivamente flamenco, que registra, y con el que fue capaz de mantenerse en escena durante recitales completos. Nadie como él supo adaptar las técnicas clásicas a la guitarra flamenca, manteniendo el espíritu propio de nuestro género y dándole lustre».

Además, Montoya paseó por los escenarios de Europa la guitarra flamenca de concierto. Dejó para la posteridad su creación de la rondeña, considerado el primer estilo flamenco ideado exclusivamente para guitarra. Las rondeñas son un estilo popular ligado al fandango, que parecen provenir de los cantes de ronda o serenatas. La innovación de Montoya consiste en cambiar la afinación tradicional de la guitarra flamenca para asemejarla a un instrumento antiguo que recuerda al laúd, a la vez que prescinde de recursos específicos de la guitarra flamenca de tal modo que la acerca a la clásica. Esa transportación tonal podría estar considerada, por su novedad y belleza, uno más de los momentos estelares de la humanidad que relató Stefan Zweig. Casi todos los guitarristas flamencos posteriores con una mínima ambición incorporaron la rondeña de Montoya a su repertorio básico.

Paco de Lucía grabó «El Tajo», su primera rondeña, en 1967. En ella seguía el estilo clásico de Montoya, pero introdujo elementos propios como la agresividad en el toque a través de ciertas «disonancias» a la hora de interpretarla. Posteriormente, realizó algunas variaciones más en sus interpretaciones. En «Doblan campanas», del disco *El duende flamenco de Paco de Lucía*, rompe con la rondeña de Montoya y la convierte en uno de los momentos «más angustiosos y tensos» del repertorio de la guitarra flamenca, según el flamencólogo Norberto Torres. «Si se nos permite una comparación diremos que el cambio que sufre la rondeña con Paco de Lucía nos recuerda el de la obra del pintor Francisco de Goya a lo largo de su vida. Lo curioso es que cuando Montoya graba su tema en 1936, tiene cincuenta y siete años, y cuando Paco graba "Doblan las campanas", tiene veinticinco. ¿Cómo explicar tanta madurez y desengaño en un hombre tan joven?», dice Torres.

Para terminar de situar a Ramón Montoya en el lugar que le corresponde, subrayemos que la guitarra no se convierte definitivamente en protagonista del escenario hasta que él aparece. Montoya es el creador de la guitarra flamenca de concierto que Paco recoge por mediación de Sabicas. A Montoya se le debe la incorporación y la mejora de los mecanismos que permiten la «amplitud melódica y tonal» de la guitarra flamenca, según Blas Vega. La obra de Paco de Lucía «es un tejido incomprensible sin el antecedente de don Ramón», afirma Grande. Por eso cuando Paco pregunta a Quintero qué guitarristas hay entre el público la noche del Teatro Real y, tras localizarlos, dice «ya sé para quién voy a tocar», quiere expresar que va a tocar para el gusto de los que están, para la gloria de los que vinieron antes que él y para los que vendrán después.

Cuentan que con sesenta y nueve años, ya enfermo, el maestro Ramón Montoya le dijo a su amigo el cantaor Jacinto Almadén: «Tengo tantas cosas en mi cabeza por hacer todavía que cuando salga de esta voy a formar una revolución». Y poco después, murió.

Uno es lo que fue en su niñez

Abuelos, padres y tíos.
Con los buenos manantiales
se forman los buenos ríos.

Copla anónima gitano-andaluza

La escena se repite cada día en casa de los Sánchez Gomes en el barrio de La Bajadilla de Algeciras.

—¡Paco! ¡Paco!

—¿Qué quieres ahora, Pepe? Déjame, que estoy estudiando.

—¡Paco, salte a la calle, que vamos a jugar al palicache! ¡Están todos!

—Que no, que tengo que aprenderme esta falseta para cuando venga papá, ya te lo he dicho. Luego voy.

—Anda vente.

—Que no, *pesao*, que me va a reñir. Y a ti también, verás tú.

—Pues ahí te quedas con la guitarra, *¡aburrío!*

Pepe era apenas dos años mayor que su hermano Paco, el menor de los cinco hijos de Antonio Sánchez y Luzia Gomes la Portuguesa. En aquellos años, principios de los cincuenta, ningún niño se quedaba en casa después del colegio. La vida se hacía en la calle. Los chavales jugaban al palicache, una especie de béisbol gaditano que consistía en golpear con un listón una pieza de madera que se hacía saltar sobre una piedra; al hincote, cuando la tierra estaba húmeda por la lluvia y podía clavarse en ella una varilla de hierro lanzada cada vez a mayor distancia; al trompo, esa peonza de madera con una punta metálica que todos se afanaban en afilar; a las *meblis*, las canicas —del inglés *marbles*—;

a los cromos, con las cubiertas de las cajas de cerillas que llevaban impresas imágenes de jugadores de fútbol, toreros o automóviles... Pocas veces vieron Paco y Pepe un balón de caucho en su infancia. Lo habitual en La Bajadilla era jugar al fútbol con pelotas hechas de tiras de papel o trozos de tela. Solo quienes tenían un estatus económico considerable podían comprar el deseado balón Super-K, y esos no estaban en el entorno de Paco y Pepe.

La Bajadilla era un barrio humilde que empezó a formarse en los años cuarenta sobre una cañada real. Este terreno descendía desde el Cerro, entre arroyos provenientes de los cercanos montes de la sierra que rodea los llanos del Campo de Gibraltar. Por entonces era el extrarradio populoso de una Algeciras que quería progresar gracias a la privilegiada ubicación de su puerto y al contrabando con la colonia británica. Paradójicamente, aquella región atrasada en una España de por sí atrasada contaba con una población mejor abastecida que la de otros lugares debido a los productos que, de una u otra forma, llegaban desde el Peñón.

En ese barrio donde creció Paco las cuestas eran largas y empinadas, en muchas casas no había luz eléctrica y los niños se lo pensaban dos veces antes de decir que tenían hambre si no querían llevarse un guantazo. Allí vivían gitanos y payos, con mayoría de los primeros, y sin el menor problema de convivencia. Todos compartían sus ollas de comida —cuando había, se repartía—, sus penas, sus alegrías y sus fiestas. Los niños de unos y otros iban a la misma escuela. Como dijo el cantaor Chano Lobato refiriéndose a su barrio gaditano de Santa María, «aquí nadie decía nunca gitano o no gitano, aquí se decía flamenco o no flamenco».

La escuela tenía un horario dividido entre la mañana y la tarde: de nueve a doce y media, y de dos y media a cuatro. Al salir del colegio, el maestro entregaba a cada niño un cucurucho de papel de estraza con una ración de leche en polvo y, con suerte, un trozo de queso que extraía de una lata cilíndrica con el emblema de la ayuda norteamericana: dos manos estrechándose sobre la bandera de las barras y las estrellas. Lo normal era que en el camino de vuelta a casa los niños despacharan la leche en polvo a lametones, pegando puntapiés a la lata que le habían birlado al maestro.

El Campo de Gibraltar —es decir, el arco que va desde la punta de Tarifa a la bahía de Algeciras— conformaba una de las comarcas más subdesarrolladas de España. Faltaban colegios y hospitales, los índices de escolarización eran bajísimos, la industria se limitaba a las labores artesanales del corcho y las conserveras, el puerto estaba en ciernes y la presencia militar era permanente.

Al igual que ocurría en el resto del país, había un grave problema de vivienda. Eran comunes las zonas de barracas construidas con madera y tejados de uralita sobre terrenos sin asfaltar, sin alcantarillado ni abastecimiento de agua potable. El desalojo de aguas negras se realizaba a través de madronas. Las calles, flanqueadas por campos de cultivo y solares, se convertían en un lodazal cuando llovía. El alumbrado público consistía en unas mortecinas lámparas de incandescencia que colgaban de unos palos de luz o de las fachadas de algunas viviendas cada veinticinco o treinta metros.

Como era común en Andalucía, las casas estaban abiertas durante el día. Una cortina de canutillos cilíndricos de madera colgada en el dintel de la puerta separaba el interior de la casa en verano. En invierno, se encendía una copa o brasero bajo la mesa camilla, con la badila para remover de tanto en tanto el picón. Las vecinas se asomaban a contar algún chisme, a preguntar por el estado de salud de un familiar enfermo o a informar del último deceso. Los niños entraban y salían corriendo. Siempre había algún juego emocionante al que dedicarse o alguna travesura por hacer. Las mujeres fregaban, iban a la compra, cocinaban, lavaban y, entretanto, canturreaban canciones y coplas. Los hombres salían a buscar los duros debajo de las piedras. Algunos, por el contrario, se gastaban en las tabernas los pocos que tenían. Solo los niños enfermos se quedaban en casa después del colegio. Los enfermos y el menor de los hijos de Luzia la Portuguesa, que ya desde los seis años comenzó a pasar horas y horas cada día con la guitarra sobre las piernas. Quería crecer lo más deprisa posible.

Tirando del copo

Cuando decimos que alguien «se ha hecho a sí mismo», nos referimos a una persona que sin ninguna ayuda se ha enfrentado a condiciones desfavorables y las ha superado. En general, la frase se ha convertido en un tópico, pero los tópicos nacen de excepciones como esta. Para Antonio Sánchez Pecino el éxito fue durante muchos años simplemente sobrevivir. El verbo aquí no es un exceso literario. Significa seguir adelante en una situación extrema. La ocupación completa del padre de Paco de Lucía consistió, una buena parte de su vida, en encontrar la manera de conseguir comida cada día y disponer de una vivienda digna. Primero para sí mismo y más tarde para su familia. Esto explica en gran medida la dureza de su carácter.

Nació en 1908 en el puerto de Algeciras. Su padre era pintor y se fugó a Marruecos. Según Pepe de Lucía, se llamaba Ramón Villahermosa. La madre de Antonio murió cuando él tenía ocho años. Los hijos se repartieron entre los domicilios de familiares. Cuenta Pepe que dos hermanas de Antonio, Pepa y Manuela, eran de un padre distinto. Otra hermana, Ana, viajó a Francia, y María, que al principio ejerció de madre de Antonio, fue empleada como sirvienta en casa del tío Manolo, un familiar rico y soltero propietario de varios cabarés.

A Antonio le tocó ir al campo a sembrar con una pariente remota, que lo confinó en una choza aislada hecha de esparto y palmitos en El Rinconcillo, lejos de su casa y sin comida. Su única fortuna fue que había podido asistir a una escuela religiosa algún tiempo, y gracias a eso aprendió a leer, escribir y hacer cuentas él solo. Cada noche, el pequeño Antonio se despertaba tiritando de miedo. Con el estómago vacío, porque su «protectora» no se preocupaba de darle de comer, salía con un burro a recoger basura para echarla como abono a las tierras.

El padre de Paco se levantaba muy temprano para ayudar a los pescadores a tirar del copo, un tipo de pesca tradicional, hoy prohibido, que consistía en recoger una red a pulso desde la orilla. En pago por el trabajo, le daban una perra gorda (diez céntimos) o algún pescado. Luego iba con una lata al cuartel a rogar algo de comida del rancho. O se acercaba a casa de una mujer que le guardaba el pan duro de una semana. O cuidaba los barcos del puerto. En aquella época, un niño pobre no valía nada ni le importaba a nadie.

Antonio desarrolló a la fuerza una rápida inteligencia para el mercadeo, aprendió a regatear y a manejar las artimañas del trueque. Pronto descubrió que podía ganarse la vida usando su habilidad y su labia haciendo de intermediario en la venta de cualquier producto, ya fueran telas, verduras o quincalla. Donn Pohren está convencido de que, aunque los tiempos eran difíciles para todos, Antonio lo pasó peor que la mayoría. «Cuando otros niños disfrutaban de la vida en familia, hacían sus deberes o jugaban al fútbol en las calles, Antonio se esforzaba por ganarse el sustento; si las cosas iban mal, pasaba hambre. Se hizo disciplinado y fuerte [...]. Para Antonio, la vida era una lucha sin tregua, tuvo que vivir guiándose por esta regla y más adelante, ya padre de familia, esperaba —exigía— que esta mis-

ma pauta fuera seguida por todos los miembros de su familia»,
escribe Pohren.

No hay duda de que el sol sale para todos, pero no luce de la
misma manera para unos y otros. Así cantaba José Menese recordando los cantes del Piyayo, un gitano malagueño que fue a
Cuba a finales del XIX y mezcló unos tangos con guajiras:

> Yo creí que el sol salía
> a *to er* mundo calentando,
> y ahora veo que le va dando,
> según la experiencia mía,
> a algunos calor *to er* día
> y a muchos de cuando en cuando.

El hijo de Luzia la Portuguesa

Después de contarle a Quintero en aquella entrevista de 1976 que el hombre que nace en la costa tiene un espíritu más libre y que él no podía estar mucho tiempo lejos del mar, el periodista le pregunta por qué se llama Paco, precisamente, de Lucía.

—Lucía es mi madre y yo soy Paco, el hijo de Lucía. Tú sabes que en Andalucía los niños nos identificamos por el nombre de la madre. A mí me llamaban Paquito, el de la Portuguesa, Paquito, el hijo de Lucía.

Luzia Gomes Gonçalves nació en 1910 en Castromarín, cerca de la desembocadura del Guadiana. La temprana muerte de su padre dejó a su madre con nueve hijos que mantener. Luzia tuvo que empezar a trabajar a una corta edad en una fábrica de conservas de Vila Real de Santo António. Cada día, la niña caminaba ocho kilómetros para ir y volver de su casa a la fábrica. Con trece años emigró a Ayamonte y de allí a Cádiz con su hermana mayor, Rosa, que estaba casada y vivía en la calle Vea Murguía, «en una de las casas más bonitas de la ciudad», según Pepe, donde se ganaba el pan limpiando y planchando. De allí se fue a Algeciras, donde tiempo después conoció a Antonio Sánchez en la cuesta de la Fuente Nueva. Ella tenía veinticuatro años y él, veintiséis. Se casaron por lo civil ese mismo año de 1934, cuando España ardía por las huelgas revolucionarias y algunos abucheaban a los novios que hacían boda por la Iglesia.

Paco solía decir que su madre, la Portuguesa, era más andaluza que su padre. Antonio tenía algún golpe de humor repentino, pero la graciosa era Luzia. Dicen que hacía bromas hasta cuando contaba las penas. O quizás es que aliviaba las penas haciendo bromas. En las fotos se la ve siempre sonriendo. Quienes la conocieron están de acuerdo en que Paco heredó de ella su guasa. Le encantaban los chistes verdes, que podía encadenar sin fin, y Manolo Escobar, desde que se puso de moda con «El porompompero». En la tienda de ultramarinos donde solía comprar, las mujeres del barrio la esperaban para escuchar sus historias. Inventaba palabras y cambiaba los nombres de la gente. A Ricardo Modrego, el guitarrista que acompañó a Paco en sus primeras grabaciones, le llamaba «el Mondrogo». Al saxofonista Pedro Iturralde le decía «Torralba». Cuando tenía un rato, le encantaba chismorrear con sus vecinas, la Loli, que prácticamente se crio en su casa, la Trini, las Boqueronas... Esas vecindonas a las que tanto temía Paco cuando salía a la calle en verano y estaban sentadas en las sillas de enea a la puerta de su casa, cuchicheando: «Mira, ahí va Paquito, el chico de la Portuguesa. Míralo qué muslos tiene, qué hermoso está...».

—Yo les tenía terror. Me moría de vergüenza... —contó Paco.

Aunque no se puede decir que fuera un hombre cariñoso, Antonio estaba pendiente de su mujer, le gustaba cuidarla y reírse con sus ocurrencias. Según Paco, su padre tenía un carácter fuerte, una personalidad muy dura y un temperamento desorbitado, recto, disciplinado, autoritario. «Gracias a eso yo soy quien soy». Su madre era «una mujer muy pura, muy buena, dulce, protectora, abnegada, excelente cocinera, con una dedicación total a sus hijos. Cuando ella me falte, se me caerán los palos del sombrajo».

Antonio y Luzia tuvieron cinco hijos: María, Ramón, Antonio, Pepe y Paco. Este nació a las diez de la mañana del domingo 21 de diciembre de 1947. Su vecina Loli se encargó de ponerles motes a todos. A Pepe le llamó «el Pelleja», porque era el más travieso. Era tan indómito que Luzia le dejaba desnudo para que no saliera a la calle, pero, aun así, el niño se escapaba. A Paco le puso «Mambrú», porque le gustaba mucho comer y estaba regordete. Pepe recuerda cómo con diez años iba a buscar leña para llevársela al pastelero del barrio, que a cambio le daba los recortes de los pasteles. «Primero comía yo, luego Paco y después los demás niños», cuenta Pepe. Como Paco era grande y fuerte, defendía a su hermano en las peleas.

A partir del día del Carmen, cuando las aguas del mar quedaban bendecidas por la Virgen, Luzia llevaba a sus dos hijos pequeños a la playa de los Ladrillos antes de ir a la escuela. En ese mar aprendió Paco a nadar. Por entonces, aquella playa hoy desaparecida tenía el agua cristalina. Luzia les hacía a sus hijos una ahogadilla vigorizante y al salir del agua les daba un trozo de sandía. Sacaba dos vasitos del bolso y vertía dos yemas de huevo con un chorro de coñac Terry, que removía con un poco de azúcar: el «candié». En las fotos, Pepe va siempre de la mano de su madre, o agarrado a su falda o al mandil; cuanto más cerca de ella, mejor. Paco va de la mano de su hermano.

A principios de 1997, Luzia ingresó en el Hospital Clínico de Madrid. Paco fue a verla cada día, mañana y tarde. Su amigo Manolo Nieto, que le acompañaba algunas veces, recuerda a todos los que estaban en la habitación del hospital, visitantes y equipo médico, partiéndose de risa con los chistes que Luzia contaba sin parar. Estuvo allí seis meses hasta que murió, en verano, tras una larga enfermedad que desembocó en una trombosis mesentérica. En sus últimos días, viendo que su mal no tenía remedio, decía a las enfermeras sonriendo: «Morirme ya, hija, qué guapas y qué buenas sois todas, pero morirme ya...».

Su marido había fallecido tres años antes. Según Pepe, las últimas palabras de su madre fueron: «Paco, Paco...».

Un año después, Paco publicó un disco homenaje a su madre, titulado *Luzia*, que grabó mientras ella estaba en el hospital. «Todo el disco está impregnado de ese dolor que yo sentía viendo que mi madre se me iba. Le dije que le iba a dedicar un disco y se puso muy contenta. Me echó una sonrisa muy bonita, una sonrisa que no se me va a olvidar nunca, que ya por sí sola es suficiente motivo para dedicárselo».

Esta es la primera grabación en la que Paco aparece cantando, algo que le daba mucha vergüenza. El cante fue su pasión frustrada y quiso incluir su propia voz en una rondeña titulada «Camarón», recordando también a su amigo fallecido hacía cinco años. La letra dice:

> Con lo mucho que yo lo quería
> se fue de mi vera
> *pa toíta* la vida.

El sacerdote que ofició el funeral de Luzia Gomes la definió con estas palabras, que hicieron asentir a los allí presentes: «Sufridora, laboriosa, entregada a los demás, limpia de corazón».

Un plan maestro

De alguna manera que ya es imposible saber, un día cayó una bandurria en manos de Antonio Sánchez. El padre de Paco de Lucía aprendió a tocar el instrumento para sacarse unas pesetas en los bailes. Con ellas trataba de redondear su jornal de vendedor de telas para caballero por las tierras de Málaga y Cádiz. Como se ha dicho, se crio solo, sin ninguna influencia musical, pero el entorno flamenco y su convivencia con los gitanos despertaron en él el gusto por el toque, lo que le condujo a la guitarra. Sus viajes le permitieron darse cuenta de la escasez de guitarristas que había y de la demanda de estos. Aunque Antonio era payo, le llamaban el Gitano Rubio.

A principios de los años cincuenta, el movimiento comercial en Algeciras, legal o no, debido al contrabando, a la pesca, al ganado, al corcho, o a una combinación de todo ello, era intenso. La ciudad se convirtió en un núcleo importante de reunión de flamencos, que acudían al reclamo de las juergas que montaban los enriquecidos negociantes y estraperlistas tras un buen trato.

Antonio aprendió a tocar la guitarra con un guitarrista no muy virtuoso al que llamaban el Titi. Luego practicaba con los cantaores y bailaores del lugar. Ensayaba sobre todo con Rafael el Tuerto, que llevaba muy bien el compás de los cantes, cosa que no era frecuente en los cantaores. Antonio era meticuloso con el ritmo. Cuenta Pohren que el padre de Paco se gastaba casi lo que ganaba invitando a vino al Tuerto para que cantase y poder así practicar. Con el tiempo, le contrataron en un cabaré, el Pasaje Andaluz, donde conoció a destacados cantaores de la época como el Chaqueta, el Flecha, Antonio Jarrito, Brillantina de Cádiz o Churrurú de la Isla. Ganaba un duro cada noche, que ya era más de lo que cobraba un jornalero por un día de trabajo en el campo. Se puso de nombre artístico Antonio de Algeciras.

Según Pohren, Antonio «se metió de lleno en el flamenco hacia 1930 [con veintidós años], cuando las juergas tenían lugar mayormente en apartados o cuartos [pequeñas salas] de cabarés y bares, ventas y casas de mala reputación. Cuando la juerga ocurría en un domicilio particular o establecimiento respetable, se denominaba "fiesta" o "reunión", en cuyo caso podían acudir incluso las señoras. Las únicas mujeres dispuestas a dejarse ver en una auténtica juerga eran artistas o prostitutas. Con frecuencia las prostitutas jugaban un doble papel, pues muchas de ellas sabían cantar o bailar con bastante arte». De la misma manera, los guitarristas y cantaores tenían fama de llevar mala vida. Un hombre de madrugada con una guitarra bajo el brazo era casi sinónimo de marginalidad. Antonio Sánchez fue una excepción en este ambiente.

La costumbre de los flamencos era terminar entre ellos la juerga que habían comenzado cantando y bailando para otros. Muchas veces, antes de regresar a su casa, se dejaban en vino y aguardiente lo que habían ganado. Hay cientos de anécdotas sobre el desprecio al dinero de artistas míticos. Cuenta José Blas Vega de Antonio Chacón, considerado el mejor cantaor de todos los tiempos, que si estaba a gusto tras terminar su actuación en una fiesta privada o en el cuarto de un *colmao*, se gastaba lo que había ganado y más con los guitarristas y cantaores que le habían acompañado, como si él fuera en ese momento el señorito. A Antonio Sánchez esta dinámica no le parecía práctica, y a menudo proponía terminar la faena en el patio de su casa. Si la noche se había dado bien, llegaba con molletes recién hechos y manteca *colorá* para el desayuno.

En el mítico programa de Televisión Española *Rito y geografía del cante*, Paco le cuenta al escritor y cineasta José María Velázquez-Gaztelu:

> Uno es lo que fue en su niñez, y yo en mi niñez a todas horas estaba rodeado de flamencos. Mi padre y mi hermano Ramón tocaban la guitarra. Mi hermana María y mi hermano Pepe cantaban desde chiquititos. Tanto en casa como en el patio siempre había gente cantando. Yo me despertaba en las madrugadas y allí estaban Rafael el Tuerto, un gitano que cantaba maravillosamente bien, el Chaqueta, y tantos otros. Por eso, cuando cogí por primera vez una guitarra, era para mí algo familiar, solo tuve que aprender a poner los dedos. Fue todo muy fácil, muy natural, como el niño que da los primeros pasos o pronuncia las primeras palabras.

De manera intuitiva, don Antonio fue elaborando un plan maestro para que sus hijos llegaran a ganarse la vida con la música. Ni conocía la estrategia que dos siglos antes había empleado un músico bávaro llamado Leopold Mozart con sus hijos, ni podía imaginar hasta dónde llegaría el menor de aquellos con la guitarra.

Leopold Mozart destacó desde pequeño en el coro de la iglesia de Augsburgo y pronto se hizo un experto violinista y organista. Se casó con Anna Maria Pertl y tuvieron siete hijos. Los dos que sobrevivieron, Maria Anna y Wolfgang Amadeus, desarrollaron un enorme talento para la música, tanto que su padre se dedicó por completo a formarlos. A los seis años, Wolfgang ya interpretaba partituras al violín y al clavicordio, y componía pequeñas obras. Su capacidad era tan portentosa que por sí mismo era capaz de ir más allá de lo que su padre le enseñaba. Muy pronto, él y su hermana hicieron una gira de conciertos por las cortes europeas actuando como niños prodigio. Leopold diseñó un plan para convertir a su hijo en el número uno.

Un día, don Antonio estaba tocando una falseta que acababa de sacar. Paco tendría unos seis años. Una falseta es esa frase o sección melódica independiente que el guitarrista interpreta dentro de una pieza, ya sea de acompañamiento al cante o de concierto. Era una falseta por soleá. Paco comía con deleite unas natillas que había hecho su madre y observaba a su padre. Al reparar en la atención que mostraba su hijo, don Antonio dijo:

—Mira qué falseta más bonita he sacado por soleá.

—Papá, esa falseta está fuera de compás.

—¿Que está fuera de compás? ¿Tú qué sabes, niño? ¿Me vas a decir a mí lo que es el compás?

—Que sí, papá, perdone usted, pero está fuera de compás.

—A ver, Paquito, haz ritmo, que te voy a dar yo a ti compás.

Sin soltar el plato de natillas, Paco empezó a golpear la mesa con los nudillos por soleá. Un, dos, ¡pam!, cuatro, cinco, ¡pam!, seis, siete, ¡pam!, ocho, ¡pam!... Su padre repetía la falseta mirándole fijamente y Paco se mantenía en sus trece: aquello estaba fuera de compás, lo veía clarísimo. «Yo ya tenía el aprendizaje dentro antes de coger el instrumento. Eso fue fundamental».

La primera vez

María, la primogénita de los Sánchez Gomes, cantaba muy bien. Aún no había cumplido quince años y Juanito Valderrama quiso llevársela de gira con su compañía. Pepe Marchena también le pidió que fuera con él. Pero María ya tenía novio y este le dijo que si cantaba una sola vez en público, la dejaría. Cuenta Pohren que María era la encargada de cuidar de Paco. Descubrió que el bebé se tranquilizaba cuando le cantaba canciones populares y coplas de Concha Piquer, Juanita Reina, Marifé de Triana... Al rato se quedaba dormido y María podía salir a jugar con sus amigas. «Me vas a volver al niño tonto de tanto dormir», le decía su madre.

Muchas veces a lo largo de su vida, cada vez que se presentaba la ocasión, Paco reivindicó la importancia de la copla en su formación musical. «La escuchaba en casa, en la radio a todas horas, en los discos». De hecho, su álbum póstumo, *Canción andaluza*, es un homenaje al género cuyo primer tema es la mítica zambra «María de la O», una de las favoritas de Paco, con música de Manuel Quiroga y letra de Rafael de León y Salvador Valverde, compuesta para Estrellita Castro. La historia que cuenta esta canción tuvo tanto éxito que fue llevada al cine en 1936 con una costosa producción protagonizada por Pastora Imperio, Carmen Amaya y el icono sexual Antonio Moreno, que acabó en Hollywood. Está considerada la primera película donde aparecen el cante y el baile flamencos. En ella se habla de la desgracia de una gitana que por comprometerse con un payo rico rompe con su verdadero amor, un gitano pobre. Cantar este estribillo es algo que hay que hacer al menos una vez en la vida:

> María de la O,
> qué *desgraciaíta* gitana tú eres teniéndolo *to*.
> Te quieres reír
> y hasta los ojitos los tienes *moraos* de tanto sufrir.
> Maldito parné,
> que por su culpita dejaste al gitano que fue tu querer.

Ramón, nueve años mayor que Paco, empezó a acompañar a su hermana con la guitarra desde muy pequeño. A veces, su padre les permitía agregarse a la juerga en el patio de su casa. Esto era parte legítima del plan maestro. Ramón fue cogiendo soltura con la guitarra. Los flamencos le pedían a su padre que le permitiese acompañarlos a alguna fiesta. La respuesta de don Antonio siempre era negativa. Aunque le suponía un sacrificio extra después de todo el día trabajando, era él en persona quien cubría el puesto de guitarrista. Había decidido que ninguno de sus hijos se viera envuelto en la vida de la juerga.

Antonio, el tercer hijo, quería complacer a su padre y convertirse también en un buen guitarrista, pero no era capaz de practicar las horas exigidas, mucho menos sabiendo que entretanto sus amigos estaban jugando al fútbol en la calle o bañándose en la playa. En cuanto tuvo edad, empezó a trabajar en la recepción del pomposo Hotel Reina Cristina, frecuentado por turistas británicos de Gibraltar.

El cuarto hijo, Pepe, llamado familiarmente el Pelleja, se dio cuenta enseguida de que la guitarra le exigía quedarse quieto du-

rante demasiado rato, así que se pasó al cante. Pronto se convirtió en un niño prodigio. Pero el Pelleja merece un capítulo aparte que vendrá más adelante.

Según el plan diseñado por Antonio, a los once años los niños dejaban de ir al colegio para dedicarse plenamente a estudiar
el arte del cante y el toque flamencos. Cuando llegaba el momento, les preguntaba a sus hijos:

—¿Sabes leer, escribir y hacer cuentas?

—Sí, papá.

—Pues ya es bastante.

Don Antonio no tenía dinero suficiente para seguir pagando
el colegio de sus hijos, ni mucho menos para costearles estudios
posteriores. Además, era necesario que ayudasen cuanto antes en
casa con sus ingresos. Es aquí donde nace un hondo complejo de
carencia de cultura que acompañaría a Paco durante una parte
de su vida, y que combatió a base de lecturas, viajes e inquietudes de todo tipo.

La primera vez que Paco cogió la guitarra fue un día en que
su padre le daba una clase a su hermano Antonio. Estaba sentado junto a ellos. Su hermano se equivocaba una y otra vez. Se
aburría, bostezaba, se rascaba la cara. Decía que le dolían los
dedos. Don Antonio iba poniéndose cada vez más nervioso. En
cambio, Paco veía aquello tan sencillo que no podía creer que su
hermano no fuese capaz de cogerlo. Por fin, dijo:

—¡Pero si eso es muy fácil, Antonio!

—¿Que esto es fácil? ¡Anda ya, pues hazlo tú!

Paco estaba acostumbrado a ver la guitarra rondando por su
casa, pero nunca antes la había cogido. Su padre pensaba que aún
era pequeño para iniciarse en el plan. Ese día, tomó el instrumento, colocó las manos como había visto hacerlo a su padre y a sus
hermanos y, muy despacio, comenzó a tocar. Antes de poner los

dedos en las cuerdas ya sabía el lenguaje y los ritmos del flamenco, incluso los más complejos. En ese momento a su padre le cambió la cara. Le miró, miró a su hermano, volvió a mirar a Paco y dijo:

—Antonio, levántate y vete para allá. Paquito, siéntate tú ahí con la guitarra. Sigue tocando.

Desde entonces, poco después de que le dijera que la falseta por soleá que estaba tocando iba fuera de compás, don Antonio se propuso hacer de su hijo menor un número uno de la guitarra flamenca. El plan pasaba a una nueva fase.

Antonio era un maestro exigente que no toleraba distracciones. La vida le había enseñado a no desperdiciar el tiempo con tonterías. Dicen que le ponía a Paco una peseta en el hueco del dedo pulgar para que aprendiera a hacer los arpegios con agilidad, y que de esta manera se acostumbrara a la postura sin que el pulgar estorbase a los demás dedos de la mano. Félix Grande hace la siguiente reflexión sobre padre e hijo:

Es verdad que el padre de Paco fue autoritario con su hijo como aprendiz de guitarrista. Lo mismo que lo fueron el padre de Beethoven o el de Mozart. Es posible que ese tipo de padres, si agarran a un niño particularmente frágil, lo pueden despedazar. Pero no fue el caso. Como Paco no era frágil, ese autoritarismo, esa agresividad de su padre al final fue buena para él. Fue tan buena que por eso estudió tanto.

Un día, don Antonio metió a Paco en una habitación y le dijo con gravedad: «Mira, yo no puedo pagar más los ocho duros que vale la escuela. Tienes que aprender a tocar la guitarra y tratar de ser el mejor. Así que quédate en casa y estudia».

Entre los siete y los doce años, Paco pasó unas ocho horas al día tocando la guitarra solo, a veces rabiando de envidia porque oía a sus amigos jugar en la calle, otras con los dedos doloridos en carne viva. Pero todo eso le compensaba con tal de ver la cara de satisfacción de su padre cuando al llegar a casa le pedía que le tocara lo que había aprendido.

Si se teclea en YouTube «La mejor entrevista a Paco de Lucía» aparece una realizada en la televisión argentina en 1988. Paco está más relajado y locuaz de lo que en él es habitual delante de una cámara. Se encuentra en la cima de su carrera, en medio de la enésima gira por América. Le preguntan qué sería de no ser guitarrista, y él responde que no podría haber sido otra cosa. «Cuando no estoy con la guitarra soy un "mueble inútil", como dice mi padre». El siguiente comentario de los presentadores lleva carga de profundidad:

—Los viejos, algunas veces, quieren que prolonguemos su propia vida...

Paco, relajado y sonriente, con la chaqueta sobre los hombros, un vaso de tubo con agua que «podría ser ginebra, pero no lo es» y un cigarrillo, contesta algo así:

—Mi padre siempre tuvo mucha intuición. Se lo debo todo, porque cuando uno es niño no tiene la capacidad para decidir lo que quiere ser en la vida, necesitas a alguien que te empuje y te enseñe el camino. Yo le agradeceré siempre aquella decisión, porque de otra manera no sería lo que soy ahora, ni tocaría como toco ahora.

Este niño, ¿qué se ha creído?

El 21 de septiembre de 1960, Paco escribe una carta a su hermano Ramón, que está haciendo el servicio militar en San Fernando. Paco tiene doce años. La carta dice:

Querido hermano:

Me alegraré de que al estar esta en tu poder te encuentre bien de salud. Nosotros todos bien, gracias a Dios.

Ramón, sabrás que el Pepe y yo hemos hecho una cinta para mandarla a París, pero como Pepe Custodio [un amigo de la familia] tenía interés en que la escuchase Manolo Cano [guitarrista granadino clásico-flamenco, muy considerado en los años cincuenta y sesenta] la hemos mandado a Granada. Yo he hecho seis solos, que son los siguientes: gitanerías arabescas, alegrías en sol, soleá, tarantas, bulerías en la y seguiriyas. Yo creo que me han salido de maravilla.

Estoy sacando un pilón de cosas de los discos de Ricardo. Cuando vengas por aquí te vas a asustar, porque yo creo que dentro de unos meses te voy a dejar como un azulejo.

Por las mañanas la cojo a las 9.30, y no la suelto hasta la hora de almorzar. Por las tardes toco una hora, y por la noche otro tanto. ¡En fin, que estoy todo el día estudiando!

Pepe Custodio viene a menudo a casa, y cuando me escucha tocar se pone las manos en la cabeza.

Sin más, por el momento te mando un abrazo y un beso de tu hermano, que te quiere.

Ahí te mando un dibujo y el Pepe te manda otro. Esto es un mano a mano a ver quién es mejor de los dos.

En cuanto Paco empezó a dedicar tanto tiempo a la guitarra, su padre se dio cuenta de dos cosas. La primera fue que su conocimiento ya no alcanzaba para enseñarle nada más, y por tanto el papel de profesor debía pasar a su hijo Ramón. Y la segunda, que la familia al completo debía concentrar sus esfuerzos en hacer de Paco un número uno. En Ramón recayó la responsabilidad de orientar a su hermano hacia lo más alto. Por eso en esta carta Paco le rinde cuentas de sus progresos.

Aunque Paco solo estaba empezando a mostrar la punta del iceberg de sus magníficas capacidades, Ramón intuía que su hermano efectivamente pronto le dejaría «como un azulejo», a él y a cualquier guitarrista que se pusiera a su lado. Se convirtió en su maestro y protector, rol este último que mantendría durante el resto de su vida. Le enseñó a ser un buen tocaor para el cante, «porque para ser un buen concertista primero hay que saber tocar para el cante y el baile»; y le descubrió las falsetas de Niño Ricardo, que por entonces era el gran guitarrista de referencia.

Como su padre, Ramón era estricto y austero. Le gustaban las cosas claras. Se crio en los tiempos difíciles de la posguerra y quizá por ello fue el heredero de la severidad de don Antonio. Paco no solo asimilaba enseguida todo lo que Ramón le enseñaba, sino que lo superaba y modificaba a su gusto. Cuando hacía variaciones sobre las falsetas de Niño Ricardo, Ramón se «enfadaba» por la facilidad con la que su hermano alteraba los cánones.

—Paco, a ver si eres capaz de sacar esta falseta —decía Ramón.

Y Paco no solo dominaba la pauta al rato, sino que añadía: «Yo esto no lo veo así» o «Yo esto lo haría de esta manera», y componía su propia falseta a partir de la que había aprendido.

—Pero este niño, ¿qué se ha creído? —decía Ramón, que en el fondo sabía que su hermano era un artista superdotado.

Con el orgullo contenido, don Antonio decía al escucharle:

—¿Será posible? ¡Parece un pretencioso!

De forma intuitiva, como hacen los niños cuando se aplican en un juego con entusiasta seriedad, Paco buscaba satisfacer una necesidad creativa que no le abandonaría nunca. Sentía la pulsión de ir más allá de lo establecido. Más tarde, recordando aquellos años, dirá: «Había ya un orden impuesto, una manera de tocar. Y yo, de pronto, empecé a dudar de esos esquemas».

Ramón había estudiado contabilidad y llegó a trabajar en un banco durante una temporada, pero le echaron tras invitarle a ceder su puesto al sobrino de un cura. Cosas que pasaban. Un día, estaba tocando la guitarra en casa de un remitente de pescado, buen amigo de don Antonio, Pepe Marín, que tuvo un papel importante como primer mecenas de Paco. Andaba por allí Juanito Valderrama, la estrella del momento. Valderrama era uno de los mayores conocedores de los estilos del cante, a pesar de que algunos le echaban en cara que los degradó para acercarlos a la copla. Esto de la mixtificación del cante era un tema que venía causando mucho intríngulis desde la posguerra. «Es que yo tengo dos maneras de cantar: una para la escena y otra para mis reuniones», le contestó Valderrama a un periodista que le preguntó por el asunto. El caso es que, en casa de los Marín, el cantaor escuchó a Ramón, le gustó, y pidió permiso a su padre para llevárselo de gira con su compañía. Antonio contestó con un complacido sí. Esto significaba prestigio y un salario fijo, lo que a su vez espantaba la necesidad de tener que tocar en el indeseado ambiente de la juerga, tan temido por don Antonio. Estas condiciones eran innegociables en el plan maestro. Ramón tenía diecinueve años y en la compañía de Valderrama iba de guitarrista principal su ídolo: Niño Ricardo.

«Niño Ricardo poseía una de las mentes más creativas de la historia del flamenco —dice Pohren—, creando constantemente complejas falsetas e incluso composiciones completas, a las que Ramón tenía acceso inmediato».

Disponer de una ventana abierta a los secretos de un guitarrista no era corriente, y mucho menos tratándose de una leyenda viva como Niño Ricardo. Por entonces, aún muchos guitarristas tocaban de lado, dando media espalda al público para que no pudieran ver la posición de sus dedos y copiar sus falsetas. Cuando Ramón volvía a casa tras una gira con Valderrama, enseñaba a su hermano Paco todo lo que había aprendido al lado de Niño Ricardo.

Llegó el día en que Ramón le trajo a Paco su primera guitarra, que había encargado al propio Niño Ricardo y pagado con el dinero adelantado de Marín. Ramón fue amortizando esa cantidad con su sueldo semanal en la compañía. En una reunión en casa de Marín, Paco empezó a probar su nuevo instrumento. Estaban también Emilio el Moro, que cantaba «al estilo árabe», y el cantaor Enrique Montoya, que más tarde grabaría con el guitarrista Sabicas en el Teatro Roxy de Nueva York.

Valderrama contó después que la sorpresa de Niño Ricardo al escuchar a Paco en aquella reunión fue tal que le dijo a don Antonio: «Como este niño siga tocando así me va a mandar a mí y a todos los guitarristas a los albañiles».

Por la noche, al llegar a casa, Paco no podía dormirse de la emoción. Desde su cama, preguntó a Ramón en un susurro:

—¿Tú crees que si sigo estudiando todos los días llegaré a tocar como Niño Ricardo?

—Todo se aprende, Paquito, solo tienes que ver lo que has progresado en poco tiempo. Verás como si se estudia, se aprende.

—¿Y entraré en una compañía, y viajaré como tú?

—Claro que sí, Paquito, pero no te despistes. Cuando papá considere que es el momento, podrás empezar a tocar fuera. Ahora, a dormir.

Las aventuras de un atrevido charolista y los genios a los que conoció

Manuel Serrapí se levantaba cada día a las seis de la mañana para hacer el carbón. Muchas veces se había acostado apenas un par de horas antes, tras haber tocado la guitarra en alguna fiesta. El carbón costaba por entonces, en los años finales de la segunda década del siglo XX, 1,10 pesetas la arroba. El carbonero lo compraba, lo mezclaba, lo cargaba en un borrico y lo repartía por las calles de Sevilla. El padre de Manuel era charolista. Se dedicaba a barnizar las superficies de muebles y butacas. Le gustaba tocar la guitarra en familia y en reuniones privadas. Esta afición pasó a su hijo, a quien enseñó a poner los dedos en las cuerdas y hacer sus primeras falsetas. Como su padre se llamaba Ricardo, Manuel Serrapí fue conocido como Niño Ricardo. «No sé cómo llegué a aquello —diría en una entrevista a Manuel Barrios para *ABC* en 1969, al final de su vida—. Un día le pedí a mi padre que me pusiera a la guitarra "una posturita", con idea de acompañar a los amigos a nuestras fiestas de muchachos, cuando íbamos a los bautizos... Hasta que empecé a interesarme, escuchando primero los discos de Luis Molina».

Molina era un guitarrista cuatro años menor que Ramón Montoya, de quien aprendió hasta convertirse en su principal competidor. Montoya nació en 1879 y Molina, en 1883, ambos madrileños. El cantaor Pepe el de la Matrona, de Triana, fue testigo de sus piques artísticos en el Café del Gato y lo contaba así, según relata Gamboa:

Llegué a Madrid en el año seis *pal* siete [se refiere a 1906 o 1907; tenía por tanto diecinueve o veinte años] y entré en el Café del Gato. Los guitarristas eran Ramón Montoya y Luis Molina, ¡dos guitarristas que eran dos fieras!, y como era cuando empezaban ellos, pues querían darse a conocer, y empezaban el uno con el otro, ¡venga y venga a apretar!, y me asfixiaban. Y le digo: «Ramón, ten cuidado no aprietes tanto». «¡Pero hombre, si es que mi compadre aprieta, que quiere darse a conocer!». Se reunían por las tardes en la calle Arlabán, en el taller de guitarra de Manuel Ramírez, y el uno del otro iban practicando y estudiando de esa escuela, cogiendo el mecanismo de la forma de tocar nueva, arpegiando y picando.

Cuando Pastora Pavón, la Niña de los Peines, que ya era una figura del cante, conoció a Luis Molina, le propuso hacer una serie de grabaciones juntos con el sello Homokord en Berlín y París, que la convirtieron en la primera cantaora que cantó «para el gramófono», como ella decía. Alguno de estos discos de pizarra debió de caer en manos de Niño Ricardo, que lo escuchó obsesivamente en su adolescencia. Junto a Ramón Montoya, Luis Molina protagonizó una importante revolución al adaptar a la guitarra flamenca técnicas de la guitarra clásica, como los picados, arpegios y trémolos, o la riqueza de acordes y las distintas afinaciones. Este nuevo estilo, más espectacular, gustó en los ambientes flamencos y todos los guitarristas lo adoptaron.

Pero la brillante carrera de Luis Molina se truncó el 29 de agosto de 1919 a las cinco de la madrugada. Su automóvil se salió en una curva pronunciada cerca de Alsasua (Navarra) y se estrelló contra un árbol. El guitarrista murió a consecuencia del golpe recibido.

Niño Ricardo se entera de la muerte de su admirado Luis Molina poco después de debutar como profesional en el Cine Vigil de Sevilla, con quince años. Manuel Barrios describe así la escena de su primera actuación: «Una copita de uvas en aguardiente, quince céntimos. En el tablao, la Macarrona, la Malena, Ramírez, la Quica, Carlota Ortega... En medio, un chaval asustado, charolista él, dispuesto a jugarse el resto con una guitarra por delante».

Enseguida empieza a actuar habitualmente en el Salón Variedades y en otros locales sevillanos. Deja el carbón y trabaja con su padre barnizando muebles en la fábrica Matamoros como charolista, desde las ocho de la mañana hasta las cinco de la tarde por cincuenta céntimos de jornal. En una entrevista, Niño Ricardo recordaba así aquel tiempo:

> Uno de los días más felices de mi vida fue cuando se mandó una huelga en el gremio. Coincidió con el entierro de Joselito el Gallo [el famoso torero amigo y rival de Juan Belmonte, que murió de una cornada en el bajo vientre a los veinticinco años, en la cima de su carrera]. Para mí era la libertad: tener horas que dedicar a la guitarra y en las que atender a los compromisos que ya me iban saliendo.

En el Salón Variedades conoce a otro guitarrista mítico, también de apellido Molina aunque sin parentesco con Luis. Apodado el Brujo, Javier Molina fue el acompañante ideal de dos cantaores fundamentales en la historia del flamenco: Antonio Chacón y Manuel Torre. Nació en 1868 en Jerez, y a los ocho años ya tocaba la guitarra entre función y función de un teatrillo de guiñol con un ciego que tocaba el violín. De adolescente conoció a un aprendiz de zapatero, Chacón, que quería dejar los zapatos y cantar. Con apenas dieciséis años, Antonio Chacón, Javier Molina y su hermano, «un bailaor mediocre», según Blas Vega, formaron un cuadro flamenco y se dispusieron a «hacer un recorrido por la nación, dando conciertos en casinos, tabernas y cafés, para buscarnos el sustento», cuenta el propio Molina en su biografía. Con el tiempo, Chacón fue contratado por el gran Silverio Franconetti para cantar en su café de la calle Rosario de Sevilla.

Silverio está considerado «el primer cantaor enciclopédico», el que aunó elementos gitanos y andaluces en el cante, el que con su grito «abría el azogue de los espejos», como escribió Lorca. Cuenta Pepe el de la Matrona que, hasta que llegó Silverio, en el último tercio del siglo XIX, «el flamenco no se conocía nada más que entre los gitanos y en los suburbios. Pocos castellanos lo gustaban y para escucharlo tenían que ir donde estaban ellos». Silverio, de padre italiano y madre sevillana, nació en Sevilla, se crio en Morón y aprendió el oficio de sastre antes de dedicarse al cante. Gracias a él, el flamenco evoluciona y sale de «la oscura esfera donde vivía, y de donde no debió salir si aspiraba a conservarse puro y genuino», según Antonio Machado y Álvarez, Demófilo. En ese tránsito de la taberna al café, el género gitano se *andaluza*.

Al poco tiempo de estar en el Variedades, llamaron a Niño Ricardo para sustituir a Javier Molina en otro café, el Novedades, donde se acabó quedando como segundo guitarrista con el maestro. Javier Molina fue el creador de la escuela de toque jerezano, un estilo fundamental en el arte de la guitarra. Tras años de giras acompañando a los cantaores más grandes, se instaló en su Jerez natal para dar clases. A diferencia de Ramón Montoya, Javier Molina solo dejó grabados cuatro toques acompañando a Manuel Torre, dos por soleares y dos por siguiriyas. Por eso, para revivir su toque hay que escuchar a sus discípulos, entre ellos la estirpe de los Parrilla y la saga de los Morao, con los hermanos Manuel y Juan, y sus descendientes Moraíto Chico y Diego del Morao, o Paco Cepero. También fue Javier Molina el que «apadrinó» artísticamente a su paisana Lola Flores, conocida en sus principios como Imperio de Jerez, a la que presentó en la compañía de Custodia Romero antes de retirarse.

Es probable que fuese en el Café Novedades donde Pastora Pavón y sus hermanos, Tomás y Arturo, escucharon por primera vez a Niño Ricardo. Aquel chaval que tocaba por bulerías, peteneras y tientos les gustó tanto que le pidieron a su padre que le permitiese ir con ellos en su compañía, pero este se negó. Le parecía muy arriesgado que su hijo abandonase un oficio sólido de charolista por la incertidumbre del flamenco. Al año siguiente, cuando Pastora volvió a Sevilla por la feria, le pidió de nuevo a Niño Ricardo que se uniera a su troupe, y esta vez el padre lo consintió. Así, con dieciocho años, Niño Ricardo descubrió España y el mundo en una gira triunfal con la Niña de los Peines y su pareja, Pepe Pinto, que había tenido que abandonar su prometedora carrera de crupier para dedicarse al cante porque Miguel Primo de Rivera prohibió el juego en el país. La amistad de Niño Ricardo con Pastora y Pinto se hizo tan estrecha que fueron los padrinos de su boda a principios de 1933 en la iglesia de San Gil, ante la Macarena.

Hay que saber que la Niña de los Peines está considerada la mejor cantaora de todos los tiempos. Cuando una vez le preguntaron cómo se aprende el cante, dijo: «Eso no se aprende. Se encuentra en la cuna, se absorbe de la calle y se perfecciona con la vida». La llamaban así por unos tanguillos que cantaba en sus comienzos:

Péinate tú con mis peines
que mis peines son de azúcar,
quien con mis peines se peina
hasta los dedos se chupa.

Las grabaciones que Niño Ricardo realizó con Pastora Pavón y su hermano Tomás marcaron la pauta de cómo debía ser el acompañamiento al cante de los guitarristas contemporáneos. Sin duda, estos discos, más los que grabó con Marchena, Niño de Utrera o Pepe Pinto, y los que hizo en solitario en los años cuarenta con composiciones para guitarra flamenca de concierto, son los que Ramón llevaba a casa y Paco estudiaba.

Cuando Paco conoce a Niño Ricardo en casa de Pepe Marín, el guitarrista sevillano está en la cima de su carrera y forma una reclamada pareja con el cantaor Valderrama. Ambos habían hecho famosa en todo el mundo su copla «El emigrante», que nació de una improvisación de Niño Ricardo en un concierto en Ponferrada en 1949. Franco interpretó la letra como una canción patriótica, aunque Valderrama la escribió pensando en los que se vieron obligados a exiliarse debido a la Guerra Civil.

Cuando abandone mi tierra
tendré mis ojos llorando,
porque es lo que yo más quiero
y atrás me lo iré dejando.
Adiós, mi España querida,
dentro de mi alma te llevo metida.
Aunque soy un emigrante
jamás en la vida podré olvidarte.

Paco, muy tímido, «*metiito pa* dentro», como se definía él mismo al recordar sus primeros años, no se atrevía a preguntar todas sus dudas al maestro Niño Ricardo. Este, admirado por la destreza de aquel niño, le dio generosamente algunas lecciones sutiles con su voz honda y ronca:

—Paquito, para ser el número uno no basta con conocer cómo se acompañan unas soleares, unas seguiriyas o unas malagueñas. Hay que aprender a distinguir, desde el primer *ay*, si esas soleares son de Joaquín el de la Paula, o esas seguiriyas, de Manuel Torre o de Silverio, o esas malagueñas, del Canario, Chacón o la Trini... Para dar su pausa. Para alargar un tercio o acortarlo... Mira, la guitarra y el cante tienen que sostener un diálogo. Ni el cante debe acallar la guitarra ni esta salirle al paso al cante.

—¿Y qué le aconseja usted al niño para mejorar? —terció don Antonio.

—Que no se salga de lo esencial, de la tradición de los maestros, de Molina, de Patiño, de Montoya... Pero que se esfuerce por desarrollar los toques *p'arriba*, como hizo Ramón Montoya, que son los que le dan complejidad y riqueza musical a la guitarra. Montoya fue quien comprendió, con el enorme talento que tenía, todas las posibilidades de la guitarra. Yo he procurado alcanzar esas posibilidades, siguiendo la línea que no se aparta del rincón fundamental, que es este de Cádiz y Sevilla.

Don Antonio asintió satisfecho ante las palabras de Niño Ricardo. Las piezas encajaban en su plan maestro. Su hijo había cumplido trece años y en él estaba ya todo el genio que después irían decantando las vivencias, «el desconcierto, la constancia, el estudio y la soledad», como dijo Félix Grande. El niño estaba listo para la siguiente fase del plan.

Alma de contrabandista

Algunas mañanas, don Antonio llegaba de tocar en una fiesta y traía los duros frescos. Cuando venía contento, besaba a sus hijos en la comisura de los labios y hasta hacía alguna broma con ellos. A Paco le encantaba ver a su padre alegre, con una copita de más, «riéndose y queriéndonos mucho a todos». El vendedor de molletes pasaba con su cántico celestial:

—¡Hay molletes, señora!

Si el de los molletes no pasaba, Luzia mandaba a Pepe al horno de pan y este bajaba la cuesta cantando. Siempre estaba cantando. Subía al cerro y cantaba a grito pelado las coplas de Antonio Molina. Recogía los restos de papeles que encontraba y en la parte de atrás escribía algunas letras. En el Cine Delicias habían visto la película *Esa voz es una mina*, donde Molina cantaba «Soy minero».

Yo no maldigo mi suerte porque minero nací
y aunque me ronde la muerte no tengo miedo a morir.
No me da envidia el dinero, porque de orgullo me llena
ser el mejor barrenero de toda Sierra Morena.

Paco envidiaba la voz de su hermano. Cantar le daba mucha vergüenza. En cambio, Pepe se distinguió desde muy niño por su descaro. Tenía exactamente un año y nueve meses más que Paco. De los dos hermanos, el protagonista era sin duda Pepe. No solo porque por aquel entonces el cantaor mandaba sobre la guitarra, sino porque además era el travieso, el intrépido, el que no paraba hasta salirse con la suya, el Pelleja. Paco era el dócil, el obediente, el que de natural tenía un temperamento más prudente y reflexivo. Aunque cuando se enfadaba podía liarse a puñetazos con cualquiera. De no haber sido así, Paco no hubiera soportado la disciplina que le imponía su padre.

«Hiciéramos lo que hiciéramos, a Paco siempre le cogían —recuerda Pepe—. Yo era el promotor de todas las gamberradas. De niños, Algeciras era el salvaje Oeste que veíamos en las películas. Trepaba por la tapia del cine para despistar al portero, el Momo, mientras los demás se colaban por el otro lado... Y a Paco le agarraban. Paco tenía mucho sentido del ridículo y se quedaba como paralizado. Nos metíamos en la tienda de ultramarinos de Pata Palo a coger golosinas..., y Pata Palo trincaba a Paco. Tenía que ir yo a rescatarle. Cogía una piedra y decía: "Pata Palo, o sueltas a mi hermano ahora mismo o te rompo los cristales".

»Paco se asustaba muchísimo por si se lo contaban a nuestro padre, pero yo estaba acostumbrado. Una vez mi madre nos dio dos pesetas para ir a la feria. A Paco se las robaron del bolsillo y me recorrí todo el recinto hasta que encontré a los que habían sido: "Os mato si no me dais ahora mismo lo que le habéis quitado a mi hermano".

»He tenido siempre mucha furia. Paco era más manso, pero había que tener cuidado con él si se irritaba. Nos colábamos en el tren de la bruja, le quitábamos la escoba y salíamos corriendo... Y la bruja enganchaba a Paco. Teníamos poco pero éramos felices».

Pepe recuerda un día en que iban los dos camino del horno de pan y se les cruzó como un rayo un perro cargado con fardos. Al mismo tiempo, oyeron unos disparos. Algunos niños contaban que a veces pasaban perros y caballos corriendo como demonios hacia el monte, pero ellos no los habían visto nunca y pensaban que era una fantasía. Esta imagen casi de realismo mágico se le quedó grabada a Paco. La relató años después, cuando Quintero le preguntó en su programa por una vivencia de su infancia y él recordó aquel perro con los fardos.

Lo que la memoria de Paco rescató fue una escena de un «perro contrabandista», adiestrado para llevar fardos de picadura de tabaco procedente de Gibraltar. Para amaestrar a estos canes en su peligrosa misión, sus dueños se vestían con un uniforme de la Benemérita y los golpeaban. El objetivo era enseñarles a huir de la Guardia Civil. A veces, si preveían una ruta más despejada, también utilizaban caballos.

«Les ataban una especie de alforja que colmaban de cuarterones de tabaco —explica el historiador de Algeciras Antonio Torremocha—. Para que los canes se dirigieran a los lugares establecidos donde los esperaban sus amos, los entrenaban colocándoles, en vez de tabaco, trozos de pita. Los tenían dos días sin probar bocado y luego los soltaban a un kilómetro de distancia de sus destinos para que el animal, muerto de hambre, regresara a la casa de su amo, donde este le daba de comer abundantemente. Otro día lo dejaban dos o tres kilómetros, hasta que, al final del entrenamiento, los soltaban en las playas de La Línea, preparados para realizar el trabajo de pequeños mochileros si la Guardia Civil no los sorprendía y los abatía a tiro limpio». Con razón cantaba Rafael el Tuerto la «Cantiña de la contrabandista», que años después interpretaría Camarón de la Isla con Paco a la guitarra.

> Yo soy la contrabandista
> que siempre huyendo va
> cuando salgo con mi jaca
> del peñón de Gibraltar.
> Y si me tiran al resguardo
> dejo mi jaca que escape
> que ya sabe adónde va.

Los fuera de la ley despertaban simpatías en ese Campo de Gibraltar donde el contrabando era tan común que quien no sacaba algo de estraperlo es que ya le habían detenido. Otra letra decía así:

> ¿Dónde están los hombres buenos,
> que los busco y no los hallo?
> Unos están en presidio
> y otros en el contrabando.

Cada día, dos motonaves de la Compañía de Vapores cruzaban la bahía para unir Algeciras con Gibraltar. Se llamaban Punta Europa y Aline. Hacían ocho rotaciones diarias. La mayor parte de los viajeros eran empleados del servicio doméstico de familias británicas, o trabajadores que tenían su puesto en empresas gibraltareñas. De paso, sacaban del Peñón artículos prohibidos como tabaco, café, jabón, leche en polvo, carne en conserva, queso de bola, medias de seda o margarina. Este contrabando que realizaban los humildes trabajadores españoles de la colonia británica estaba considerado de subsistencia, y en cierto modo era consentido por las autoridades, que a menudo miraban hacia otro lado previo soborno con una parte de los productos. «Lo cierto es que si las autoridades encargadas de reprimir el contrabando hubieran ejercido su labor de manera inflexible, la situación social de los pueblos de la comarca probablemente habría sido explosiva a causa de la miseria generalizada y el desabastecimiento», dice Torremocha.

Como transportaban pequeñas cantidades de forma repetitiva cada día, los británicos llamaron a esta actividad *ant-smuggling*: contrabando de hormigas. Los métodos de los matuteros para pasar furtivamente los artículos eran a cuál más ingenioso. Había bolsos con doble fondo, bolsillos secretos en forros de chaquetas y sombreros, cajas de herramientas con departamentos trucados y garrafas con un hueco aislado en su interior.

En el diario de un viajero escocés recuperado por Torremocha se cuenta así su trayecto en una de estas embarcaciones:

> Durante los treinta y cinco minutos que tarda la travesía, se podía contemplar a estos hombres y mujeres afanosamente ocupados en repartir, escondiéndolos en todo el cuerpo, artículos y paquetes de tabaco [...]. En el momento de tocar el puerto de Algeciras, algunas mujeres, con sus cuerpos más voluminosos de lo presumible, se notaban tan pesadas que muy dificultosamente podían descender por las escalerillas del vapor.

Existían otros tipos de contrabando, quizá más lucrativos pero también más arriesgados, como el que pinta la «Cantiña de la contrabandista». Los llamados mochileros cargaban un caballo con tabaco, vestidos, perfumes, medicamentos, azúcar, chocolate, carne de vacuno en conserva (la famosa *corned beef*, conocida como *carne combí*), etcétera. Con esta mercancía, se dirigían a la serranía de Ronda para hacer el reparto, esquivando a la Guardia Civil por los caminos rurales. Otra ruta que usaban los estraperlistas era la del tren-correo que recorría las comarcas del interior:

de ida llevaban los productos británicos y de vuelta traían gallinas, chacinas, aceite y harina de los pueblos. Así se iba haciendo
la vida, mal que bien, en esta región de España a mediados del
siglo xx.

A pesar de la precariedad que le acompañó durante muchos
años, don Antonio insistía a sus hijos en la honradez y en el sentido de la responsabilidad.

—Como me entere de que cogéis algo que no es vuestro, ya
podéis salir corriendo —solía decirles, dirigiéndose a Pepe.

Paco y Pepe pasaban las horas pegados al gramófono que había pertenecido a su tío Manolo, el rico soltero que había regen-
tado varios cabarés, y que tanto ayudó a la familia en los primeros años de la posguerra hasta que murió de forma repentina. En
aquel tocadiscos antiguo, color caoba, don Antonio les ponía los
discos cuando llegaba de trabajar. «Mi padre llegaba y decía:
"Vamos a escuchar a Tomás Pavón" —cuenta Pepe—, que era lo
que más se escuchaba en mi casa, porque el cante por soleá era el
más difícil de cantar siempre. El cante por soleá y la seguiriya de
Manuel Torre».

Don Antonio tenía que obligar a Pepe a prestar atención con
dinero o chucherías. A los dos minutos quería escaparse. Pero
Paco se fijaba en los ritmos y los imitaba con la guitarra, sentado
en una escupidera —así lo recuerda Pepe— o en la mesa camilla
junto al brasero. Contemplar la cara de satisfacción de su padre
cuando volvía de trabajar y le preguntaba «¿cuánto tiempo has
estudiado?» y él le respondía orgulloso que diez horas, le compensaba tanto esfuerzo. «Paco era el más duro de todos nosotros», afirma Pepe.

Según Félix Grande, la relación entre Paco y la guitarra era un
reflejo de la relación entre Paco y su padre, «un subterráneo diálogo entre un padre y un hijo en el que uno hablaba —sin pala-

bras tal vez— de lo difícil que es Andalucía y de qué imprescindible es subir la escalera que conduce al futuro, y el otro respondía —sin palabras— que no se preocupase, padre, que estudiaría lo necesario para ayudarte, padre, para que puedas descansar y sentirte tranquilo alguna vez». En esos primeros años de aprendizaje late en él un coraje indomable por ayudar a su gente. El finísimo oído del pequeño estudiante podía sospechar también lo que ocurría en la habitación de sus padres cuando estos hablaban en voz baja, haciendo cuentas, a veces desesperados.

En una entrevista con Ángel Casas para la revista de rock *Vibraciones*, en 1974, Paco se pregunta a sí mismo:

¿Qué podía hacer, si mi padre y mis hermanos se pasaban el día con la guitarra? Además había que comer. Había que ser algo, y sin estudios y con el miedo de acabar muriéndote de hambre, la única salida era la guitarra. Claro que había la posibilidad de convertirte en un buen albañil o un buen mecánico y quedarte allí, en el pueblo, toda la vida. Pero yo no lo habría aguantado... Habría acabado siendo contrabandista.

¿Paco, contrabandista? Seguro que le hubieran trincado enseguida..., igual que le agarraba Pata Palo o la bruja de la feria cuando era un niño y tenía que ir su hermano Pepe a rescatarle.

Pepe el Pelleja

Tom Sawyer se convirtió en el héroe de Paco y Pepe desde que un verano vieron la película de sus aventuras en el Cine Delicias, a pesar de que durante unos minutos no oyeron nada porque llegaba el tren de Ronda a la estación de ferrocarril, que estaba justo detrás de la pantalla. Olía a jazmín y a dama de noche. Las mujeres llevaban un ramito de siempreverdes en la mano para ahuyentar los mosquitos.

A los hermanos les impactó sobre todo la escena del indio Joe. Tom se escapa por la ventana de su casa saltando al tejado de la leñera para reunirse con Huckleberry e ir juntos al cementerio de la colina. Esa noche «el ulular de una lechuza era el único ruido que rompía aquel silencio de muerte». Huck le va a enseñar a su amigo cómo curarse las verrugas de la mano enterrando un gato muerto en el camposanto. Hay que enterrar el animal cerca de la tumba de alguien que haya sido muy malo, para que al llegar la medianoche venga un diablo a llevárselo y, con él, las verrugas. En el cementerio, Tom y Huck oyen voces que se acercan. Muertos de miedo, los chicos se esconden detrás de un olmo y ven cómo el indio Joe, tras cavar una sepultura, le clava un puñal en el pecho al doctor Robinson. Pepe y Paco dieron un respingo en la silla del cine. De vuelta a casa se hablaban con maullidos sordos, como Tom y Huck. Esa noche les costó dormir, sobre todo a Pepe, que era el más asustadizo con los fantasmas. Menudos gritos pegaba cuando su madre se pintó la cara de blanco, se echó una sábana por encima y se escondió detrás de la puerta. «Verás como así se te pasa el miedo», decía Luzia partiéndose de risa. Sus continuas bromas compensaban el clima severo que imponía don Antonio.

Pepe quería ser como Huckleberry Finn, el niño temido por todas las madres y admirado por los muchachos, que sentían no atreverse a ser como él, que, como escribe Mark Twain:

Iba y venía según su santa voluntad; dormía en los quicios de las puertas en el buen tiempo, y si llovía, en bocoyes vacíos; no tenía que ir a la escuela o a la iglesia y no reconocía amo ni señor ni tenía que obedecer a nadie; podía ir a nadar o de pesca cuando le venía la gana y estarse todo el tiempo que se le antojaba; [...] podía trasnochar cuanto quería; era el primero en ir descalzo en primavera y el último en ponerse zapatos en otoño; no tenía que lavarse nunca ni ponerse ropa limpia; sabía jurar prodigiosamente. En una palabra: todo lo que hace la vida apetecible y deleitosa.

Poco después de ver *Las aventuras de Tom Sawyer*, Pepe y Paco fueron al cementerio y encontraron una calavera detrás de una tapia. La cogieron y la limpiaron. Iban a verla cada día. Se pasaban horas contemplándola. La tenían escondida en una alcantarilla. Le hablaban, fabulaban con la vida de aquel rostro y señalaban con asombro los puntos donde estuvieron la nariz, los ojos y las orejas. Si alguno de sus amigos quería verla, Pepe le pedía algo a cambio, como hubiera hecho Huckleberry.

Con ocho o nueve años, Pepe bajaba con un par de cubos de zinc a la Fuente Nueva, que también llamaban «La Perlita». El agua brotaba de varios caños, proveniente del acueducto de

La Bajadilla. Llenaba los cubos y los subía a su casa, donde su madre vendía agua en un mostrador que ponían en la puerta. Las vecinas acudían a que Luzia les diese un cazo de agua, o les llenase el porrón o una tinaja. «Ay, qué buena eres, Luzia, hija, eres la bendición del barrio», le decían. Con esa agua cocinaban, fregaban y se lavaban, porque no había más.

Un día, Pepe iba camino de la Fuente Nueva. De pronto, apareció un toro por un lado de la calle y se plantó delante de él. «Yo era muy pequeño —recuerda Pepe—. Solo veía los cuernos de aquel bicho enorme y sus dos ojillos mirándome. En la plaza toreaba Miguelín. Con la mente le dije al morlaco: "No vengas a embestirme porque voy a correr más que tú, así que ni te molestes". Por el otro lado de la calle bajaban un burro y el aguador. El toro se fue a por ellos y empitonó a los dos. A mí no me hizo nada».

—¡Paco, Paco, que se ha escapado un toro de la plaza! —volvió gritando Pepe a casa.

A los hermanos les gustaba ir por la tarde al puerto y asomarse a la verja para ver cómo se acercaban el Punta Europa o el Aline, que regresaban de Gibraltar. En voz alta, dirigían las maniobras de atraque como si llevaran ellos el timón y estuvieran en el Mississippi con Huck y Tom. También iban al muelle de la Galera a ver los transbordadores que cruzaban el Estrecho, el Virgen de África o el Victoria. Con un sedal corto, una boya de corcho y un pequeño anzuelo, se habían hecho una caña de pescar. Con la marea baja iban a buscar lombrices para el cebo en la playa del Chinarral. Si había buena mar, cruzaban hasta el rompeolas de Isla Verde desde la playa del Chorruelo para pescar allí, con la esperanza de volver a casa con un bodión o un sargo. Se lanzaban al agua desde las estructuras de hormigón abandonadas y echaban carreras a nado hasta la playa de El Rinconcillo. A veces se encontraban a los pescadores troceando una ballena en la explanada delante de la factoría a pie de playa. Tenían que taparse la nariz del mal olor que despedía la grasa hirviendo en las calderas. Cuando Paco no podía unirse a estas aventuras porque seguía en casa practicando con la guitarra, Pepe le daba un cogotazo por detrás y salía corriendo con el resto de los chicos del barrio.

Entretanto, don Antonio continuaba con su plan. Pepe tenía ya un dominio magistral de los estilos. Cantaba como un viejo. Paco le acompañaba a la perfección con la guitarra. Según Pohren, «cuando Pepe llegó a la adolescencia era ya una enciclopedia viviente del cante puro y comenzó a ganarse el respeto del mundo flamenco en toda Andalucía». Como hizo Leopold Mozart con su hijo, don Antonio «exhibe» a los suyos en reuniones de flamencos y aficionados en Algeciras y alrededores, con la idea de darlos a conocer. Un día actúan en Radio Algeciras; otro, en una fiesta con el famoso cantaor Antonio el Chaqueta; otro, en un festival benéfico por Navidad. En algunas fotografías aparecen los dos repeinados, con pantalón corto, chaqueta gris y chaleco, es de suponer que sudando a chorros bajo aquel traje de faena. Empiezan a ser conocidos como Pepito y Paquito de Algeciras.

Todos los recuerdos que me vienen son de Algeciras

La máxima ambición de Paco, dijo él mismo alguna vez, era entrar a tocar en algún ballet o teatro de variedades con alguna figura como Juanito Valderrama o Pepe Marchena, «tocar para cantar, y que de pronto me dieran un solo mientras las bailarinas se cambiaban de ropa». Nunca imaginó la dimensión que llegaría a alcanzar, ni por supuesto se le pasó por la cabeza que tendría que aprender a vivir en ese lugar a menudo inhóspito donde habita la celebridad. En una entrevista, dijo:

> Todos los recuerdos que me vienen son de Algeciras. Es la única manera que he tenido de subsistir, de que el mundo no me coma. Soy como los caracoles. He hecho allí mi concha y esté donde esté yo vivo en Algeciras. Y aunque quisiera dejar de vivir allí no podría, porque una persona se hace en los primeros diez años de su vida. Lo que hagas en tu infancia es lo que eres para siempre. Así que cuando subo a un escenario, sigo tocando en Algeciras de niño. Con esto quiero decir que yo siempre soy yo. Me encierro dentro de mí y viajo otra vez a mi pueblo, con mi familia, con mi gente. No sé quién decía que para gustar a los demás primero tienes que gustarte a ti mismo, y eso es lo que yo intento. Esa niñez es la que sustenta mi vida, como hombre y como artista.

¿Qué imágenes podríamos recuperar de esa «concha» de recuerdos que Paco llevaba como un tesoro? Probemos con una leve inmersión en la memoria de su infancia:

Las vecindonas sentadas en las sillas de enea a la puerta de las casas, algunas haciendo ganchillo, mientras desde una radio con funda de cretona suena la radionovela *Ama Rosa*, que emitía Radio Algeciras.

Su madre tomándole las medidas para hacerle los pantalones con la tela que compraba en la calle Panadería, y cómo le pellizcaba los muslos riendo: «¡Ay, qué hermoso está mi Paquito!».

La noche en que soñó que mataban a su padrino Paco Alberto, que hacía contrabando de café y tabaco. Le contó el sueño a su madre y esta avisó al padrino para que tuviese cuidado. Unos días después, la Guarda Civil le dio el alto cerca de Utrera, él trato de escapar y le dispararon.

El colegio de las Muñequitas, donde fue unos años con su hermano Pepe en la calle Barcelona, que lo llamaban así porque las maestras eran dos hermanas mellizas.

El dormitorio donde dormían los cuatro chicos, en el que se encerraba a tocar la guitarra por el día.

Su madre volviendo al atardecer de lavar la ropa en el lavadero que había en la fábrica de corcho de Reyes Benítez, cargando con un barreño de zinc. Cómo le gustaba verla tender la ropa limpia en el patio.

Su madre atizando la candela de la cocina con un soplillo de palma, y lo bien que olían los pucheros que preparaba.

Su padre quejándose de las hemorroides, que no le dejaban vivir y, a pesar de ello, salía de noche a buscarse la vida con la guitarra al Pasaje Andaluz, a ver si con suerte unos señoritos o algunos turistas camino de Marruecos le daban unos duros.

La respuesta de su madre cuando él veía salir a su padre de noche con la guitarra y preguntaba: «Mamá, ¿dónde va papá?»: «A buscarse la vida, hijo. Ea, lávate los pies y acuéstate».

Su madre en la habitación llorando y su padre sentado en la cama agarrándose la cabeza con las manos. «¿Qué pasa, mamá?». «Que no tenemos para comer, hijo».

Una foto con su padre mirando atentamente la posición de sus dedos en el mástil de la guitarra.

Una foto de sus padres recién casados. Su madre mira a la cámara sonriente a través de la reja de una ventana con flores. Su padre, elegante con un traje, la contempla desde el otro lado de la ventana con una mano apoyada en la reja.

Una foto en la plaza Alta con sus tres hermanos, los cuatro unidos. Ramón apoya una mano sobre su hombro, él le da la mano a Pepe y Antonio se apoya en este.

La iglesia en el cerro donde el cura les daba un chusco de pan de los militares. Él, muerto de vergüenza y Pepe, rezando en voz alta: «Virgen María, madre de Dios, ruego por el bollo que me vas a dar...».

La bronca que le echó por teléfono su padre a Juanito Valderrama porque este le prometió llevarle de gira siendo un niño y no cumplió su palabra. «¡Tú no eres Valderrama, tú eres un verde rama!».

Las historias que su hermano Antonio contaba de los ricos, viajantes, políticos y estrellas del cine que se alojaban en el Hotel Reina Cristina, donde trabajaba de botones.

Las escalerillas por donde los turistas del Reina Cristina bajaban a la playa del Chorruelo para coger la barca que les daba una vuelta por la bahía.

La estampa de una merienda en la playa: su madre con gafas de sol riendo mientras corta un melón, rodeada de niños, una amiga al lado sirviendo un vaso de vino, él en medio del grupo, en bañador, recién salido del agua, y su hermano Pepe por detrás peleándose con un amigo.

El retrete que había en el patio trasero, donde Pepe y él se asomaban por debajo de la puerta para espiar a las gitanas.

El melocotonero y la dama de noche en el patio.

El día que fueron de excursión al río de la Miel y vieron unas nutrias de agua dulce.

El Hoyo de los Caballos, donde los tratantes reunían a los caballos y los burros antes de llevarlos al mercado de ganado de la feria.

La diana que recorría las calles anunciando el comienzo de la feria. Las casetas de tiro al blanco, los puestos de turrón y buñuelos, el «balansé» y el «carro de las *patás*».

La orquesta que tocaba los pasodobles de moda.

El temporal que derribó el acueducto de Los Arcos y las piedras que cayeron sobre las vías del ferrocarril.

La cara de satisfacción de su padre, vigilando con el rabillo del ojo la reacción de quienes estuvieran presentes, cuando él tocaba y Pepe cantaba en las reuniones a las que los llevaba.

Las carreras con Pepe cuando aparecía el cartero por ver quién cogía antes la carta con la esperada noticia de que por fin podían ir a grabar un disco a Madrid.

La primera vez que subió al tren para ir a Madrid con su padre y Pepe. El humo del carbón que salía de la locomotora, los asientos de madera, los bocadillos de tortilla que su madre les había hecho para el camino, el vendedor de refrescos, que decía: «¡Hay gaseosas Citrania, de naranja y de limón!».

Los cantaores Antonio Montoya y su hermano Roque, los Jarrito, despidiéndolos desde el andén.

Miedo y gloria en Jerez

En su primer viaje a la capital, Antonio y sus dos hijos se alojaron en una pensión en la calle Santa Isabel, salieron en el programa *Ruede la bola*, de Radio Intercontinental, se cruzaron con la niña Pilar Cuesta, que iba a rodar *Zampo y yo* antes de ser Ana Belén, y actuaron en algunas fiestas particulares de manera clandestina, ya que eran menores de edad.

Cuando entraban a un bar a desayunar, Paco pedía al camarero otro café y un bollo más en cuanto su padre se despistaba.

—¡¿Otro bollo, Paquito?! —le recriminaba don Antonio.

Pepe recuerda cómo en la guitarrería de los Esteso, en la calle Gravina, el guitarrero Faustino les daba unos duros para que se los gastasen en la pastelería mientras su padre se quedaba hablando con él sobre la manera en que podía dar a conocer a sus hijos. «Íbamos a un restaurante que había en la plaza de Muñoz Seca. Nos quedábamos esperando en la puerta hasta que algún comensal nos pedía que le cantásemos algo, con suerte sacábamos quinientas pesetas... Un día llegó una mujer guapísima, le gustamos mucho y nos dio ¡seis mil pesetas! Con eso tuvimos para pagar la pensión y para comer una semana más. Era Nati Mistral», cuenta Pepe.

Los cazatalentos y espabilados olían el dinero en cuanto asomaba algún niño prodigio. Por allí desfilaban Marisol, Joselito, Rocío Dúrcal. A Pepe le ofrecieron hacer una película con la superestrella Pablito Calvo, el protagonista de *Marcelino, pan y vino*, que se quedó atascado en la adolescencia. Otro productor propuso a Pepito y Paquito rodar sus aventuras con un perro. Pero la respuesta de don Antonio fue tajante: «Mis hijos no hacen películas. Son artistas».

De vuelta a Andalucía, entre el 8 y el 10 de mayo de 1962 se celebran en Jerez tres jornadas de cante, baile y toque bajo el ambicioso cartel de «Concurso Internacional de Arte Popular Andaluz». Con el entusiasta apoyo económico de algunas bodegas de la región, las autoridades querían recuperar el espíritu del famoso evento celebrado en Granada en 1922, aquel que promovieron Manuel de Falla y Federico García Lorca.

Es interesante mencionar a algunos de los miembros de los tres comités de la organización para hacerse una idea de la dimensión del festival jerezano: el ministro de Información y Turismo, Gabriel Arias-Salgado, que sufriría un infarto apenas dos meses después y dejaría su puesto a Manuel Fraga; el capitán general de la Capitanía de Sevilla, pendiente de la defensa del Estrecho; la duquesa de Alba; los gobernadores civiles de Cádiz, Sevilla, Málaga y Huelva; los alcaldes de dichas localidades; personalidades de las letras, la industria y el comercio de Jerez; investigadores del flamenco como el periodista Augusto Butler, que echaba de menos épocas gloriosas del cante y el toque; y eminentes figuras como el político falangista Sancho Dávila, primo de José Antonio Primo de Rivera y admirador de Hitler, con ganadería taurina propia, además de conde, que expresó en una entrevista algunos de sus deseos: «que se hable más del flamenco y menos del *twists* [sic]»; «que el artista rechace esas nuevas bebidas», y que «gargaree a menudo y se peine a raya».

Había doscientas cincuenta mil pesetas en premios, trofeos y catavinos de oro y plata, además de la grabación de discos en estudios madrileños. Allí fueron algunos de los más prestigiosos artistas profesionales y concursantes aficionados, entre los que estaban Pepito y Paquito de Algeciras. Al levantarse el telón del Teatro Villamarta, el locutor entonó un padrenuestro y los asistentes se santiguaron.

Cuando llegan a Jerez, Pepe y Paco ya habían grabado en Madrid sus primeros discos con el nombre de Los Chiquitos de Algeciras (editados por Hispavox en 1961). Reyes Benítez contó que él mismo llevó los discos a la tienda que había en la calle Ancha [de Algeciras], la de Martín Sevillano, que tuvo que cerrar el local ante la avalancha de gente que fue a comprarlos. En esas grabaciones está, entre otras, la malagueña de Chacón que Pepe y Paco habían escuchado interpretar a la Niña de los Peines con Niño Ricardo en uno de los discos que llevaba a casa su hermano Ramón:

> A buscar la flor que amaba
> yo entré en el jardín de Venus.
> Me encontré la lis morena,
> que era la que yo buscaba,
> la que alivió mis penas.

Fueron tres EP de vinilo de 45 rpm, «grabados en tres horas, del tirón», según Pepe, con cuatro cantes cada uno. En la contraportada de cada disco, en un texto escrito por el guitarrista Manuel Cano, se lee: «Aún no se han presentado al público de una forma oficial Los Chiquitos de Algeciras, pero han sido escuchados por relevantes personalidades del arte, que les han dedicado efusivos elogios, realizando inmediatamente actuaciones en Televisión Española y en distintas sesiones de carácter particular y benéfico, cosechando siempre el éxito que era de esperar en tan pequeños y al mismo tiempo grandes artistas».

Esa primavera, en Jerez, Paco pasó mucho miedo. En una fotografía del concurso, Pepe interpreta un cante con sentimiento mientras Paco le mira temeroso, ambos ya con pantalones largos. Esa mirada se repetirá en multitud de fotografías posteriores a lo largo de su carrera juntos. La osadía de Pepe le atraía a la vez que le abrumaba. Paco admiraba a su hermano y al mismo tiempo temía sus extrañas, a veces surrealistas, reacciones.

En estas primeras actuaciones, Paco ya siente el peso de su introversión. «Cada vez que subía a un escenario empezaba a sudar, me encerraba dentro de mí mismo, escondía la cabeza debajo de la guitarra y tocaba». Su timidez enfermiza no le dejaba percibir lo que sucedía a su alrededor, ni mucho menos disfrutar.

El primer día del concurso, Pepe canta muy bien. Pero el segundo se desconcierta. Al terminar, se dirige al público y dice con descaro:

—Perdonen ustedes que haya cantado tan mal, pero la culpa es de mi hermano, que me ha puesto la guitarra muy alta.

Hasta Manolo Escobar, que estaba por allí rodando *Los guerrilleros* y se había acercado a ver a su jovencísima compañera de reparto, Rocío Jurado, le afeó a Pepe su gesto. «Eso no se hace, chaval», dijo. Y se alejó cantando distraídamente la rumba de «El porompompero» que tanto gustaba a Luzia:

> El cateto de tu hermano
> que no me venga con leyes,
> que *pa'ello* yo soy gitano
> que llevo sangre de reyes...

A pesar de los nervios y los desplantes, el resultado para Los Chiquitos de Algeciras es glorioso. Pepe gana el Premio Antonio Chacón para el cante por malagueñas, por el que le corresponden una copa de plata y treinta y cinco mil pesetas. Y Paco, aunque no quedase registrado, obtiene una mención fuera de concurso, ya que al tener menos de dieciséis años se supone que no podía ser premiado, aunque todos coincidieran en que fue muy superior al resto de los participantes. Cuando el jurado quiso dar el premio de guitarra a otro, el público puesto en pie comenzó a gritar: «¡Al niño, al niño!». Según Pepe, le dieron el Premio Javier Molina para aficionados y cuatro mil pesetas.

Con el botín de Jerez más lo que reunió Antonio al despedirse del Hotel Reina Cristina y lo que aportó Ramón, los hermanos y su padre se instalan en Madrid. El plan había funcionado a la perfección. Era otoño de 1962 cuando la familia Sánchez Gomes, salvo María, que se quedó en Algeciras con su marido y su hijo recién nacido, se muda a un piso en la calle Ilustración, en el número 17, muy cerca de la estación del Norte, donde ahora hay una placa en la que pone: «Aquí vivió desde chiquillo Paco de Lucía (1947-2014). Genio entre los genios de la música y gran revolucionario del flamenco».

Pepito y Paquito en América

Montorio nei Frentani es una pequeña localidad italiana al sur de los Abruzos, cerca del espolón de la bota que dibuja la geografía del país, en la costa adriática. La pasta típica de la región se hace con un artefacto de cuerdas metálicas como las de la guitarra. Allí nació José Greco, hijo de un italiano y una española. Su verdadero nombre era Constanzo. Tras criarse en Sevilla, a los diez años emigró a Estados Unidos con su hermana y su madre. Era 1928. Su padre ya tenía la ciudadanía estadounidense y los esperaba en Nueva York. En el barrio de Brooklyn, donde se instalaron, vivían emigrantes italianos, portugueses, españoles y griegos. En los nacimientos y las bodas todos se reunían para celebrar la fiesta. Cada cual llevaba sus instrumentos musicales, cantaban y bailaban según habían aprendido en su tierra natal. Los idiomas y dialectos se mezclaban. Al pequeño Constanzo le pusieron de pareja en los bailes con una chiquilla española, con la que aprendió a bailar jotas y malagueñas. Su hermana empezó a estudiar danza y, como su madre tenía que trabajar, él la acompañaba a las clases. Se quedaba mirando y aprendía. Cuando su hermana empezó a dedicarse al cante, la profesora le preguntó a José si le gustaría aprender a bailar. Con dieciséis años debutó en la escena del coro de gitanas y toreros de *La traviata*. Después hizo *Carmen*.

En un restaurante español de Manhattan donde solían reunirse artistas huidos de la guerra en España, José Greco conoció a la Argentinita, bailarina y bailaora, hija de emigrantes españoles en Argentina, «la reina de las variedades», como la bautizó Blas Vega. La Argentinita tenía una compañía de baile con su hermana, Pilar López, con la que triunfaba en sus giras por Europa y Latinoamérica. Grabó una selección de canciones populares españolas recogidas por Federico García Lorca, con el propio poeta al piano, que más tarde adaptaría e interpretaría Paco de Lucía en un disco con Ricardo Modrego. Fue amante del torero Ignacio Sánchez Mejías, al que tanto lloró Lorca «a las cinco de la tarde». En 1943, dos años antes de morir, la Argentinita presentó en el Metropolitan Opera House de Nueva York el cuadro flamenco *El Café de Chinitas*, con textos de Lorca y decorados de Dalí. «Era como una pluma en el aire», dijo de ella Manuel Machado.

Greco bailó unos años en la compañía de la Argentinita, que luego dirigió su hermana Pilar López, maestra de grandes bailaores, como Antonio Gades o Mario Maya. Cuando formó su propia compañía en 1949, Greco ya era el intérprete más reconocido de la danza española clásica en el mundo. «Yo no me podía comparar con la grandeza de una Carmen Amaya, ni con la gracia de una pareja como Rosario y Antonio, pero dentro de lo que era el bailarín-bailaor solista la gente me consideraba como el primero», contó. No deja de tener guasa que esto lo diga un bailaor italoestadounidense, pero lo cierto es que Greco era la figura más conocida entre el público anglosajón, al que le fascinaba el flamenco. Participó en exitosas películas como *La vuelta al mundo en ochenta días*, con Cantinflas, y en espectáculos televisivos de gran audiencia como el de Ed Sullivan, donde bailó «Asturias», de Albéniz, con castañuelas.

Cuando recalaba en España durante sus giras europeas, Greco solía aprovechar la estancia para echar un vistazo a los nuevos talentos, con el fin de incorporarlos a su compañía. «Nos decían que venía Greco y todos rezábamos para que nos llevase con él —recuerda Emilio de Diego—. Un año de contrato en Estados Unidos, con la paga asegurada y comiendo bien todos los días, era el no va más para los flamencos entonces». En 1962, todos le hablaron a Greco de un joven cantaor y de su hermano guitarrista, que habían causado sensación en el Concurso de Jerez. Concertó una reunión con don Antonio y acordó llevarse a Pepe de gira por Estados Unidos. Paco era aún demasiado pequeño, y además ya tenía dos guitarristas en la compañía, Manolo Barón y Ricardo Modrego.

—¿Tú quieres salir en el programa de televisión más famoso del mundo? Te voy a llevar a *El show de Ed Sullivan* —le dijo Greco a Pepe.

—Yo canto donde haga falta, señor. ¿Es verdad que en América la Coca-Cola es gratis?

—Ya lo comprobarás tú mismo. Cuando veas los rascacielos de Nueva York se te va a quitar el sueño de la impresión.

—¿Y mi hermano Paco puede venir?

—Ahora no puede ser.

—Es que actuamos juntos.

—Más adelante..., ya veremos. A ver, enséñame cómo cantas por tarantos para acompañar a la bailaora.

Antes de salir para Estados Unidos, Pepe de Algeciras graba un disco como único cantaor para el baile de Greco, *José Greco. Ritmos flamencos*. Desde Nueva York, un autobús con un cartel que dice «*Spanish dancers*» los lleva a Canadá para comenzar la gira. Pepe debuta en Toronto y de allí van a Montreal. Cuando se lo cuenta por carta a su madre, Luzia sale enseguida a informar a sus vecinas, a su manera: «¡Mi niño Pepe en América va de Toronja a Puerto Real!».

Pepe echaba de menos a su hermano, tenía miedo, se metía debajo de la cama de los hoteles y lloraba a solas hasta que llegaba Manuel Barón, con quien compartía el cuarto. Cada día, le preguntaba a Greco varias veces: «¿Cuándo va a venir mi hermano?». Los miembros de la compañía trataban de consolarle, pero ya sabían de sobra cuál era la causa de sus lloriqueos: «Quiero que venga mi hermano...».

Una mañana en Denver, tras un mes y medio de gira, Pepe está sentado en la cafetería del hotel dando cuenta de los dos donuts del desayuno. Greco se acerca por su espalda, le da una palmada en el hombro y dice:

—Tu hermano llega el domingo a Chicago.

Pepe pega un salto del taburete. Toda la compañía aplaude la noticia mientras Pepe canta y baila de alegría con los donuts como castañuelas.

Unos días después, Paco coge por primera vez un avión rumbo a Nueva York. Allí tiene que tomar otro vuelo hacia Chicago. Está nervioso por el cambio, pero una simpática pareja norteamericana que ha conocido en el avión le acompaña hasta la puerta de embarque. Cuando salió de España, en la radio sonaba «El rey del twist», de Mike Ríos. Al llegar a Estados Unidos, escucha «The twist», de Chubby Checker. En el aeropuerto nevado le espera Pepe con el mánager de la compañía, Mr. Nonenbacher. Es posible que fuera la primera vez que Paco vio la nieve. Aunque la temperatura es de varios grados bajo cero, Mr. Nonenbacher no deja de limpiarse el sudor de la cara con un pañuelo.

Al darle un abrazo a su hermano, Paco le dice una frase que repetirá muchas veces a lo largo de su vida:

—Lo que no consiga el Pelleja, no lo consigue nadie.

Este niño pica más que un pollo

Paco se unió a la banda de Greco como tercer guitarrista. Aún no tenía experiencia en grandes escenarios como en los que tocaban, pero a sus catorce años ya superaba técnicamente a Modrego y Barón. Empezó a correrse la voz de que un prodigioso niño guitarrista había llegado de España. Músicos de todas partes de Estados Unidos acudían a verle. Para Paco, fue como saltar de repente a la Luna: un pequeño paso para el chiquillo de Algeciras, un gran paso para la música.

Uno de los que se interesó por ver al niño prodigio fue el guitarrista número uno del momento, Agustín Castellón Campos, conocido como Sabicas, que vivía en Nueva York desde que escapó de la Guerra Civil para incorporarse a la compañía de Carmen Amaya en Buenos Aires. Debido a su exilio, Sabicas era poco conocido en España, hasta que empezaron a llegar sus discos en los años cincuenta. Era sobrino de Ramón Montoya y estaba considerado la mayor figura de la guitarra desde su tío. Él fue el primero que popularizó la guitarra flamenca de concierto en sus giras internacionales y sus actuaciones en Manhattan, como la mítica que realizó en 1959 en el Town Hall.

Al restaurante Granados, en el 125 de MacDougal, en Greenwich Village, acudían los flamencos que vivían en Manhattan o los que estaban de paso tras una actuación. Allí Sabicas escuchó por primera vez a Paquito de Algeciras y, sorprendido, dijo a los presentes: «Este niño pica más que un pollo», refiriéndose a su virtuosismo con las cuerdas. Paco, cuya referencia absoluta hasta entonces era Niño Ricardo, accedió a una nueva dimensión con la bendición del gran maestro.

Pepito y Paquito estaban felices de empezar a ganarse la vida y mandar los dólares a su padre. Para ahorrar dinero, compraron una sartén y un infiernillo. Cocinaban en el baño de la habitación del hotel donde paraban. Su menú favorito era una lata de sopa Campbell's, *chicken noodles*, huevos fritos con tomate y unas chocolatinas Snipers. A veces, el conserje del hotel aporreaba la puerta, alarmado por el humo: *«No cooking here!»*. Pepe abría tranquilamente, le mostraba una pera y chapurreaba en inglés: «Es mi hermano quien cocina. Yo solo estoy comiendo una pera. Regáñele a él».

Se lavaban la ropa a mano, porque la lavandería costaba cinco dólares. Pepe era el encargado de administrar el dinero. Su madre le había cosido una faltriquera y allí lo guardaba. Se picaban continuamente, se peleaban como cuando estaban en su casa y corrían uno detrás del otro por los pasillos de los hoteles. En la compañía los llamaban «los luchadores».

Aquellos meses vivieron cosas insólitas que jamás hubieran imaginado dos chiquillos de Algeciras. Conocieron a James Brown en el camerino del Teatro Apollo de Nueva York; vieron a The Supremes; unas prostitutas del Bronx les enseñaron la navaja de barbero que llevaban escondida en las medias; se hicieron una foto con Andy Warhol y su peluca rubia en el Instituto Español de Manhattan; Rocky Marciano, que ya se había retirado imbatido, los invitó a un refresco en el Hotel Bristol; se unieron a una comparsa de músicos negros en Nueva Orleans; una de las mujeres de Pancho Villa les hizo la comida en un hotel de El Paso; compraron unos mocasines a un indio y unos sombreros mexicanos en Ciudad Juárez; fueron al entierro de Pedro Armendáriz en México D. F.; camino de Albuquerque obligaron a Pepe a bajar del autobús en una gasolinera para lavarse los pies porque nadie podía respirar y Paco acusó a su hermano del mal olor...

En Las Vegas estuvieron un mes sin poder actuar. La ley del estado de Nevada no se lo permitía a los menores de edad. Durante su turno en el espectáculo, Greco ponía el «Bolero» de Ravel. Así que Los Chiquitos tuvieron que inventar todo tipo de travesuras para pasar el rato. En el Hotel Riviera se hinchaban a comer helados y jugaban a las máquinas tragaperras con las monedas que les pedían a los clientes. Mientras Pepe distraía al guardia de seguridad, Paco salía corriendo a las máquinas. Cuando se aburrían, daban una vuelta por la sala de fiestas. Vieron cantar a Tony Bennett, a Tony Martin tocando el piano, y una noche se sentaron tan cerca de Cyd Charisse que casi podían tocar sus famosas piernas. Kirk Douglas tenía la costumbre de revolverles el pelo si se cruzaban con él. Cuando llegaban Frank Sinatra, Dean Martin y Sammy Davis Jr., sabían que estaban de suerte: siempre les daban unos *quarters*. Era Pepe el que pedía. Paco, vergonzoso, se apartaba. La piscina del Bali Hai tenía un trampolín y allí ensayaban todo tipo de piruetas, como si estuvieran en la playa del Chorruelo. Pepe se hizo un tirachinas para cazar gorriones desde la terraza del hotel mientras su hermano estudiaba guitarra.

—¡Paco, le he dado a un gorrión, vente a buscarlo!

—Déjame tranquilo, ¿no ves que estoy con la guitarra? He quedado luego para practicar con Modrego.

—Anda, vamos a dar una vuelta, Paco, que me aburro.

—¡¿Te quieres estar quieto ya con el tirachinas, que eres un chufla?!

Estuvieron nueve meses de gira, debidamente documentada gracias a la cámara de fotos Leica que Pepe compró en Denver. Regresaron a España en septiembre de 1963, en un barco que hacía la ruta directa Nueva York-Gibraltar. Menudo viajecito. Tras cruzar el Estrecho, Paco se asomó a la borda para contemplar su querida bahía y tuvo la certeza de tres cosas: que aquel mar en el que tantas veces se había bañado era el mismo que había dejado atrás en América; que había descubierto en su interior la sabiduría de un arte antiguo y tenía que ser capaz de expresarlo a su manera; y que con su guitarra podría volar a cualquier lugar del planeta sin necesidad de navegar. Pronto iba a conocer a un gitanillo rubio de tez casi transparente que tenía un piano en la garganta y era aún más tímido que él.

Una pareja perfecta

Nadie hable mal del día
hasta que la noche llegue;
yo he visto mañanas tristes
tener las tardes alegres.

Popular / ENRIQUE MORENTE

Enamorao de la vida
aunque a veces duela
si tengo frío
busco candela.

KIKO VENENO, «Volando voy»

Una noche, en algún lugar de Alemania, hacia 1969, el cantaor José Monge llama por teléfono al guitarrista Francisco Sánchez. Están alojados en el mismo hotel, pero esta vez no comparten habitación como suele ser habitual.

—Paco, ¿estás despierto?

Al otro lado de la línea suena el chasquido de un mechero y la aspiración de una bocanada de humo.

—¿Tú qué crees, José?

Llevan varias semanas integrados en una troupe que actúa en escenarios de media Europa con el nombre de Festival Flamenco Gitano. Es obvio que en la provisional compañía reunida para la ocasión todos son flamencos, pero no necesariamente gitanos. Eso no importa. Allí están también Juan Peña el Lebrijano, Paco Cepero, Enrique de Melchor, Farruco, Matilde Coral... José y Paco son los benjamines de la expedición y la juerga es continua. A veces bajan del autocar en albornoz. Lanzan puñetazos al aire como si fueran boxeadores hasta el camerino del teatro, mientras sus compañeros jalean a los jóvenes púgiles de la velada flamenca.

Entre ovaciones y risas, Paco y José aprovechan cualquier rato para improvisar un cante. Unas veces el guitarrista empieza a rasguear las cuerdas y el cantaor le acompaña. Otras es José quien entona y Paco le sigue. Tienen tanta afición que están siempre tocando y cantando, buscando cosas nuevas. Ya han grabado un álbum juntos, *Al verte las flores lloran*, y dan vueltas a los temas del segundo.

—Mira, Paco, se me ha ocurrido esto, a ver qué te parece.

José carraspea con suavidad y lanza un grito que a Paco le hace agarrar la guitarra de inmediato. «Alborea, ea, ea...», canta José.

—¡No te muevas de la habitación, José, que voy corriendo con la guitarra, tenemos que hacer algo con eso!

—Bueno, aquí te espero, compadre, no te pierdas.

De un brinco, Paco está en la habitación de José, que enciende una grabadora de la que no se separa nunca.

Paco empieza a tocar el compás de un fandango, pero con una cadencia que no es la de un fandango. Las estructuras están para romperlas siempre que no se olvide el camino de vuelta. Esa misma mañana, José le había oído improvisar aquellas notas y no se le iban de la cabeza. «Yo me quedo con los tonos enseguida y entonces lo hago a mi manera, con la música que yo creo que le debo dar», dirá más tarde. No sabe qué le llevó a entonar esa letra que no recuerda dónde escuchó:

Alborea, ea, ea,
tú eres el aire
que a mí me lleva.

—Sigue por ahí, Paco, hazlo otra vez. —Y entona de nuevo—: «Alborea, ea, ea...».

La alboreá es un cante tradicional de las bodas gitanas que está lleno de supersticiones. «Despierte la novia la mañana de la boda», canta el coro de Lorca en *Bodas de sangre*. Pero Camarón puede referirse al amanecer, cuando alborea el día, o a la canción que el famoso niño Joselito canta en una barca de pescadores en la película *Aventuras de Joselito en América*, que se estrenó en 1960.

Así inventaron Camarón de la Isla y Paco de Lucía la canastera, cuando hacía muchos años que el flamenco tenía los palos más que establecidos. Crear un estilo nuevo era considerado por la conservadora flamencología poco menos que un sacrilegio, un atrevimiento inaudito y, desde luego, innecesario. Pero Camarón y Paco no estaban para ortodoxias. El seudofandango de la canastera suena a un fandango con rasgueo de rondeña que puede bailarse como si fuera un vals. Tiempo después, Paco recreó aquel momento de esta manera:

—Escuché ese grito de Camarón y me eché a llorar. Le dije: José, ese grito no se puede quedar ahí solo.

La letra, escrita más tarde por don Antonio, dice:

> Canastera, canastera, canastera,
> has de ser mi compañera,
> si me casara algún día,
> has de ser mi compañera,
> por *to* los cuatro *costaos*,
> gitanita y canastera.

Aunque al principio muchos les dijeran lo contrario, estos dos jóvenes inquietos sabían que había gritos del cante y notas en la guitarra que aún no se habían escuchado, y ellos habían venido para buscarlos.

«Canastera» no se incluiría en el segundo álbum de Camarón y Paco, *Cada vez que nos miramos*, ni en el tercero, *Son tus ojos dos estrellas*, sino en el cuarto, publicado en 1972, que por ello se tituló *Canastera*. Poco antes, Paco había grabado la versión instrumental, acompañado por su hermano Ramón a la guitarra, en su disco *El duende flamenco*.

Por primera vez, en la portada de uno de sus discos la pareja aparece por separado, en imágenes distintas, fotografiados, también por primera vez, por Pepe Lamarca. El rostro de El Camarón de la Isla, que así se denomina todavía, con pronombre y lugar de origen, aparece en el centro del cuadro en un tono rojizo. El de Paco de Lucía, en blanco y negro, se sitúa en los vértices, en menor tamaño. Cuatro fotos repetidas de Paco, las de la parte de abajo están invertidas, con el título del álbum, *Canastera*, entre ellas. De esta manera, el guitarrista no pierde de vista al cantaor por ningún flanco. Le rodea como un aura. Camarón mira al frente, a los ojos del espectador/oyente, con un gesto humilde y limpio. Paco tiene la mirada baja, concentrado en su guitarra como acostumbra, pero como el instrumento no sale en la imagen a quien parece que observa es a Camarón. «Ole, Paco, que eres mejor que todos», dice el cantaor en uno de los escasos jaleos que hace al guitarrista.

El nuevo estilo no cuajó, aunque fue versionado muchas veces y empleado en varias coreografías, pero da una idea del ilimitado universo creativo de la pareja. Cuatro discos después, en su octavo álbum juntos, *Rosa María* (1976), Paco y Camarón recuperan la canastera con una letra de don Antonio, titulada «Mis penas lloraba yo», donde Paco introduce sonidos de su disco *Almoraima*. La letra parece que quiere rememorar la triste infancia de don Antonio.

> Vivo solito en el mundo
> y a las claritas del día,
> voy camino de mi casa,
> siempre la encuentro vacía.

Como loco yo tiraba
piedrecitas por las calles,
sin mirar dónde caían
ni tampoco a quién le daban.

Pocas parejas artísticas en la historia de la música, de cualquier género, han alcanzado el grado de complicidad que tuvieron Paco de Lucía y Camarón de la Isla. Grabaron nueve discos juntos, uno por año desde 1969 hasta 1977, a los que hay que añadir *Como el agua* (1981), *Calle Real* (1983) y su testamento, *Potro de rabia y miel* (1992), en los que se incorpora el guitarrista Tomatito, y donde, además de la guitarra principal, Paco se ocupa de la dirección musical. Recogieron lo más valioso de la tradición que aprendieron de sus mayores y les dieron otra dimensión a todos los estilos del flamenco, cuando todo parecía inventado y, para algunos, en decadencia.

Félix Grande describe así su silente conexión, apenas sin palabras:

Camarón miraba tocar a Paco y movía la cabeza despacio, entre maravillado, acongojado, incrédulo y feliz. Paco escuchaba la voz espléndidamente afinada y trágicamente flamenca de Camarón, y tal vez recordaba entonces que desde niño había soñado con ser cantaor, y le animaba los tercios a José con un «ole» en donde estallaban la admiración y el estupor. Se admiraban el uno al otro con enorme respeto y casi con voracidad.

Un choque brutal

Hay varias versiones acerca del momento en que se conocieron Paco y José. Las leyendas, ya se sabe, se alimentan de la imaginación de sus intérpretes y a menudo la memoria actúa como un disolvente. Lo que sabemos con certeza, porque así lo contó el propio Paco, es que cuando escuchó cantar a Camarón sintió un tremendo impacto en su interior, «un choque brutal imposible de definir».

Paco, que disfrutaba del cante aún más que de la guitarra, no se podía imaginar que fuera posible cantar así. De pronto, el ideal de lo que a él le hubiera gustado ser, el cantaor perfecto, existía y acababa de aparecer a su lado. «Fue como si hubiera llegado el Mesías», afirmó.

Lo más probable es que, antes del momento de la revelación que cuenta Paco, él y Camarón ya se hubieran cruzado alguna vez de manera casual. Puede que el guitarrista no le prestara la suficiente atención a ese gitanillo rubio. Hay que tener en cuenta que Paco tenía tres años más que José, y esta diferencia, que en la edad adulta pasa desapercibida, en la adolescencia es un mundo.

Una versión del primer encuentro, que Camarón contó a su amigo José Candado y que Luis Fernández Zaurín recreó en su biografía del cantaor, dice que coincidieron en una fiesta que los Domecq daban en su casa de Jerez cuando Camarón tendría unos catorce años. Iba con su inseparable compadre, el cantaor Rancapino. Por entonces aún le conocían como Pijote, un apodo que un familiar le había puesto a su hermano mayor. José era el Pijote Chico. Allí estaban Paco, el de Algeciras, y Paco Cepero, jerezano del barrio de San Miguel, un guitarrista formidable considerado uno de los mejores para acompañar al cante. Alguien les pidió que tocaran para ese niño de San Fernando que decían que era un prodigio. Ambos Pacos se pasaron la guitarra el uno al otro, bromeando con el chaval, hasta que este, cansado del vacilón, agarró una guitarra que había por allí y se acompañó a sí mismo por tangos. Paco nunca mencionó esta escena, ya fuera por olvido, porque era ficticia o porque la consideraba intrascendente.

Si nos fiamos de la memoria de Pepe de Lucía, caprichosa a veces pero certera, la verdadera historia del encuentro con Camarón es la siguiente:

Me llamó Chico Fernández, compadre y palmero de Bambino. «¿Quieres conocer a un chaval que está viviendo en mi casa y canta muy bien?». Quedamos en el Cascorro al día siguiente. Aparece Chico con el niño, que llevaba un trajecito azul y el pelo como un león. «¿Cómo te llamas?», le pregunté. «Me llamo José». «¿Has grabado?». «Sí, he grabado algunas cositas con Antonio Arenas, pero no ha pasado nada». [Se refiere al disco colectivo *Flamencos*, con el guitarrista ceutí Antonio Arenas, publicado en 1968. Camarón tiene diecisiete años cuando lo graba]. «Pues ahora sí que va a pasar».

Fuimos a un bar. Estaba Antonio el Rubio [creador de un cante por fandangos muy apreciado, que influiría en Camarón]. Cuando Camarón empezó a cantar una soleá, salí corriendo a buscar a mi padre. Esa misma noche fuimos todos, con Paco, a ver a

Camarón a Torres Bermejas. De allí salió la intención de que grabaran juntos cuanto antes.

La versión de Paco, que no contradice las anteriores, la contó en una entrevista para la revista de estudios flamencos *La Caña*. Él estaba grabando un disco de Bambino como tercer guitarrista con Paco del Gastor, sobrino de Diego del Gastor, y Vicente Escudero. El álbum al que se refiere debe de ser el primero que grabó en solitario el genial cantaor de Utrera, en 1967, titulado por el nombre de la primera canción, *Quiero*:

> Quiero
> tenerte a todas horas a mi lado
> y besarte como nadie te ha besado
> parando las manillas del reloj.

En el estudio entró un chaval que acababa de llegar de San Fernando y se quedaba a dormir en casa de Chico Fernández, en el Rastro. El piso era pequeño, pero entraban todos. «Allí parábamos Fernanda y Bernarda de Utrera, Turronero, Pansequito, Camarón y yo. Para que se pudiera vestir uno, tenían que salir todos los demás», contó Rancapino.

—Tocadle algo al niño, hombre, a ver si le escucha el director de Columbia y le graba un disco —dijo Bambino.

A través de un conocido, Camarón había enviado alguna cinta con sus cantes a las discográficas. Una de ellas se la devolvieron con una nota visionaria que decía: «Ese hombre no tiene futuro en el flamenco». Paco del Gastor y Escudero estaban cansados, así que Paco le tomó la palabra a Bambino y se ofreció a acompañarle. Le hizo gracia aquel chaval con cara de buena persona que iba vestido con un modesto traje y le trataba de usted.

«José empezó a cantar por soleá. Era una soleá tradicional y él se parecía a Mairena, pero estaba muy bien —contó Paco—. El tipo de la casa de discos comentó que eso no se vendía y no le iba a interesar al maestro Cisneros, que era el responsable artístico de Columbia. Como le vi tan decepcionado, le dije: "No te preocupes, que yo te grabo un disco"».

Por entonces, Camarón trabajaba en la compañía de Miguel de los Reyes, con la que había estado de gira sustituyendo a Pansequito, que se había ido a la mili. José Cortés, Pansequito, era un cantaor formidable de La Línea, que comenzó en Los Canasteros, de Manolo Caracol, junto a Cepero. La compañía de Miguel de los Reyes actuaba en la sala de fiestas Sayro, un lugar de segunda fila entre los tablaos de Madrid, que se disputaban a los mejores artistas. De allí daría Camarón el salto a Torres Bermejas.

Por su parte, Paco de Lucía empezaba a ser conocido como solista. Acaba de licenciarse de la mili en Colmenar Viejo, suavizada gracias a la convincente intercesión de un amigo de su padre que propuso al teniente general Miguel Rodrigo que, «para no dañar sus divinas manos», le librara de hacer la instrucción y manejar armas a cambio de un ciclo de conciertos en cuarteles por todo el país. Había grabado su primer disco en solitario, *La fabulosa guitarra de Paco de Lucía*, con diecinueve años, donde ya empezó a usar acordes y armonías sorprendentes para la guitarra flamenca. Tenía algunos minutos como solista en el extranjero con el Festival Flamenco Gitano. Mucha actividad, pero poca renta. Lo que ganaba se lo daba a su padre. Don Antonio se ocupó de administrar el dinero de todos los hermanos mientras vivieron en su casa. «Al principio, nadie me echó una mano, ni la casa de discos, ni las emisoras de radio... No recibí apoyo de nadie», se lamentaba Paco.

Poco después de la escena en Columbia con Bambino, Paco y Camarón se encuentran una madrugada en Jerez y siguen la juerga juntos. Camarón estaba con los Parrilla, una estirpe jerezana de alta pureza flamenca. El guitarrista Manuel Parrilla era hijo de Tío Parrilla, que a su vez era hijo del cantaor Juanichi el Manijero y sobrino del Tati. Entre copa y copa, a Paco y Camarón les llegan las claras del día. Parrilla los invita a seguir la fiesta en su casa. Según Camarón, el anfitrión tenía una hermana que era «la gitana más bonita de Andalucía».

—Vamos, Paco, verás qué guapas están las gitanas recién *levantás*.

«Y ahí me di cuenta de lo que era Camarón», cuenta Paco en el documental *La búsqueda*. «Se puso a cantar y yo no me lo podía creer. Miraba alrededor y veía a los demás disfrutar, pero como si aquello fuese algo normal. Me volvió loco. No podía entender esa perfección cantando, esa afinación, ese dominio, ese gusto. Lo tenía todo. Me enamoré de Camarón para siempre».

Juana la Canastera

Un día, el pequeño José apareció en su casa con una guitarra de juguete, de esas de feria. No se separaba de ella. Se pasaba el día tocándola. Sonaba poco pero al menos era de madera y tenía sus seis cuerdas. Así aprendió los primeros acordes, fijándose en los guitarristas que pasaban por la Venta de Vargas, aprendiendo de lo que unos y otros le querían enseñar. Su madre, Juana, contaba que de noche tenía que acostarse abrazado a aquella guitarrita. Si no era de esta manera, no se dormía.

José Monje Cruz nació el 5 de diciembre de 1950, tres años menos dieciséis días después que Paco de Lucía, en la isla de León (San Fernando), bahía de Cádiz, a unos cien kilómetros de la casa de los Sánchez Gomes en Algeciras.

La Isla es un territorio singular separado de la Península por el caño de Sancti Petri y un terreno de marismas. Aquí construyeron los tirios, según el historiador Estrabón, un templo de Heracles (Hércules, para los romanos), en cuyo frontispicio se dice que estaban labrados en bronce los doce trabajos del héroe, relatos de las hazañas del hijo de Zeus que se narraban en un poema épico hoy desaparecido.

La mayoría de la gente del humilde barrio de Las Callejuelas, donde creció José, eran mariscadores, salineros, se dedicaban al despesque (la recogida del pescado de los esteros) o trabajaban en la fábrica de conservas de caballas de Manuel Sierra Moreno, Paquiqui. Los esteros son terrenos pantanosos inundados por el agua del mar que ya los fenicios comenzaron a explotar con el fin de producir sal. Las familias tenían una descendencia extensa. Camarón fue el séptimo de los ocho hijos de Luis y Juana.

Las calles bien alineadas del barrio, con paredes blancas de viviendas de una sola planta, terminaban en las marismas, que a lo lejos anunciaban Chiclana de la Frontera y su playa de la Barrosa, a la que Paco dedicó unas alegrías. Las casas tenían una o dos estancias. La numerosa prole dormía en el mismo espacio. Los enseres eran los justos. En los patios de vecinos se compartía el anafe (la cocina de barro) y siempre había un puchero en marcha, unas veces con más y otras con menos. El guiso que más le gustaba a Camarón eran las habichuelas con arroz. Si era temporada de vaciar los esteros, quizá llegaran unos robalos (lubinas), lisas o zapatillas (doradas) para asar. No faltaban la piriñaca o unas papas *aliñás* para acompañar. Las tortillitas de camarones se hacían con harina de garbanzo y en las casapuertas los vecinos instalaban puestos de boniatos asados. Pasara lo que pasara, se cantaba y se bailaba. José iba a la escuela un día sí y cuatro no. Siempre había algo mejor que hacer al aire libre: bañarse en los caños, lanzarse al agua desde el puente Zuazo, pescar anguilas o robar higos de las huertas. Era un mundo sin prisas. Ese era el paisaje de la infancia de Camarón.

El 23 de abril de 1973, *Rito y geografía del cante* dedica su programa a «El Camarón de la Isla». Ese año, Paco y Camarón graban su quinto álbum juntos, *Caminito de Totana*, que coincide con *Fuente y caudal*. Gran parte de las falsetas que interpreta Paco aparecen en ambos discos. En ese quinto disco por primera vez el cantaor y el guitarrista no aparecen juntos en la portada. La cubierta es una sobria foto de Camarón realizada por Pepe

Lamarca, un plano medio del cantaor con el enorme cuello de la camisa por encima de la chaqueta y el antebrazo apoyado en una silla de enea. Poco antes había aparecido en la película *Casa Flora*, un vodevil con Lola Flores sobre un torero, el Pirulo, que muere en Lima debido a una indigestión a causa de los mariscos que se hacía traer en avión desde Sanlúcar de Barrameda. Camarón, a quien doblan la voz, interpreta a un simpático ladronzuelo que escapa en una moto Triumph a lo Steve McQueen después de dar el palo en una joyería. En la huida motorizada, una escena que quiere ser *road movie* y se queda en cacharrito de feria, Camarón canta una pícara canción con soniquete a lo Manolo Escobar, «Sere... serenito».

> Las noches de luna clara
> me pongo a considerar,
> si no fuera por tu cara
> yo dejaba de mangar.
> Pero tú, *sentrañas* mías,
> con el bolso en bandolera,
> te alborotas de alegría
> cuando *atrinco* una cartera.

Cuando las cámaras de *Rito y geografía del cante* le citan, Camarón ya era la figura principal de Torres Bermejas, donde le acompañaba Paco Cepero. «¡Que ya llega, que ya llega!», decía el público expectante cuando por fin aparecía en el tablao con el tiempo justo, hacia las dos de la mañana, para darle el relevo a su adorada Perla de Cádiz.

Mientras por la pantalla del programa de Televisión Española desfilan las portadas e interiores de los discos de Camarón con Paco de Lucía, se oye la voz del flamencólogo José María Velázquez-Gaztelu: «Hoy en día son muchos los cantaores jóvenes que intentan renovar la tradición flamenca vivida hasta ahora. Quizás el más significativo de todos sea José Monje, el Camarón. Él ha revolucionado los cánones establecidos. Su estilo, muy personal, se distingue de los demás tanto en su forma musical como expresiva». A continuación, en el estudio de Fonogram, Camarón canta sus alegrías preferidas:

> Yo pegué un tiro al aire,
> cayó en la arena,
> confianza en el hombre
> nunca la tengas.
> Que con la luz del cigarro
> yo vi el molino,
> se me apagó el cigarro,
> perdí el camino.

Con Velázquez-Gaztelu, Camarón se muestra especialmente locuaz, cosa extraña en él. Las cámaras le acompañan por el barrio de Las Callejuelas, en La Isla. El cantaor camina por los solares. Da besos a los niños que se acercan a saludarle. Viste una chaqueta moderna de tela de gabardina, lleva un pañuelo al cuello y unas gafas de sol enormes. Junto a un motocarro destartalado, una chica sonriente con una falda plisada de escolar lava la ropa en un barreño. Delante tiene una jaula con pavos. Entre los postes de madera ondea la ropa tendida. La voz en *off* de Camarón cuenta sus inicios durante el paseo: «Yo estaba en Jerez con el Pilili y otros gitanillos del barrio de la Plata y de Santiago. Nos colamos en un sitio que estaba Paco Cepero. Como éramos unos chiquillos, empezamos a cantar y a bailar. Cepero me tocó la guitarra y me dijo: "Vente a Madrid". Me dio sus señas.

Pero yo era un niño y no le hice caso. Me volví a la Venta de Vargas».

Su hermano mayor, Manuel, contaba que José era coqueto desde muy pequeño. Le gustaba ir bien peinado y vestir con chaquetilla. Era un gitano atípico, rubio y con la tez clara, por eso su tío Joseíco le llamó Camarón. «Mi tío Joseíco era un vendedor de telas, un hombre de mucha gracia. Un gitano viejo de San Fernando que nos bautizó a todos. Bautizó hasta a la Perla de Cádiz. Él era todo para mí: mi padrino, mi padre, mi abuelo. A mí me puso Camarón porque era muy blanquillo... Y Camarón se me quedó».

El padre de Camarón, Luis, tenía una fragua en la calle Amargura. Dicen que cantaba bien por soleares, seguiriyas, tientos y bulerías, como lo hacía su madre, la Chata. Pero no podía cantar mucho porque se ahogaba. Tenía asma. «Mi padre conocía muy bien los cantes y cuando se animaba con una copita solía cantar por los palos duros..., pero no podía rematarlos, el pobre. Se asfixiaba».

Los artistas que iban a actuar a San Fernando terminaban la fiesta en la fragua. Allí hacían un puchero, echaban una caballa o lo que hubiera a la brasa. Alguien conseguía unas botellas de vino chiclanero, algo de aguardiente, y se liaban hasta que llegaba el día. Camarón observaba sus palabras, sus gestos, sus arranques. «Yo lo escuchaba todo y me iba quedando con las cosas. Aprendí de los viejos».

A veces, Luis se llevaba con él a su hijo a Chiclana y otros pueblos de alrededor. Si se tomaba unos vinos con sus amigos, sentaba al pequeño José en el mostrador de la taberna para que cantase por bulerías y fandangos. Con diez u once años, José dejó la escuela y se puso a ayudar a su padre en la fragua. Pero lo que le rondaba por la cabeza era hacerse torero. Cuando no se escapaba para echarles un capote a los becerros, repartía alcayatas y clavos por La Isla en una vieja bicicleta. Lo contó en sus bulerías biográficas «Otra galaxia»:

> Cuando los niños en la escuela
> estudiaban *pal* mañana,
> mi niñez era la fragua,
> yunque, clavo y alcayata.

—¿Tú qué quieres ser de mayor? —le preguntó un día María Picardo, la dueña de la Venta de Vargas.

—Yo quiero ser un buen torero, un buen guitarrista o un buen cantaor —respondió Camarón, que siempre llevaba con él una maletita de madera con unos cuernos para entrenarse y las cartas que le escribía a su ídolo, el Cordobés.

Su padre, Luis, murió cuando José tenía quince años. Su madre, Juana la Canastera, tuvo que ponerse a fregar bares para sacar adelante a los suyos. Por entonces, José ya había ganado su primer premio importante de cante, en el Festival de Montilla (Córdoba), en 1962, pero a Juana no le gustaba que su hijo anduviera por las ventas y los tablaos actuando como si fuera una atracción de feria o cantándoles a los señoritos. La familia de Juana era canastera, una rama de los gitanos que tradicionalmente se buscaban la vida de un pueblo a otro. Hacían canastas con las varetas de mimbre que recogían en los ríos. Juana cantaba tan bien que artistas como Manolo Caracol, la Niña de los Peines o la Perla de Cádiz paraban en la fragua para escucharla. En su libro *Flamencos de La Isla en el recuerdo*, Salvador Aleu escribe sobre ella: «Su flamenco, un modelo fiel de lo auténtico, no se asemejaba al de nadie. La hondura, por la sangre y el metal de la voz, pura transferencia de generaciones ascendientes [...]. Esta facultad singular fue parte de la herencia artística que transmitiría a su hijo».

Camarón era tajante cuando le preguntaban por sus influencias: «Aprendí todo de mi madre. ¡La de veces que me cantó de pequeño!».

Volvamos al programa que le dedicó *Rito y geografía del cante*. José le dice a Velázquez-Gaztelu en Madrid que si quieren seguir grabándole tienen que acompañarle a ver a su madre a San Fernando. No se hable más. Hasta allí se desplaza el equipo de Televisión Española. Por suerte, captaron el único documento en el que podemos ver y escuchar el cante de Juana la Canastera. La escena ocurre así:

Camarón llama a la puerta de la casa, su madre sale a recibirle. Le da un abrazo y un beso. Al poco, se monta la fiesta. La cámara se asoma a la estancia principal, repleta de vecinos y vecinas que dan palmas y jalean la guitarra de Paco Cepero. A un lado de una pequeña mesa con un mantel de flores, con una botella de vino y vasos a medias, está sentada Juana. Al otro lado, su hijo José sonríe a gusto. Juana, vestida de negro, con el pelo recogido y no sin cierta timidez, se arranca a cantar unas bulerías que escuchó a la Repompa de Málaga y ella asimiló a su manera:

> Por la mancha que llevo en la frente
> murmura la gente
> que yo soy pecadora,
> mientras yo me metía en mi pecho
> y en mi pecho la traición me llora.
> No digas que soy ingrata
> y así mi traición le hiere,
> me dijo: «El que a hierro mata
> ya sabes que a hierro muere». [...]

Si pasas por el molino
le dices a la molinera
que la espero en el camino,
que tengo que hablar con ella.

En el corte siguiente, Camarón aparece acodado en una mesa del estudio de grabación. Tiene un porte elegante, con un jersey de cuello vuelto y chaqueta de terciopelo. Paco Cepero está a su lado. El humo enturbia la atmósfera. Velázquez-Gaztelu le pregunta:

—Pero a ti qué te gusta más ¿cantar en La Isla con tu madre y tu familia, o en Madrid en un tablao?

—A mí me gusta Madrid porque aquí es donde he hecho mi vida. Pero me acuerdo mucho de mi madre, de mi gente, y me gusta estar por allí, estar a mi aire.

—La gente dice que el Camarón está perdiendo su pureza en Madrid.

—No es eso. La pureza no se puede perder nunca cuando uno la lleva dentro de verdad. Lo único que veo es que la gente no comprende cómo yo canto. Mi manera de sentir todavía la gente no la ha entendido. Pero yo no les echo cuentas. Yo voy a mi aire.

Dos guitarras rotas y una pirueta final

Decía Voltaire, del que Paco leyó al menos *Cándido* y *Zadig*, que aquel que es pequeño tiene un orgullo grande. Es probable que el ilustrado recogiese la frase de algún pensador latino. Sin aspirar a categorizaciones, también se podría decir, y quizá sería más lógico, que para crecer desde lo más bajo hay que tener un orgullo superlativo.

Tanto Paco como José poseían un pundonor forjado con esfuerzo y alentado por la sombra del hambre. Según Paco, las circunstancias adversas son el mejor estímulo para alimentar el amor propio. La falta de comodidades y las estrecheces económicas fortalecen. «El hambre da madurez, lo sé por experiencia», dijo en una ocasión. Cuando mantener la nevera llena dejó de ser un problema, se le planteó una cuestión más compleja que le atormentó toda su vida: saciar su hambre espiritual.

Paco quería «empezar a ser hombre pronto» para ayudar en casa, para no ver a su padre dando vueltas desesperado por la habitación. Félix Grande atribuía la raíz de su habilidad con la guitarra a esa necesidad a veces angustiosa de mejorar: «Su técnica tumultuosa, y a menudo desesperada, no es solamente el resultado de muchas horas de digitación, sino también y sobre todo la herencia de una época en que un niño miró a su alrededor, vio su casa, su barrio, su familia, su realidad, apretó las mandíbulas y agarrando con fuerza la guitarra se dijo: yo tengo que crecer».

Al niño Paco se le quedó grabada la imagen de su padre una mañana que llegó a casa llorando de rabia, con la guitarra rota bajo el brazo. Un señorito borracho para el que había estado tocando toda la noche le pegó una patada y no le quiso pagar. Paco se juró a sí mismo que jamás pasaría por algo así. Cuando empezó a destacar y a ser reclamado en fiestas y tablaos, don Antonio marcó una frontera inflexible: su hijo no tocaría en las jaranas por dinero, salvo que fuera por gusto, ni en los tablaos para acompañar al cante o al baile. Sería concertista, a pesar de que en España la guitarra solista no tenía presencia en los espectáculos. Su táctica era pedir una cifra inalcanzable para que Paco acompañase al cante, imponiendo la condición además de que de ninguna manera tocaría para el baile, dada la tensión adicional que esto suponía para su mano derecha, que tenía que pulsar con más fuerza para hacerse oír por encima del zapateado. Esta era la pirueta final del plan maestro de don Antonio, que iba mucho más allá de los sueños iniciales de Paco. Puede que en esta elevada consciencia de su arte, que adquiere desde la temprana adolescencia, esté una de las respuestas a su misterioso hieratismo que algunos han leído como altivez o soberbia, y que alimenta su enigma.

A Camarón también le rompieron una guitarra de niño. No se sabe de qué manera había conseguido una apreciada Domingo Esteso, del año treinta y tantos. Estaba en la Venta de Vargas cantando para un extranjero, acompañándose él mismo. El hombre insistió en coger la guitarra. Camarón se la cedió y, acto seguido, por fulminante efecto etílico, el hombre se desplomó sobre la Esteso y la hizo trizas. Cuenta Carlos Lencero que, «digno y sin pestañear», Camarón recogió los pedazos y se sentó en un rincón de la venta. «Allí los nervios se le rebelaron, y el niño de doce años que era, con su único y maravilloso juguete destrozado entre las manos, comenzó a llorar lentamente».

La escena es un boceto del carácter de Camarón, introvertido, dócil, incapaz de un mal gesto aunque ardiera de rabia por dentro. Al poco apareció por la venta Ricardo Pachón, que por entonces era representante de una fábrica de muebles de cocina. El chaval le dio pena y le compró por dos mil pesetas los trozos de madera con el fin de reconstruir la guitarra. Ninguno de los dos podía saber que dieciséis años después grabarían, Pachón ya como productor, uno de los discos míticos de la historia del flamenco, *La leyenda del tiempo*. Precisamente el primer álbum de Camarón en el que no figurará la guitarra de Paco de Lucía.

La Venta de Vargas fue el refugio y la academia de Camarón. Pronto se corrió la voz: «Hay un niño en la venta que canta divino». Como un Zelig del flamenco, José era capaz de mimetizar el estilo de toda clase de cantaores, incluso imitando sus gestos. Camarón asimilaba cualquier cante y lo hacía más grande, de la misma manera que Paco hacía variaciones sobre las falsetas que aprendía. Decía que era un «ladrón de oído».

La venta se encontraba justo en la entrada de San Fernando, pasando el puente Zuazo, donde José iba a bañarse. Los dueños de la venta, Juan Vargas y su mujer, María Picardo, invitaban al niño a un bocadillo de jamón o a una rebanada de pan con manteca *colorá*, y en agradecimiento él les cantaba.

Debido a la calificación de auxilio en carretera, ya que ofrecía servicio telefónico y disponía de baños públicos, la venta podía estar abierta durante veinticuatro horas al día. Cuando en Cádiz y Jerez se apagaban las luces de madrugada, todos los artistas de la zona, toreros y noctámbulos diversos llegaban a la Venta de Vargas. Eran habituales los del entorno de la bahía de Cádiz, Aurelio Sellés, la Perla de Cádiz y su madre, Rosa la Papera, el Chato de la Isla, el Beni, Pericón, el Cojo Farina (que, desafiando a su apodo, era bailaor)... También se unían los jerezanos Tío Borrico, Fernando Terremoto, el Sordera, el Serna, los hermanos Morao (Manuel y Juan), Parrilla... Y la Paquera, Pepe Marchena, Juanito Valderrama, Melchor de Marchena... Manolo Caracol era otro de los cantaores frecuentes. A veces iba acompañado por Lola Flores. Son legendarias las fiestas que se montaban, a requerimiento de los señoritos que acudían repartiendo billetes, o por simple gusto de los flamencos que se reunían allí. Camarón dijo que había pasado los mejores momentos de su vida en este sitio.

El desprecio de Caracol

Manuel Ortega, llamado Caracol porque Caracol Viejo era el sobrenombre de su padre, es uno de los cantaores más populares, completos e intuitivos que ha existido. Dicen que cuando estaba a gusto y se arrancaba a cantar, todos los presentes temblaban por el poderío y la emoción que transmitía. Su voz era *afillá*, es decir, «rozada, ronca y recia», en palabras de Ángel Álvarez Caballero. Fernando Quiñones le llamó el Caruso de las cavernas: «Esos metales sombríos, esos desgarrones, ese roto y dramático registro de su voz parecen reflejar con propiedad e intensidad incomparables el mundo socialmente desgarrado de la raza gitano-andaluza».

Sevillano, del barrio de la Alameda de Hércules, Caracol fue el último de una dinastía gloriosa: por la línea materna era tataranieto de uno de los primeros cantaores de los que se tiene noticia, el Planeta; por la paterna era bisnieto de Curro Dulce, el cantaor gaditano en el que se basan buena parte de las estructuras flamencas.

Caracol ganó el primer premio del Concurso de Cante Jondo de 1922, a los doce años. Justo la edad que tenía Camarón cuando le conoció en la Venta de Vargas.

La leyenda cuenta que, ante la insistencia de su amigo Juan Vargas para que escuchase a un niño prodigio llamado José, Caracol contestó: «Bah, un rubio no puede ser buen cantaor».

Cuando la tarde acordada Camarón, lleno de nervios y con todas sus ganas, cantó para Caracol en la Venta de Vargas, este guardó silencio. Miró a la pared y pidió más cazalla sin hacer ningún gesto. Hay quien dice que solo concedió un «no está mal...». El desprecio de su ídolo marcó dolorosamente a Camarón y lo recordó toda su vida, aunque su nobleza le incapacitaba para el rencor.

En realidad, fue la soberbia de Caracol la que le impidió reconocer que acababa de escuchar al artista que le sustituiría en la cima del cante. Es sabido, porque testigos como Paco Cepero lo cuentan, que en muchas ocasiones después, en privado, Caracol le repitió a Camarón que era el mejor. José seguía poniéndose nervioso si Caracol estaba delante cuando cantaba. Se le secaba la garganta. Un año después del episodio del «desprecio», en 1963, Caracol abrió su tablao en Madrid, Los Canasteros. Camarón nunca quiso actuar allí, a pesar de las generosas ofertas que le hizo Caracol. Fue a Los Canasteros muchas veces, pero como cliente. Alguna vez incluso cantó desde la mesa, pero jamás subió a su escenario.

Una madrugada de verano de 1969, después de un homenaje a Pericón de Cádiz, Caracol y Camarón volvieron a coincidir en la Venta de Vargas. Se dio una situación digna de un western. José se quedó de pie, desafiando al maestro. Caracol se arrancó a cantar en un tono cómodo para los dos. Camarón aceptó el reto y pidió al guitarrista que subiera la posición de la cejilla. Caracol subió un tono más. A este envite, Camarón respondió con un remate por fandangos que Caracol no pudo alcanzar, y se rindió. Cuando terminó, el discípulo le dio una cariñosa palmada en el hombro al maestro y salió. Según Félix Grande, que estaba allí, Camarón «le rompió la garganta» a Caracol. No fue ni mucho menos una venganza, sino un reclamo del sitio que le correspondía por derecho como nueva figura del cante.

La helada noche del 24 de febrero de 1973, el chófer de Caracol perdió el control de su Mercedes y el vehículo se estrelló contra un poste de teléfonos cuando se dirigían al tablao. Caracol murió a los sesenta y tres años, pocos meses después de dejar grabado un fandango premonitorio:

> Me voy a morir,
> gitanitos de la Cava,
> me voy a morir.
> Venid, gitanos, gitanas;
> quiero que ustedes lloren por mí,
> mis gitanitos de la Cava.

Camarón se acordó siempre de Manolo Caracol y en varias ocasiones le dedicó sus emblemáticos fandangos caracoleros. En su último disco, *Potro de rabia y miel*, canta por tanguillos:

> Qué pena y dolor,
> qué eco más puro
> tenía Caracol.
> Qué buen cantaor,
> dejaste una herida
> en mi corazón.

En cambio, Antonio Mairena, el otro veterano de referencia en aquellos años, con Pepe Marchena, ensalzó a Camarón desde que le conoció. Mairena defendía el cante gitano puro, sin mezcolanzas, y lo que dijo de Camarón la primera vez que le escuchó, en una feria de Sevilla, fue el mayor halago que puede recibir un cantaor cañí: «Canta *mu* gitano». Acto seguido, aunque era la hora del café, se echó a bailar por bulerías. El maestro Mairena tenía estas cosas.

Que sepamos, Paco solo acompañó en tres ocasiones a Mairena. La primera de ellas fue en el Festival del Cante de las Minas, en La Unión (Murcia). Una noche, el cantaor no tenía a ningún guitarrista de su gusto que le acompañase. Solía hacerlo Melchor de Marchena y ese día no estaba. Paco andaba por allí y se ofreció a tocar para el maestro. La oferta no por generosa era poco arriesgada, ya que era conocida la negativa de Mairena a que le tocasen guitarristas de la «nueva ola». Como muestra de su devoción por el cante, aquella noche Paco dejó a un lado sus brillantes falsetas y tocó a la manera clásica, tal y como lo hubiera hecho Melchor de Marchena.

A finales de los años sesenta, cuando Paco y Camarón comenzaron a grabar discos, se imponía una interpretación ortodoxa del flamenco marcada por el «mairenismo». Antonio Mairena era el incontestable regidor de la esencia flamenca. Todos le respetaban, y ya se sabe que no es fácil llevar la contraria a quien se exhibe con vocación mesiánica. Gracias a la reivindicación mairenista, a pesar de su argumento racial, cantaores considerados *rancios* de los que Camarón se empapó, como Juan Talega, Antonio el Chaqueta, Fernanda y Bernarda de Utrera o Tía Anica la Piriñaca, sustituyen en el canon mairenista a Caracol, Marchena y Valderrama.

En su libro de memorias, *Las confesiones de Antonio Mairena*, publicado en 1976, el cantaor habla de la «Razón Incorpórea», refiriéndose a los ritos de la cultura gitana y al flamenco como el modo de expresión de estas tradiciones, ininteligibles fuera del mundo gitano.

La Razón Incorpórea es la fuente de inspiración inagotable del cante gitano y del cantaor, y este la expresa de forma intuitiva por medio del duende [...]. En estos tiempos que corren, muchos verán ridícula y anticuada mi postura y mi forma de pensar con respecto a las tradiciones de mi pueblo, en el cante y en todo lo demás, porque ahora lo que priva es la impureza y la adulteración en muchos órdenes, incluso entre muchos gitanos, que no merecen ese nombre.

Así, según Mairena, para ser un buen cantaor había que cantar gitano. Por supuesto, la sentencia era extensible a la guitarra. Tras hablar de la decadencia de los cantes y de los estilos degenerados del flamenco, dice: «Ahora, viendo cómo está el panorama del cante gitano-andaluz, me pregunto: ¿qué nos tendrá reservado el futuro?».

Esos dos jóvenes gaditanos a los que había conocido de adolescentes tenían la respuesta.

Uno de los nuestros

A partir de mediados de los años cincuenta, centenares de artistas flamencos llegan a Madrid desde todos los rincones de Andalucía para buscarse la vida en los florecientes tablaos. Dicen quienes disfrutaron de esas noches bulliciosas que Madrid podía cruzarse de tablao en tablao hasta el amanecer, como antiguamente África se atravesaba a saltos por los árboles. Escribe Antonio Escribano en *Y Madrid se hizo flamenco*:

> La época dorada se dio entre principios de los sesenta y principios de los setenta. Un Madrid que huele por doquier a flamenco estaba invadido de una ola de nuevos cantantes que paseaban su incipiente fama por los lugares de ambiente conocidos de las calles de Echegaray, Ventura de la Vega, Espoz y Mina y Victoria, y por los callejones muy castizos, alegres y bullangueros de Álvarez Gato, Matheu y otros.

Hasta que fueron sustituidos por las peñas y los festivales, se contaban más de una docena de tablaos solo en el casco histórico de la ciudad, donde a diario actuaban flamencos de primera línea. Los Canasteros, El Duende, Torres Bermejas, el irregular Villa Rosa, las Cuevas de Nemesio, Café de Chinitas, Las Brujas, Arco de Cuchilleros, el Corral de la Morería (hoy el más antiguo, abierto en 1956)... «Madrid sigue siendo la capital por donde puede empezar a visitarse Andalucía», escribió Francisco Umbral en un artículo del 5 de diciembre de 1970 en la revista *Destino*.

Umbral se une en sus comentarios a la discusión en boga entonces entre puristas y renovadores. Nada nuevo bajo el sol. A la vez que menciona el botellín de cerveza a pachas que se bebió con la Paquera en Torres Bermejas o la noche en que vio a Nuréyev en el Corral de la Morería, el escritor critica la parte más prosaica de los espectáculos de los tablaos, que, según él y algunos más, comerciaban con la pureza del flamenco. «Como en aquella película española, el ruido de la juerga apaga las voces y así pueden decirse más a gusto las atrocidades del dinero, la política y el sexo. Madrid acalla su mala conciencia con zapateados y jipíos», escribió.

Al margen de la denuncia mairenista de Umbral, lo cierto es que los tablaos les dieron a los flamencos un modo de vida «profesional», con contratos duraderos y condiciones dignas. Esto permitió crear una red de conexiones artísticas que se retroalimentaba con el trajín diario. Los artistas, después de actuar, circulaban entre los tablaos para ver a sus compañeros y aprender de los mejores, en un deambuleo que ligaba la afición y la jarana. Se gastaban buena parte de lo que habían ganado esa noche en celebrarse y aprender unos de otros. Este es el clima que se encuentra Camarón cuando, tras algunos intentos, se instala por fin en Madrid y firma un contrato con el tablao Torres Bermejas, donde comienza a actuar con el grupo de Dolores Vargas, la Terremoto, la del «Achilipú», después con el de Bambino y más tarde como figura principal, con Paco Cepero acompañándole a la guitarra.

La conexión que se produce entre Paco de Lucía y Camarón en Madrid es instantánea. Sirva la metáfora de la explosión de dos astros que da lugar a un nuevo planeta. Se ven a diario en los billares de Callao. Tras la faena de Camarón en Torres Bermejas vuelven a encontrarse por ahí, en Los Canasteros, en Las Brujas o en alguna venta, sobre todo en El Palomar, donde la cosa se pone seria para el cante y el toque en algún cuarto, ya sin espectadores. Dicen que, como ocurría con los más grandes, nadie se atrevía a cantar después de que lo hiciera Camarón.

A don Antonio, que a astuto no le ganaba nadie, no se le escapó que aquel chaval que acumulaba en la garganta la voz de sus antepasados era un diamante sin pulir. Un día, Paco le citó en su casa en la calle Ilustración, 17.

—Que dice mi padre que te vengas a comer mañana y preparamos lo del disco.

—Pues voy. Ya tengo unos cuantos cantes pensados que podemos hacer.

—Bueno, a ver qué dice mi padre, que ya sabes que él es quien lo controla todo.

—Ea, pues lo que diga el señor Antonio, que sabe de discos. Algo bonito saldrá.

—Verás qué potaje hace mi madre. Te va a venir bien, que estás *mu* flaco, José.

Pero a Camarón se le enredó la noche y al día siguiente no apareció, con el consiguiente enfado de don Antonio a mesa puesta. Camarón pidió disculpas, aquí no ha pasado nada, se puede entender la confusión, y por fin unos días después entró por primera vez en casa de los Sánchez. «Yo vengo a aprender», le dijo con humildad a don Antonio. Pronto pasó a ser un miembro más de la familia. Para Paco era «uno de los nuestros». De alguna manera, el guitarrista pasó a ser el hermano mayor de ese gitano silencioso de sonrisa pícara y apariencia frágil pero con una vitalidad indómita.

Cuenta Antonio, el hermano de Paco, que fue su padre quien centró a José. Le puso cantes que encauzaron su intuición salvaje y le marcó la disciplina necesaria para preparar una grabación. Había apostado por él ante los ejecutivos de Philips, quienes le tenían un merecido respeto por su formalidad. Fue don Antonio quien comenzó a moldear, con su mano de hierro, la conjunción perfecta que se dio entre Paco y Camarón. Incluso administraba el dinero que ganaba el cantaor, como hacía con el de sus hijos. La casa de los Sánchez, con don Antonio presente, era «el convento de las ursulinas». Los hijos ni se atrevían a fumar delante del padre. Fuera de casa, el guion era otro: Camarón y Paco revolucionaron la ciudad.

El plan del día de Camarón en esos primeros años con la familia Sánchez era más o menos el siguiente: cuando se levantaba, se tomaba un poleo y se iba a casa de Paco, si es que no se había quedado a dormir allí. Empezaba a entonar algún cante y Paco le seguía, hasta que escuchaba algo que le llamaba la atención, y entonces decía:

—A ver, José, haz eso otra vez.

A veces, Camarón cogía la guitarra y tocaba algo.

—Mira, Paco, esto que he sacado qué te parece...

—Anda, trae *p'acá* la guitarra, que no tienes ni idea.

La consigna que les dio don Antonio fue muy clara: «Vamos a empezar por el principio. Vamos a rebuscarnos». Para ellos no era un trabajo. No sentían ninguna presión. Eso llegaría después. Se divertían. Paco confesó años más tarde lo importante que era para él grabar con Camarón. «Era como una sensación de estar vivo, una aventura. Lo más excitante que me ha pasado en la vida».

Su primer disco lo graban en abril de 1969. El guitarrista tiene veintiún años y el cantaor, dieciocho. Es la primera vez que Camarón graba un álbum completo. Está nervioso ante la prueba de fuego, se le pone «una cosa en la garganta» que no le deja cantar, pero al final, en una tarde, despachan todos los cantes. Es el tiempo de estudio que les da la casa de discos.

En cambio, Paco ya es un experto. Además del disco que hizo con su hermano Pepe como Los Chiquitos de Algeciras, ha grabado tres álbumes con Ricardo Modrego, su compañero en Estados Unidos durante la etapa con José Greco, que don Antonio calificó de «chuminás»; cuatro con su hermano Ramón, y dos en solitario con composiciones propias, *La fabulosa guitarra de Paco de Lucía* y *Fantasía flamenca*, movido ya por aquello que le dijo el maestro Sabicas en Nueva York: «Paquito, un flamenco no debe tocar las cosas de otro, sino crear las suyas propias».

La imagen de la portada de ese primer álbum, *Al verte las flores lloran*, no tiene desperdicio ni casi explicación. Despista incluso al más fanático de lo *kitsch*. El fotógrafo Pérez de León sitúa a Camarón de pie, con la pertinente camisa de cuello amplio y la mano izquierda sobre el hombro de Paco, que, repeinado a conciencia, sostiene su guitarra marcando una nota. Ambos miran a la cámara entre el susto y la incomprensión. Al fondo, tiene lugar un incendio. Se ignora el motivo o el mensaje de este escenario.

Pero es que en el siguiente disco, *Cada vez que nos miramos* (1970), el desatino gráfico continúa. Esta vez, Pérez de León coloca al cantaor y al guitarrista de perfil, frente a frente. Camarón tiene la mirada perdida en un infinito por encima de Paco, que con generosas patillas está sentado guitarra en ristre y parece haber sido objeto de una hipnosis. En el horizonte vemos una especie de monte de los Olivos, con una extraña cruz incluida.

Y por último, la tercera vuelta de tuerca surrealista a la cuestión. En la cubierta de *Son tus ojos dos estrellas* (1971), Pérez de León manda a los flamencos, esta vez vestidos con traje, a un paisaje marino de plástico y cartón.

En su debut discográfico, Camarón y Paco también estrenan la fórmula inventada por don Antonio para dejar constancia de la independencia como concertista de su hijo: «Con la colaboración especial de Paco de Lucía». Los rótulos con los nombres del cantaor y el guitarrista son de igual tipo y cuerpo, con lo cual ninguno destaca por encima del otro. Su declaración de principios repasa un repertorio clásico del flamenco. En los tangos extremeños «Detrás del tuyo se va», el cantaor recoge un cante que escuchó a los gitanos de Badajoz, Juan Cantero, Porrinas, el Portugués... Ese fue su primer éxito comercial. La gente cantaba «a rintintí, tin, tin, a rintintí, tin, tan» y «a la bim, bom, bera» como Camarón, que sin embargo no se mostró contento con el resultado, apuntando ya esa permanente insatisfacción que compartiría con Paco: «Yo cogí ese cante, lo hice a mi manera y pegó. Se vendieron muchos discos, pero para mí eso no vale nada. Les puede gustar una cosa porque les suena al oído. Y sin embargo hay otra cosa que es muy buena y no la entienden, no saben catalogarla». Así es el estribillo de estos tangos:

Si el agua se va a los ríos,
los ríos se van a la mar,
y el *probe* corazón mío
detrás del tuyo se va.

El canto del sinsonte

Miles Davis cuenta en su autobiografía que llegó a Nueva York en septiembre de 1944 desde su pequeña población natal a orillas del Mississippi, cerca de San Luis. Allí se matriculó en la escuela Juilliard y se pateó los clubes de Harlem y de la calle 52 en busca de Charlie Parker y Dizzy Gillespie.

> Tenía dieciocho años y era un novato en muchas cosas, entre ellas las mujeres y las drogas. Pero confiaba en mi habilidad para la música, para tocar la trompeta, y vivir en Nueva York no me daba miedo. A pesar de ello, la ciudad fue para mí una sorpresa, especialmente los altos edificios, el ruido, los coches y todos aquellos hijoputas que parecían estar en todas partes.

Tras unos meses compaginando la Juilliard de día y las sesiones de improvisación de jazz por las noches, decidió dejar la escuela. Tomó un tren a San Luis para comunicárselo a su padre, que cada mes le mandaba el dinero necesario para formarse como músico. Entró en la consulta del disciplinado señor Davis, un reconocido odontólogo en la ciudad. Al verle, su padre se quedó atónito y le dijo: «Miles, ¿qué coño estás haciendo aquí?».

Miles le explicó a su padre que algo grande estaba ocurriendo en Nueva York, que había conocido a Bird y Dizzy, que los estilos de la música estaban cambiando y que él quería participar en ello, que en la Juilliard solo le enseñaban «cosas de blancos» y eso no le interesaba. Su padre le escuchó y se mostró de acuerdo. «Siempre y cuando sepas lo que haces, lo acepto. Pero lo que hagas, sea lo que fuere, hazlo bien». Y tras decirle esto añadió algo que Miles Davis confiesa que no olvidó jamás: «¿Oyes ese pájaro que canta ahí fuera? Es un sinsonte. No tiene un canto propio. Copia el canto de los demás, y tú no querrás hacer eso. Tú serás tú mismo, tendrás tu propio canto. De eso es de lo que realmente se trata». Después le dijo que no se preocupara por el dinero, que seguiría enviándoselo todos los meses hasta que pudiera valerse por sus propios medios. A continuación, el señor Davis volvió a su consulta para seguir atendiendo al paciente con el que estaba antes de que su hijo le interrumpiera.

Toda vida de artista contiene al menos una revelación, un momento en el que una persona, un hecho, ya sea nimio o explosivo, un encuentro o una visión aclara de pronto el camino y despeja esa incógnita de la fe en uno mismo, el requisito indispensable para crear. Quien le hizo ver a Paco que su canto no debía ser como el de ese pájaro que imita todo lo que oye fue en primer lugar Mario Escudero, y definitivamente Agustín Castellón Campos, Sabicas.

Sucedió en su primer viaje a Estados Unidos con la compañía de José Greco. En Los Ángeles, Ricardo Modrego se puso enfermo y Greco vio que había llegado el momento del bautismo de fuego para Paco. Le mandó interpretar un solo, la «Malagueña» de Lecuona, y Paco salió a tocar temblando de la vergüenza. Al terminar, le aclamaron. Siempre recordó aquel momento junto con la terrible sensación de tener que tocar la guitarra temblando. Cuando llegaron a San Gabriel, conoció a Mario Escudero. Este guitarrista, discípulo preferido de Ramón

Montoya, fue quien primero le habló a Paco de buscar otras modulaciones.

—No te limites a la escala mayor/menor y a la andaluza. Hay que preocuparse de la armonía. Fíjate en la armonía —le dijo Mario Escudero.

También fue la primera vez que Paco escuchó la «teoría de las tres aes» de boca de su ideólogo. Escudero decía que los componentes que un guitarrista debía poner en práctica para la perfección del toque se resumían en tres palabras que empezaban por la letra a: «Agresivo, acelerado y arrogante».

Mario Escudero nació «accidentalmente», según decía él, en Alicante, en 1928. Durante la Guerra Civil recorrió Francia con su familia actuando. Su madre era cupletista, su padre tocaba la guitarra y su tía bailaba. En el Cinema Galia de Burdeos, cuando tenía nueve años, Maurice Chevalier le cogió de la mano y le sacó al escenario a tocar una farruca. A los quince años debutó en el Teatro Español de Madrid con el bailaor Vicente Escudero, que le llevó de gira por América, y allí se quedó, ofreciendo recitales como guitarra solista en Estados Unidos desde la noche en que debutó con gran éxito en el Carnegie Hall. En Nueva York conoció a Sabicas, dieciséis años mayor que él. Formaron un popular dúo de guitarra flamenca que sirvió de ejemplo para los que formó más tarde Paco con Ricardo Modrego y con su hermano Ramón. También se fijó Paco en que Mario y Sabicas a veces cruzaban la pierna derecha sobre la izquierda y apoyaban la guitarra en ella, una nueva postura que adoptará como seña de identidad (y comodidad) y que todos imitarán. De Escudero es la composición «Ímpetu», que Paco incluyó en su primer disco como solista. Lo que más le llamaba la atención de las composiciones de Sabicas y de Mario Escudero es que eran piezas completas, con un desarrollo que iba más allá de las falsetas. Él jamás había oído algo así.

La presentación «oficial» de Paco en Nueva York fue un día de nieve, en el pequeño estudio de Mario Escudero. Allí se reunieron diez o doce artistas y aficionados flamencos de la ciudad, de pie, porque no había sillas, a la luz de una bombilla que colgaba del techo. Paco, vestido con traje y corbata, muy serio, tocó una rondeña y unas bulerías. Todos preguntaron, impresionados: «¿De dónde sale este chaval?». Escudero conectó a Paco con Sabicas.

A Sabicas le gustaba recibir a las compañías flamencas que llegaban a Nueva York. Los esperaba en la puerta del hotel y les decía: «¿A ver qué guitarrica traéis?». Subían a la habitación y se ponían a tocar. Con un paquete de cigarrillos Pall Mall, una botella de coñac Fundador y un bote de Nescafé, Sabicas podía aguantar toda la noche.

En el restaurante Granados, como se ha dicho, se reunían los artistas de paso en la ciudad y aficionados al flamenco, con Sabicas como maestro de ceremonias. El doctor Ramón Castroviejo, prestigioso oftalmólogo nacido en Logroño y pionero del trasplante corneal, que tenía su propio hospital especializado en queratoplastia en Manhattan, era uno de los frecuentes. Se daba además un curioso contrabando de jamón ibérico y chorizo, cuya venta estaba prohibida por las autoridades sanitarias estadounidenses, pero que algunos pilotos de Iberia conseguían pasar por la aduana. En el local no había noche en que no sonaran las sevillanas, estilo que le encantaba a Sabicas y le hacía emocionarse hasta las lágrimas. El dueño del Granados, un gallego muy aficionado y fervoroso admirador de Sabicas, tenía reservado un cuarto para que los flamencos se explayasen en sus juergas melancólicas. A menudo, las fiestas terminaban con «Tatuaje», de Concha Piquer, que todos cantaban a coro:

Él vino en un barco de nombre extranjero,
lo encontré en el puerto un anochecer
cuando el blanco faro sobre los veleros
su beso de plata dejaba caer.

Sabicas, un «gitano antiguo, de imponente presencia, al que le gustaba recordar los viejos tiempos», según Pepe Habichuela, tenía un traje para la mañana y otro para la tarde, un anillo con un brillante de doce quilates y un pasador de corbata que era un diamante con forma de garbanzo. Estaba al tanto de los rumores: un niño prodigioso de Algeciras andaba por Manhattan. Cuando escuchó tocar a Paco y observó el movimiento de sus dedos en el Granados, se dio cuenta de lo que llegaría a ser.

—¡¿Pero esto qué es?! —dijo Sabicas, tan expresivo como sincero.

Tocó todo lo que sabía de Niño Ricardo mientras Sabicas asentía con satisfacción. Cuando Paco terminó, el maestro le felicitó efusivamente y le dijo con su característica voz atiplada, que a veces modulaba hasta el susurro: «Mira, hijico, tocas muy bien. Pero olvídate de Niño Ricardo, ¿eh? Toca tus cosicas. Porque un flamenco debe crear sus propias cosas».

«Aquello que me dijo me impresionó tanto que olvidé absolutamente todo lo que sabía hasta que empecé a grabar. Y eso fue lo que me salvó, porque al tener la obligación de componer, sin darme cuenta, creé mi propio estilo», dijo Paco tiempo después.

Una carta del tío de América

«Sabicas nos enseñó a todos por correspondencia», decía Enrique Morente. El Tío Sabas, como también le llamaban, salió de España en 1937, con la guerra en marcha, y no regresó a su querida tierra hasta treinta años después, venciendo su pavor al avión, cuando fue invitado a la IV Semana de Estudios Flamencos de Málaga para rendirle un homenaje. El primer disco suyo que se editó en España fue *Flamenco puro*, en 1960. Este álbum y los siguientes provocaron un terremoto en las escasas guitarras flamencas solistas que había por entonces. Los flamencos que viajaban a Estados Unidos y se encontraban con Sabicas en Nueva York volvían contando las maravillas de su guitarra y el espléndido éxito del que allí disfrutaba. Sabicas estaba ausente, pero los flamencos lo tenían presente. Por eso decía Morente que «el Tío Sabas nos enseñó a distancia a través de sus discos».

Después de estudiar todo el día las falsetas de Niño Ricardo en Algeciras, Paco se tumbaba a escuchar los discos de Sabicas y soñaba que tocaba como él. «Hasta que descubrí a Sabicas, pensaba que dios era Niño Ricardo. Cuando le conocí, me di cuenta de que en la guitarra había algo más. Descubrí una limpieza de sonido que nunca había oído, una velocidad que desconocía hasta ese momento y, en definitiva, una manera diferente de tocar».

La relación maestro-discípulo de Sabicas y Paco pronto se convirtió en una admiración artística mutua. Cuando coincidían en Nueva York, se encerraban durante horas para aprender el uno del otro.

—Ay, Paquito, hijo, si es que me copiáis todo lo que hacéis —decía Sabicas con su humor picajoso al ver que el joven le superaba.

Tenía un carácter muy particular. Había que cogerle la vuelta para saber si sus comentarios eran una broma o un aviso. Decía que el ochenta por ciento de lo que se tocaba en guitarra flamenca en el mundo era suyo. Con su hermano Diego, que además era su representante, formaba una pareja cómica. Iban siempre juntos. Hasta los chistes los contaban alternando sus voces. Él comenzaba la anécdota y su hermano la remataba, o viceversa. Hasta a la hora de comer se parecían. Ambos eran glotones y solían pedir el mismo plato.

Durante esa Semana de Estudios Flamencos de Málaga, a primeros de septiembre de 1967, Sabicas nombró tácitamente a su sucesor tras un recital de Paco. El maestro estaba sentado en primera fila y no dejó de gesticular con asombro mientras Paco tocaba. En la crónica del recital en el diario *Sur* del 6 de septiembre se lee:

> Al finalizar, espontáneamente subió al escenario y abrazó y felicitó con toda efusividad a un Paco de Lucía rojo de emoción y de azoramiento por tan inesperada y sorprendente reacción de quien era justamente considerado el mejor guitarrista flamenco de la historia.

En cierta manera, Paco también aprendió de Sabicas a manejar el prestigio comercial de su nombre. El maestro era un hombre precavido y bien organizado. No firmaba una gira sin un plan estratégico previo. Era capaz de rechazar un concierto alegando toda clase de trabas si la situación no le convencía, y desde luego no se dejaba manipular por las promesas halagadoras de los empresarios. «Para que me valoren adecuadamente he de proteger el lugar que ocupo», decía. Entendió bien los mecanismos del negocio del espectáculo norteamericano, y supo encajar en este las particularidades de la guitarra flamenca.

Sabicas nació en Pamplona en 1912. Sus padres, gitanos, se dedicaban a la venta ambulante y él nunca tuvo un maestro de guitarra. Según contaba, su apodo se debía a que desde pequeño le gustaba mucho comer habas, «con cáscara y todo». Y de «habicas» se quedó en «Sabicas».

Aprendió por sí mismo a pulsar las primeras notas de una guitarra que le compraron sus padres, e incluso era capaz de afinarla sin un conocimiento previo. Le venía de herencia: era sobrino de Ramón Montoya. Tenía cinco años cuando empezó a «hacer ruidos» con la guitarra.

—Agustín, vete a la cama, que son ya las dos de la mañana —le decía su madre.

—Sí, sí, ya voy —contestaba Sabicas. Pero seguía tocando un rato más.

Con siete años actuó por primera vez en público en el Teatro Gayarre de Pamplona. A principios de los años veinte se trasladó a Madrid, donde le descubrió el guitarrista Manuel Bonet, que le hizo debutar en el Teatro El Dorado [hoy, Teatro Muñoz Seca] acompañando a la famosa cantante de cuplé la Bella Chelito, quien cantaba esa canción declarada «indecorosa pero graciosa» mientras se levantaba la falda unos centímetros, «La pulga»:

Hay una pulga maligna
que a mí me está molestando
porque me pica y se esconde
y no la puedo echar mano.
Corre que corre bajo mi traje
haciendo burla de mi pudor,
su impertinencia me da coraje,
como la pille, señores míos...

Tras su debut, Sabicas, con nueve años, le dijo al empresario de El Dorado que quería tocar solo.

—¿Qué quieres tocar, niño?

—Flamenco, señor.

—¿Flamenco? Pero si el flamenco es *pa* cantar y *pa* bailar, ¿cómo vas a tocar flamenco tú solo?

—Bueno, señor, yo toco unas cosas flamencas y quisiera tocarlas al público.

«Salí como en mi casa, a tocar lo que yo sabía —contó Sabicas—. ¡Y a la gente le cayó de perlas! Tocaba un fandanguillo y levantaba una mano y me quedaba con una mano sola, y aquello fue una bomba. Empecé a ganar más que otros guitarristas. No por nada, sino porque tocaba solo».

En el tablao Villa Rosa, Sabicas conoció a los más grandes: Antonio Chacón, Manuel Torre, la Niña de los Peines, Pepe Pinto, Aurelio Sellés..., y tocó para algunos de ellos. Estaba también su tío, Ramón Montoya, y el amigo de este, Manolo de Huelva, los mejores guitarristas del momento. En 1932 entró en la compañía de la Niña de la Puebla, donde debutó Juanito Valderrama. Por entonces, la guitarra se tocaba sin micrófono, incluso cuando se trataba de grandes recintos como el Monumental Cinema, en la plaza de Antón Martín, que tenía capacidad para cuatro mil espectadores. Había que tocar «a pulmón», y quizás esa necesidad de hacerse oír dotó a Sabicas de una portentosa fuerza en la pulsión, que también sería una de las cualidades de Paco.

«Es obligación nuestra advertiros que la obra que va a ser representada es el drama de una vida triste. Este drama quiere ser como la entraña profunda del alma de Andalucía; sin sus brillantes colores, sin su alegre fantasía, sin esa gracia vistosa con que aparentemente, con señorial distinción, cubre su melancolía», dice el prólogo de la obra *La hija de Juan Simón*, escrita por Nemesio Manuel Sobrevila y José María Granada, un cura que abandonó el sacerdocio por el teatro. El exitoso drama fue adaptado al cine en 1935, dirigido por José Luis Sáenz de Heredia y producido por Luis Buñuel, con Angelillo, el cantaor de Vallecas, como protagonista. Fue la primera aparición de Carmen Amaya en el cine. Es muy posible que Sabicas y Carmen Amaya se conocieran en la fiesta del fin de rodaje de esta película. Carmen acababa de instalarse con su familia en Madrid, proveniente de una barraca de la playa del Somorrostro de Barcelona.

El encuentro con la Capitana del baile es fundamental en la vida de Sabicas. «Carmen Amaya es el granizo sobre los cristales, un grito de golondrina, el cigarro que fuma una mujer soñadora, cual vuelo de insectos que devora las hojas de los árboles», escribió Jean Cocteau. Poco después de *La hija de Juan Simón*, tras rodar *María de la O* con Pastora Imperio, estalla la Guerra Civil y Carmen Amaya se traslada a Buenos Aires con su troupe, donde tuvo un éxito inmediato en el Teatro Maravillas.

Desde Buenos Aires, Carmen reclama a Sabicas, que consigue escapar de los bombardeos de Madrid y embarcar en un vapor en Marsella rumbo a América. Una vez que se incorpora a la compañía de Carmen Amaya al frente de su orquesta flamenca, van juntos de gira durante siete años por varios países de América y Estados Unidos, grabando entremedias algunas películas en Hollywood. En Nueva York, actúan en el Carnegie Hall en 1942, «con el recinto desbordado», treinta años antes de que lo haga Paco de Lucía. El público estadounidense comienza a llamar a Carmen Amaya «la Reina de los Gitanos». Se convierte en un mito exótico. «Nos costó nuestro esfuerzo y nuestros años, pero ella con su baile y yo con la guitarra conseguimos que el flamenco auténtico se conociera y apreciara en el mundo entero», dijo Sabicas. El fantástico dueto, en el que se sospechó una historia de amor platónico que por lo que fuera no cuajó, se disolvió cuando Sabicas se instaló definitivamente en Nueva York, a mediados de los años cincuenta, y esa «gitanilla flaca, menuda, con cara de ídolo trágico y ojos largos cargados de presagios», según Fernando Quiñones, volvió a España.

Sin hablar más de tres palabras en inglés «y no entender ninguna», Sabicas vivió en Nueva York y continuó dando conciertos en prestigiosos escenarios y clubes nocturnos de Manhattan, donde se cruzaba con artistas como Thelonious Monk, Miles Davis, Gil Evans o John Coltrane. Entretanto, siguió grabando discos sublimes como *Flamenco puro* o *Rey del flamenco*, consciente de que estos álbumes marcaban el camino a sus seguidores en España, y sobre todo a su discípulo más aventajado, al que llamaba Paquito, que le recordaba a sí mismo en sus comienzos.

En 1968, tras treinta y un años de ausencia, Sabicas intervino en el popular programa de TVE *Galas del sábado*, un gesto importante para él, que siempre sintió el deseo de reconciliarse con su país. Este fue el inicio de una serie de grabaciones en España, entre ellas la del álbum *Sabicas. La historia del flamenco*, en 1969, donde le acompañan al cante Manuel Soto Sordera, Juan Cantero y un debutante Camarón, que consideró este disco su primer trabajo antes de *Al verte las flores lloran*, con Paco.

En 1990, Sabicas grabó en Madrid su último disco, una antología del cante por iniciativa de Enrique Morente, *Morente-Sabicas. Nueva York-Granada*, en el que el cantaor granadino quiso recoger «una lección de toque para cante, para que las generaciones actuales y venideras puedan aprender cómo es el toque clásico para cantar». Dicen que el maestro se hinchó a comer helados y churros en los descansos de la grabación en el estudio. Murió pocos meses después en Nueva York, a los setenta y ocho años, sin llegar a ver publicado su disco con Morente. Fue enterrado en Pamplona.

Con una sencilla frase dicha con rotundidad en el momento oportuno, Sabicas espantó al sinsonte imitador de sonidos de la cabeza del joven Paco.

Dos tímidos muy tímidos

El fotógrafo argentino Pepe Lamarca se aficionó al flamenco en Buenos Aires. Escuchaba una y otra vez la *Antología del cante flamenco* (1954), una grabación promovida por la discográfica francesa Ducretet-Thomson en París. Esta reunión de cantes, dirigida por el guitarrista Perico el del Lunar, llegó a España en 1958 publicada por Hispavox. Contaba con cantaores míticos como Pepe el de la Matrona, Bernardo el de los Lobitos, Pericón de Cádiz, Jacinto Almadén, el Niño de Málaga, Rafael Romero el Gallina, el Chaqueta y Jarrito. Todos los cantaores y guitarristas posteriores tomaron esta recopilación como una enciclopedia donde aprender los estilos clásicos. Ese mismo año de 1958 se publicó también *Una historia del cante flamenco*, en Hispavox, en la que Manolo Caracol repasó los cantes con la guitarra de Melchor de Marchena, pero el álbum no pudo llamarse «antología» porque ya estaba registrado el anterior con ese nombre.

Lamarca llegó a España «extrañado», que para él es lo mismo que decir «expatriado». Conocía a Antonio Gades y solía retratar a los artistas que pasaban por su restaurante en Madrid. En julio de 1972, le encargaron unas fotos de Paco de Lucía y Camarón. La pareja apareció en su estudio de la calle Espíritu Santo, en el barrio de Malasaña, con el padre de Paco. Don Antonio los había vestido para la ocasión como dos flamencos tradicionales, con traje negro y camisa oscura. Quería unos retratos clásicos para su próximo álbum, *Canastera*. El ambiente era serio, algo tenso, con don Antonio dando indicaciones en la sesión. Cada vez que Lamarca iba a disparar una foto, don Antonio miraba antes por el objetivo y daba el visto bueno o no. Hacía treinta y siete grados en Madrid.

En un momento dado, don Antonio dio por finalizada la sesión y se despidió.

—Ea, esto ya está. Me voy, que llevo prisa.

Solo entonces Paco y Camarón se relajaron. Empezaron a bromear, se quitaron la chaqueta. Camarón se puso una camisa blanca. Quizá se fumaron un cigarrito de la risa. Lamarca percibió la gran complicidad que había entre ellos y siguió disparando fotos. Ahí empezó la sesión de verdad. «Tenían una especie de código propio que a mí se me escapaba. Transmitían un espíritu nuevo, alejado de la gravedad habitual de los artistas flamencos. Tan pronto me vacilaban como se ponían a cantar por bulerías», recuerda el fotógrafo.

—Ahora siéntense espalda contra espalda, sin mirarse, cada uno pensando en sus cosas, olvídense de la cámara...

Ante instrucciones de este tipo, queriendo aparentar una formalidad que no sentían, a la pareja le daban ataques de risa.

—Hay que ver, José, con lo guapo que salgo yo y me vas a estropear la foto.

—No veas, Paco, si te tiemblan las piernas como si estuvieras delante de un toro.

—¿Y la de fotos que vas a firmar a las niñas gracias a mí, eh, José?

A Paco le costaba posar. No era capaz de salir de sí mismo y fingir la pose de naturalidad que se le exige al retratado. Sin su guitarra se sentía torpe, no sabía qué hacer con las manos ni hacia dónde dirigir la mirada. Para sacarle una buena fotografía había que sorprenderle distraído o riéndose. A Camarón tampoco le hacía gracia la cámara pero, al contrario que su amigo, cuando se metía en el papel se lo creía a fondo como un actor del método. Posaba con la elegancia de un príncipe, una habilidad que, según Lamarca, es común en muchos gitanos.

Entre otras fotos, de aquella sesión salió una instantánea que ilustra la especial comunión que había entre ellos. Paco viste camisa oscura; Camarón, camisa blanca. Ambos las llevan remangadas por el antebrazo. Están sentados frente al objetivo de Lamarca, algo ladeados. El hombro izquierdo de Paco toca el derecho de Camarón, que tiene una pierna cruzada sobre la otra. Paco se ríe mirando hacia el suelo mientras se lleva el pitillo a los labios. Camarón gira el cuello hacia su amigo, riéndose aún más que él. ¿Qué estaba pasando? ¿Qué decían? ¿Por qué rompieron a reír con tanta vitalidad justo en ese momento? ¿Qué broma surgió en ese cruce de miradas que quizá nadie más habría entendido?

Un rato después, al terminar las fotos, Lamarca los acompañó a su punto de encuentro vespertino, los billares de Callao. Camarón tenía verdadera afición al billar de tres bolas y se le daba muy bien. Más de una vez, el fotógrafo echó de menos su cámara para retratar al cantaor con sus gafas oscuras y su cigarro entre los labios, golpeando las bolas bajo la viciosa luz verde que se derramaba sobre el tapete.

Camarón estaba convencido de que tenía una especie de telepatía con Paco. Confiaba plenamente en él. Todo se lo preguntaba a su amigo. «Yo, lo que diga Paco» o «Como tú lo veas, Paco» eran frases que usaba con frecuencia cuando grabaron sus primeros discos.

—¿Esto cómo puede ser, Paco, que yo piense una cosa y tú estés pensando lo mismo?

—Y yo qué sé, José, serán los ovnis...

«Es como si cada uno de los dos, sin dejar de ser él mismo, consiguiese a relámpagos ser el otro, de una manera imposible, misteriosa, exacta. Una energía enigmática los anudaba, de forma que la música que entre los dos edificaban era, más que un diálogo, una proclama de complicidad, una sutura», escribió Félix Grande.

Si Paco era tímido, Camarón lo era aún más. Si Paco era a veces críptico, su amigo le superaba. «Uno piensa una cosa y no sabe cómo expresarla, y las palabras casi siempre acaban traicionándole», dijo Paco. «Canto siempre igual pero nunca canto igual», dijo Camarón.

No hace falta haber leído a Wittgenstein para saber que si no hay nada que valga la pena decir lo mejor es callarse. Montero Glez cuenta en su novela *Pistola y cuchillo* que Camarón «pillaba el alfabeto de los gestos y lo convertía en caligrafía. Era la mímica del que sabe que el silencio es la nota más larga y que solo ha de acortarse cuando suena algo importante». Por eso, cuando José hablaba, su amigo tomaba sus palabras por revelaciones, «expresiones mágicas», desconcertantes, que con el tiempo descubrió que eran puros chispazos de intuición de alguien que se movía por el mundo con la inseguridad de un sabio pero con el atrevimiento de un niño.

En realidad, más allá del flamenco y las risas de las juergas, Paco y Camarón tenían pocas afinidades. Paco trató de llevar a Camarón al terreno de sus aficiones, la pesca, el mar, el fútbol..., pero no funcionó. Sus respectivas introversiones los conectaban y a la vez bloqueaban esa espontaneidad de la que surge una confidencia amistosa. «Camarón era muy para adentro. Yo quizás era algo más comunicativo con él. Pero él estaba encerrado y yo nunca entendía por qué —dijo Paco—. Había que interpretar qué le pasaba, siempre mirando al suelo. Era difícil entenderle, porque nadie entendía a Camarón». Él mismo se sentía un incomprendido. Como le confesó a Velázquez-Gaztelu, «mi manera de sentir todavía la gente no la ha entendido».

Paco afirmó en varias ocasiones que él era músico por timidez, que ya le gustaría hablar con la misma riqueza de recursos con que tocaba la guitarra. «La guitarra me ha liberado y ha sacado fuera mi personalidad. Yo, sin guitarra, sería un introvertido para toda la vida. No hubiera podido mostrarme como soy porque no tengo otra forma de expresión. La guitarra es mi gran desahogo. Si no fuese por ella, ya habría explotado». Solo estaba realmente a gusto cuando se encontraba entre amigos de su total confianza, y los que alcanzaban este estatus eran unos pocos. Pero ni siquiera en esos momentos dejaba de ser un enigma para quienes creían conocerle mejor. «Mi hermano tenía un submundo al que nadie podía acceder», afirma Pepe.

El psicólogo Carl Gustav Jung habló en su ensayo *Tipos psicológicos* de los conceptos introversión y extroversión como componentes fundamentales de la personalidad. Dividió a las personas en ocho tipos, extraídos de cuatro funciones principales de consciencia: dos irracionales, sensación e intuición; y dos racionales, pensamiento y sentimiento. Estas funciones son modificadas por dos actitudes, la extroversión y la introversión. De la combinación de dichas funciones y actitudes surgen ocho personalidades diferentes, desde el «introvertido pensamiento» al «extrovertido intuición». Según la teoría de Jung, Paco estaría en el rango del «introvertido sentimiento», es decir, alguien con una gran capacidad para la percepción de los fenómenos subjetivos, difícil de conocer para el resto de la gente, que sin embargo no se queda inmerso en sus sensaciones internas y tiene dotes para las relaciones interpersonales. Esta clase de introvertidos, dice Jung, da una impresión de autonomía y armonía, y suelen apasionarse por la música y la poesía.

En una entrevista con Carmen Rigalt, Paco hizo su confesión más lúcida acerca de esa sensación de estar ensimismado, fuera de escena, en su propio mundo: «Yo fui un niño exageradamente tímido que con los años aprendí a disimular. A fuerza de encerrarme en mí mismo y abstraerme, he conseguido proyectar una imagen distinta».

Las «circunstancias», como Paco llamaba a su popularidad, le hicieron protagonista cuando él hubiera preferido ver el espectáculo desde el patio de butacas.

Quiero vivir a mi aire

Aunque sus patrones están cosidos con el hilo de los siglos, el flamenco no es un arte que pretenda uniformizar. Al contrario, exalta lo distinto, la transgresión, el desconsuelo y la denuncia de la injusticia. Está basado en «la exasperación, la búsqueda de los límites y de lo imposible», según Georges Bataille. Por eso dicen que el buen cante no surge dos veces de la misma manera. Es un grito anárquico que viene de algún lugar recóndito.

«Cuando canto, me acuerdo de lo que he vivido», dijo Manolito el de María. Tía Anica la Piriñaca aseguraba que cuando cantaba la boca le sabía a sangre. Manolo de Huelva solo tocaba la guitarra si estaba a gusto, y lo hacía casi de espaldas a la concurrencia para que nadie copiase sus falsetas. El Chocolate decía que para cantar le tenían que gustar las caras. Echaba un vistazo y si no le parecía bien el percal, no cantaba. A Luis de la Pica había que ir a verle a Jerez. No le gustaba salir del ambiente familiar de su barrio de Santiago. Camarón fue a buscarle muchas veces para escucharle cantar. Si alguien pagaba al de la Pica para que cantase en una fiesta, este se gastaba los billetes la misma noche y no tenía ni para el tren de vuelta. Aunque se pasen fatigas, ¡qué importan los dineros! José Menese cantaba al compás de unos tientos esta letra escrita por Francisco Moreno Galván:

Señor que vas a caballo

y no das los buenos días,

si el caballo cojeara

otro gallo cantaría.

Había mucho de esa rebeldía contra los caprichos de los poderosos en la furia con la que tocaba Paco. También había un sentimiento de rabia contra lo aceptado, contra el protocolo y lo estrictamente académico, que compartía con Camarón.

Paco achacaba su prodigiosa velocidad precisamente a que la guitarra era la única manera que tenía de expresarse y de demostrar su valía. Solo tocando olvidaba sus inseguridades. Su lucha interna tenía que ver con un anhelo tan simple como inalcanzable: «Ser yo mismo». Pronto se dio cuenta de que la música que llevaba dentro tenía que encontrar su propio camino, más allá de los códigos y los hábitos del flamenco. Para ser libre, tenía que alejarse de su tradición sin perderla nunca de vista. Abandonarla era imposible porque la llevaba consigo. Pero cualquier fe ciega es cuestionable. «Tengo una mano en la tradición y la otra buscando», dijo.

Cuando Paco era niño no había libertad a la hora de componer. Se trataba de repetir lo antiguo lo mejor que se pudiera. Sabía que si no fuera flamenco tampoco sería músico. Hiciera la música que hiciera, no podía dejar de ser un músico flamenco. «Lo que me mueve a tocar es mi raíz, los recuerdos de aquellos cantaores que venían a casa con mi padre cuando yo era niño», dijo una vez. Como el resto de los guitarristas, no sabía leer música. Toda su técnica provenía de su interpretación personal de la herencia de los maestros.

«El aprendizaje, entonces, se componía básicamente de imitación e instinto, y el resultado dependía en gran parte de la musicalidad congénita de cada uno», escribe Pohren. La mayoría de los flamencos eran analfabetos musicalmente hablando. Los guitarristas tocaban de oído. Se pensaba que, si estudiaban música, si interpretaban unas notas establecidas en vez de «sentirlas», la magia del flamenco se perdía. Según Paco, «en el mundo del flamenco, y mucho más fuera de él, y sobre todo dentro de la guitarra clásica, a los guitarristas flamencos se los trataba con desprecio. Siempre he tocado con ese complejo».

Una vez, de niño, le preguntó a su padre si podía estudiar guitarra clásica. Este le respondió que eligiera: «¿Qué prefieres, ser uno más entre los excelentes guitarristas clásicos, o el mejor guitarrista de flamenco?».

Por entonces, es dudoso que el padre de Paco concibiera un recital exclusivo de guitarra flamenca. Conocía el éxito de los conciertos de Sabicas y Mario Escudero en América, pero de ahí a pensar que Paco pudiera convertirse en un famoso concertista mundial era pedirle un cambio de mentalidad muy grande. Con que su hijo ganase dinero y fuese reconocido dentro del flamenco, don Antonio se daba por satisfecho.

El cambio de posición en la guitarra que provocó Paco fue una ruptura sonada. Siempre se había tocado con la guitarra «a lo barbero». En muchas fotos antiguas vemos a los guitarristas flamencos con la parte más estrecha de la caja de resonancia apoyada en el regazo y el fondo de la guitarra contra el pecho, de tal manera que la mano izquierda tenía poca libertad anatómica para moverse. El mástil se apoyaba en el puente de la mano izquierda, pero a medida que esa mano ampliaba su recorrido había que forzar la mano derecha para mantener la guitarra en ese ángulo. La postura tradicional suponía una limitación a la hora de ir más allá de los cuatro acordes básicos del flamenco. Al asentar la guitarra sobre el muslo derecho, las manos podían moverse libremente.

La primera vez que Paco se atreve a salir a tocar con la pierna cruzada fue en el Teatro de la Zarzuela de Madrid, en 1971. La mayoría de los flamencos le criticaron, dijeron que era una falta de respeto a la tradición y al público, y que no tenía ni pizca de vergüenza. Ya metido en la gresca, Paco aprovechó el tumulto para saltarse otra costumbre flamenca: se quitó la chaqueta, que le incomodaba para tocar, y a partir de entonces salió a tocar en camisa. Los guitarristas no tardaron en imitarle, tanto en su postura con la guitarra como en la parte estética, que incluía melena, patillas y pantalones de campana.

Ni Paco ni Camarón se andaban con pamplinas. No sabían disimular. Cuando Camarón cantaba en Torres Bermejas, si alguien hablaba y no estaba atento al cante, cerraba la actuación como fuera, se levantaba y se iba. A los puristas que los criticaban, poco a poco fueron acallándolos. «Yo voy a mi aire», dijo Camarón. «Volar, solo quiero volar. Yo quiero vivir a mi aire. Y no me lo reproche *naide*», dice la letra de Paco en unas bulerías de su disco *Cositas buenas* (2004), recordando a Camarón, y que cantó Potito.

Un triste malentendido

En 1977, Camarón y Paco de Lucía graban *Castillo de arena* y ponen fin a una década dorada. Desde 1969, han publicado un disco por año. Este es su noveno álbum. La fotografía de portada es de Pepe Lamarca y en la leyenda se repite su fórmula clásica: «El Camarón de la Isla con la colaboración especial de Paco de Lucía». Lamarca aprovechó un momento de la sesión de fotos en el que Camarón estaba distraído, bebiendo un té en un vaso de cerámica pintada, para atraparle al natural.

A partir de *Caminito de Totana* (1973), donde su querida Perla de Cádiz le jalea unos fandangos, «¡ole el revolucionario del cante, ole el que sabe!», Camarón es el único protagonista de las cubiertas de los discos. Don Antonio sigue figurando como productor y autor de la mayoría de las letras. Ramón de Algeciras, que acompañó a Camarón en muchos conciertos en lugar de su hermano, ejerce de segundo guitarrista. Al año siguiente graban *Soy caminante*, con la misma foto de portada que el disco anterior pero sin el calificativo «especial» en la colaboración de Paco. Aquí entran en juego los melismas y *nanais* de Las Grecas, a las que a Camarón y Paco les encantaba ver en la sala Caripen de Madrid, y que José incorporó a su interpretación de los cantes. *Arte y majestad* (1975), con Camarón relajado y fumando, que mira con cierto descaro a la cámara, está dedicado a su amigo el

torero Curro Romero. En *Rosa María* (1976) revisan su canastera y Camarón canta una soleá estremecedora:

> *Pa* qué quiero los dineros
> si no me sirven *pa na,*
> salud es lo que yo quiero
> y no la puedo comprar.
> Demuestra siempre alegría
> aunque el corazón te llore.
> Sufre solo tú los dolores
> *pa* que de ti no se rían.

La primera letra que firma Camarón en su vida es «Samara»,
las bulerías que abren el disco *Castillo de arena.* Junto a su nombre aparece el de don Antonio como coautor. Samara significa
en hebreo «la protegida por Dios», porque así se llamaban las
nacidas en Samaría, y es la protagonista de una historia de *Las mil
y una noches.* En la letra de Camarón es la reina de la morería de
Granada, que «con su cara tan gitana una virgen parecía». En el
mismo álbum está uno de sus tangos más populares, «Y mira que
mira mira», cuyo estribillo escuchó Camarón a una tía de Joaquín el Canastero. Paco toca el laúd árabe o ud, como había hecho en *Almoraima*, en un guiño más al pasado árabe de la música andaluza.

Hasta ese momento, Camarón seguía bajo la protección artística y administrativa de don Antonio y sus hijos. Era, como
dijo Paco, «uno de los nuestros». José entregaba sus ganancias al
patriarca de los Sánchez y este le guardaba el dinero. Cuando
tuvo una cantidad suficiente, le compró una casa a su madre.
Pero, como es lógico, llegó un momento en que Camarón dijo
que quería volar y vivir a su aire. Acababa de casarse con María

Dolores Montoya, la Chispa. El cura tuvo que dar carpetazo rápido a la ceremonia porque no había quien acallase la algarabía en la iglesia. Después de cuatro días seguidos de fiesta se fueron de viaje de novios a Italia. Luego se instalaron en La Línea y Camarón montó un estudio en su casa. Poco después, José le dijo a Paco que quería probar a hacer algo más allá de lo que habían hecho hasta entonces.

—Paco, esto que hacemos está muy bien, pero ya es hora de que busque otras cosas. Tú haces tus discos y tus giras... Yo no puedo estar toda la vida bajo el ala de tu padre. Ya tengo una familia que mantener.

—Si yo te entiendo, José. Lo que te digo es que a mi padre no le va a hacer ninguna gracia. Ya sabes cómo es. Él sabe llevarnos; sabe lo que nos conviene. Luego ya nosotros nos apañamos...

—Eso es lo que digo, que tu padre viene, arregla los asuntos con la discográfica y me da el *pescao* vendido. No es así la cosa, Paco. Yo tengo mis ideas y quiero que me las respeten, como cualquiera. Ya sabes cómo soy con mis cosas. No pido mucho. No digo *na* y todo me parece bien. Pero cuando yo digo esto, esto es. ¿No me crees capaz, Paco?

—Claro que sí, José, no te enfades. No puedo ponerme en contra de los míos...

—Ni yo te lo estoy pidiendo. Solo te digo lo que hay. ¿Tú te acuerdas de cuando al poco de conocernos te conté que había un túnel submarino al que entrabas por la Venta del Chato y del que salías por Tánger?

—Hombre, José, como para no acordarme, menuda *bacalá* me metiste.

—Y bien que te lo creíste al principio, ¿o no? Pues créete esto también. Tu padre tiene que darse cuenta de que yo ya tengo una carrera y un nombre para llevar los asuntos por mí mismo.

—José, mi padre se va a disgustar.

—Que no, Paco, que yo tengo que llevar mi vida por mucho que se disguste tu padre. Además, ya estoy cansado de que me regañe porque fumo o porque bebo o por esto o por lo otro, como si fuera un crío. Está dicho.

—Tú verás, José. Llámame cuando tengas algo para grabar y lo vemos juntos.

—Ya sabes tú que sí, Paco.

Desde luego, este guion no se dio. La parquedad de ambos lo hubiera impedido. Lo más probable es que en realidad el asunto se resolviera con un «tú verás» o un silencio prolongado y un cigarrito. Tal cual, Camarón se marchó del lado de los Sánchez sin explicaciones ni despedidas. Le dio vergüenza o miedo decirle cara a cara a don Antonio lo que pensaba, y este no se lo perdonó nunca. Se tomó la escapada de Camarón como una traición a él y a la familia que le había acogido. Ramón no volvió a dirigirle la palabra. Paco se enfadó con su amigo. Aunque pudiera entenderle, nunca se rebelaría contra su padre. Su hermano Pepe era capaz de contestarle y llevarle la contraria, pero Paco jamás se atrevió a nada parecido. Desde niño, aceptaba con temeroso respeto lo que don Antonio decidía. La única vez que manifestó un pequeño acto de rebelión fue un día en que, con nueve o diez años, cansado de tocar la guitarra, se lanzó en plancha desde la cama contra el suelo. Su padre se asustó por el tremendo golpe. «¿Estás bien, hijo?». Paco no contestó. Su protesta consistió en permanecer en silencio con la cara contra el suelo, aguantando las lágrimas de rabia.

En la Taberna Gitana de Málaga, Camarón había conocido a un chaval, José Fernández, hijo del Tomate y sobrino del genial tocaor Niño Miguel. A Camarón le gustó y pronto se convirtió en su guitarrista oficial en sustitución de Ramón, que era quien solía acompañarle.

Vuelve a aparecer en escena Ricardo Pachón, aquel representante de muebles que le había comprado una guitarra rota a Camarón en la Venta de Vargas. Pachón se había convertido en el arriesgado productor de Smash, un grupo de rock sevillano al que se incorporó el cantaor y guitarrista sevillano Manuel Molina para grabar éxitos como «El garrotín». En el manifiesto de Smash se lee: «Imagínate a Bob Dylan en un cuarto, con una botella de Tío Pepe, Diego del Gastor a la guitarra y la Fernanda y la Bernarda de Utrera haciendo el compás, y dile: canta ahora tus canciones. ¿Qué le entraría a Dylan por ese cuerpecito? Pues lo mismo que a Manuel Molina cuando empieza a cantar por bulerías con sonido eléctrico».

—Vamos a hacer un disco distinto —le propuso Pachón a Camarón.

Pachón estaba obsesionado con un disco de Sabicas y Joe Beck, el guitarrista eléctrico de jazz-rock, que había encontrado en Francia. Sabicas lo grabó a regañadientes en 1970, con el título *Rock encounter*. En España, el disco se tituló *Sabicas. Encuentro con el rock con Joe Beck*. Al maestro no le iban esos experimentos. «¡Pero cómo voy a hacer yo un disco con un tío de esos de los pelos!», dijo cuando se lo propusieron.

Parece ser que la condición que Sabicas puso para grabar fue no tener que encontrarse «con el de la guitarra eléctrica» en el estudio. «Yo iba allí, grababa mis cosicas, las escuchaba... Muy bien. Al día siguiente, ¡un disgusto!... Llegaba y me encontraba con todo lo que había grabado estropeado por el tío del rock, ¡esos ruidos!».

Así que mucha fusión flamenco-rock no hubo. Si acaso, hubo guitarra flamenca por un lado y guitarra eléctrica, batería y bajo por el otro. Pero las intenciones estaban. Según Pachón, es la prehistoria del flamenco-rock.

Al principio, lo que después se convertiría en *La leyenda del tiempo* iba a ser un conjunto de canciones escritas por Manuel Molina para Camarón. Manuel y su pareja, Lole, habían revolucionado el flamenco por varios flancos con su primer disco, *Nuevo día*, en 1975, un disco que produjo Pachón. Pero cuando Camarón y la Chispa fueron a instalarse en la casa que Lole y Manuel tenían en Umbrete (Sevilla) para preparar los temas, la cosa saltó por los aires por algún asunto doméstico. Entonces, Pachón le mostró a José unas canciones que había compuesto adaptando los versos de los poemas de Federico García Lorca «Romance del Amargo» y «La leyenda del tiempo».

—Esto puede funcionar, ¿tienes más? —dijo Camarón canturreando por primera vez esta letra que le pasó Pachón:

> El sueño va sobre el tiempo
> flotando como un velero.
> Nadie puede abrir semillas
> en el corazón del sueño. [...]
> Sobre la misma columna,
> abrazados sueño y tiempo,
> cruza el gemido del niño,
> la lengua rota del viejo.

Al primero que llamaron para grabar el nuevo disco, tal y como había prometido José, fue a Paco. Pero el enfado de su padre con Camarón aún palpitaba y dijo que esta vez no podía ser. Así que de las cuerdas se ocuparon Tomatito y Raimundo Amador, un guitarrista adolescente que había formado el grupo Veneno con su hermano Rafael y un amigo de ambos recién llegado de Figueras, fan de Frank Zappa. El figura se llamaba Kiko Veneno y compuso para Camarón el tema «Volando voy». Al caótico experimento en el estudio de Pachón se unen, entre unos cuantos más, el flautista Jorge Pardo y el percusionista Rubem Dantas, que el año anterior habían grabado con Paco un par de canciones de su disco *Paco de Lucía interpreta a Manuel de Falla*. El prudente Tomatito no entendía dónde estaba el flamenco en aquel revuelo de instrumentos extraños y músicos *hippies* que escuchaban jazz y rock.

—José, ¿tú sabes qué estamos haciendo? —le preguntó un día a Camarón.

—No te preocupes, Tomate, verás como cuando yo lo cante esto suena flamenco.

Y así fue. *La leyenda del tiempo* se publicó en junio de 1979. Fue un maravilloso fracaso convertido después en mito que Camarón defendió como pudo con su honestidad habitual. En la revista de rock *Vibraciones* de septiembre de ese año aparece con barba, algo extraño de ver en un cantaor flamenco por entonces, con el titular «Cosas que pasan por no afeitarse cada día». A la pregunta: «¿Por qué es incapaz el flamenco de hacerse aceptado por más gente, o es que fuerzas ocultas se empeñan en enclaustrarlo?», Camarón responde:

—No sé, es muy difícil hallar la respuesta. Hay muchos flamencólogos que quieren saber, y no saben nada. Los mismos cantaores no saben de la misa la mitad. Yo qué sé..., me vuelvo loco muchas veces pensando en uno que dice una tontería, en otro que la dice más grande, y ninguno habla una palabra por derecho. Por eso yo hablo poco, no me gusta, y me «empico», y ya digo la verdad... Es que no me importa, cuando lo digo lo digo y ahí queda para toda la vida.

En los años siguientes, Paco continuó su carrera en solitario. Volvió a grabar con Camarón siempre que este le llamó y los compromisos de sus giras se lo permitieron. Aunque se distanciaron, la admiración mutua y el profundo cariño permanecieron. Gracias a la intercesión de su hermano Pepe, se reencontraron en *Como el agua*, en 1981. Tomatito, que había crecido escuchando los primeros discos de Paco, levita tocando junto a su ídolo. Pepe firma siete de los ocho temas del disco. Paco acababa de grabar su primer álbum con el Sexteto, del que hablaremos más adelante, dando un giro de tuerca más a la música flamenca. Acompañó a Camarón, junto a Tomatito, en tres de sus siguientes cinco discos: *Calle Real* (1983), *Viviré* (1984) y el último, *Potro de rabia y miel* (1992).

A lo largo de su vida, Camarón grabó ciento sesenta y cuatro temas, de los cuales solo veintisiete están registrados a su nombre como autor o coautor en la Sociedad General de Autores. Como cualquier artista, Camarón recibía los *royalties* acordados con la discográfica, los que recaudaba como intérprete y los derechos por la autoría de sus canciones. Apenas dos meses antes de morir, en mayo de 1992, tuvo una desafortunada aparición en el programa de TVE *Informe semanal*. «Le importa poco el dinero. Ha ganado mucho, pero otros, quizá, han ganado más a costa de él. Ahora, enfermo, piensa por primera vez en el futuro y en recuperar los derechos sobre sus discos», dice el periodista José Manuel Falcet como quien echa a volar alegremente un bulo.

—Me he encontrado, después del susto tan grande que le han dado a mi familia y a mí [se refiere al fatídico diagnóstico de su enfermedad, que se confirmará días después], de que la obra no es mía. Entonces, si es verdad que yo he aportado algo al flamenco, pues quiero que quede algo, por lo menos la mitad, *pa* mis niños y mi familia —dice Camarón en la entrevista, mal aconsejado y peor informado por su mánager de los últimos años, José Candado.

Camarón se refería a que, aunque las letras no llevasen su firma, él las arreglaba y las interpretaba a su manera, cambiando a veces alguna frase si era necesario. Esta práctica, que se daba en el proceso de ensayo de las canciones y en el estudio de grabación, era muy habitual en Camarón debido a su conocimiento de los cantes y a su intuición creativa. Eso no se lo discutía nadie.

Muchos vieron en la petición de Camarón una denuncia contra Paco de Lucía, a quien reclamaba su parte en la autoría de la música que el guitarrista había compuesto. De la misma manera, sus palabras daban a entender que también reclamaba su parte de las letras de las canciones que había interpretado, firmadas en su mayoría por don Antonio en los discos que José grabó con Paco. Un abogado contratado por la familia del cantaor, declaró: «Camarón aparece en la mayor parte como un mero intérprete de obra ajena, y creemos que sería más correcto que apareciese también como autor». Algunos aficionados al infundio llamaron a Paco «ratero».

«Nada me ha hecho más daño en la vida que la acusación de que yo había engañado a Camarón. Fue una pesadilla que no me dejó dormir en meses. Que Camarón se haya ido con la duda de que yo me haya quedado algo suyo es lo que más clavado tengo. Nunca en mi vida me había pasado algo así. Mucha gente no sabe exactamente qué ha pasado, ha oído campanas y, como dice el refrán, cuando se derrama agua ya no se puede recoger toda. Si José estuviese vivo y viera lo que ha pasado, seguro que le arrancaría la cabeza a más de uno», declaró Paco, destrozado, tras la muerte de su amigo.

En su biografía del cantaor, el periodista Alfonso Rodríguez recoge los recuerdos de su viuda, quien dice: «Cuando a Camarón, días antes de su muerte, le dijeron que Paco de Lucía andaba preocupado por estos comentarios sobre si le habían robado o no, mandó que le dijeran que él nunca se había dejado robar por nadie, y que Paco era como su hermano».

Al fin y al cabo, como el cantaor decía en «Viejo mundo», el poema de Omar Jayam, la vida puede convertirse cuando menos te lo esperas en un triste malentendido, y:

> El mundo es un grano de polvo en el espacio.
> La ciencia de los hombres, palabras.
> Los pueblos, los animales
> y las flores de los siete climas
> son sombras de la nada.

Ya no quiero *na*

En 1991, tras el lanzamiento de su disco *Zyryab* y la grabación del *Concierto de Aranjuez*, de Joaquín Rodrigo, donde incluyó tres piezas de la suite *Iberia*, de Isaac Albéniz, Paco acude a la llamada de Camarón para grabar su nuevo disco, que sería el último que harían juntos, *Potro de rabia y miel*. A esas alturas, la factura de los excesos es irremisible en la salud de Camarón. Está demacrado, más flaco que nunca, soporta un dolor en el costado desde hace tiempo. «Vivió con mucha intensidad, más de la que pudo soportar. Era un artista y no sabía vivir de otra manera», dijo Paco.

El cantaor está débil y apenas puede mantenerse despierto más de unas horas seguidas. Por momentos, parece que se va a quedar inconsciente. A pesar de las circunstancias, Paco cancela una gira internacional para volcarse en la dirección musical del disco. Él mismo y Tomatito se encargan de las guitarras. Su hermano Pepe firma la mitad de las canciones, que como es costumbre lleva grabadas en una cinta interpretadas por él para que Camarón se las aprenda y las adapte a su manera.

Cada mañana, Paco y los demás músicos esperan a Camarón en los estudios Cinearte de Madrid con la incertidumbre de si José podrá cantar o no. A veces, suspenden la grabación o Camarón se echa a descansar un rato para intentar recuperarse. Según

Paco, solo por oírlo un tercio cada tres horas, la espera merece la pena. Ya no es ni mucho menos el Camarón de voz salvaje y afinación perfecta al que él conoció, pero sigue emocionándole como aquellos primeros días. El cantaor no se rinde: «Nunca se está contento con lo que se hace, siempre parece que se puede hacer mejor».

Con un pañuelo en una mano que se lleva a la boca para tapar una tos reincidente, y el cigarrillo en la otra, Camarón quiebra un «ay» que introduce la letra de «Pa qué me llamas». Es un tema que dejará grabado para la película *Sevillanas*, de Carlos Saura. Paco, a su lado, repite una y otra vez la misma nota a la guitarra. Camarón no puede continuar y pide que paren. «Qué fatiga, hermano», dice.

> ¿*Pa* que me llamas, prima? ¡Ay! ¿*Pa* qué me llamas?
> Si cuando me tienes, te retienes.
> Eres como el vuelo de tu enagua.
> ¿*Pa* qué me llamas? [...]
> Me contradigo, prima, me contradigo.
> Que si no me llamas me desvelo,
> que si no me miras me desvivo.

Hay quien dice que Camarón escondía la convicción de que iba a morir joven, como su padre. Jamás confesó este temor, fiel a su prudente introversión. Las cinco cajetillas diarias de tabaco que despachó cada día durante casi toda su vida le allanaron el terreno de la superstición. «Tengo un dolorcito aquí, en el costado», era lo más que decía. Estaba deprimido, apenas salía a la calle.

—Ya no quiero *na*... Un trozo de casa en el campo, con unas gallinas y una cabra..., y los discos, las cintas, los cacharritos para grabarme yo —le confesó a su amigo Carlos Lencero.

En marzo de 1992 le hacen unas pruebas en Barcelona con muy mal pronóstico. Acompañado por la Chispa y su representante, José Candado, viaja a la clínica Mayo de Rochester, en Estados Unidos, para confirmar las funestas sospechas. Le dijeron que allí había un cirujano que se atrevería a operarle. Cuando Paco llamó a Candado para preguntar por su amigo, este le dijo: «Paco, José se muere».

Durante la semana de pruebas médicas en Rochester, Camarón se dedica a jugar a las cartas y esperar. Encontró un bar cercano donde cada tarde se tomaba un café con leche muy caliente en vaso, con dos sobres de azúcar, como le gustaba. Juega al billar, a los dardos, y escucha música *country*. Incluso planifica un viaje en barco por el Mississippi con la ilusión de apostar en uno de los casinos flotantes de los que le había hablado Paco. Las radiografías revelan un cáncer de pulmón con metástasis que afecta a la columna vertebral. No había solución.

—La cosa es chunga, ¿no? —pregunta Camarón a Candado.

—Está el tema muy delicado, sí.

—Pues que me quiten este dolor y nos vamos para España.

La noche del 1 de julio de 1992, apenas tres semanas después de presentar *Potro de rabia y miel*, Camarón siente que se ahoga.

—¡Hay que ver, con el fuelle que yo he tenido y me estoy asfixiando!

En la madrugada del 2 de julio, se toma un tranquilizante y fuma un par de cigarrillos a escondidas en el cuarto de baño del Hospital Universitario Germans Trias i Pujol, en Barcelona. A las siete de la mañana muere con un vago recuerdo de las palabras que le dijo Paco la última vez que se vieron: «José, cuídate, que tenemos que volver a grabar juntos un disco de tonás, seguiriyas y soleares, como a nosotros nos gusta, los dos solos, como antes».

Tras morir Camarón, Paco estuvo más de un año encerrado en su casa sin tocar la guitarra, tumbado en el sofá viendo la televisión durante horas con la mirada perdida, «absolutamente colgado, sumido en la nada», según sus palabras. Ya no quiso escucharlo cantar más. Le comía la tristeza. Si por casualidad sonaba en la radio o en algún coche que pasaba, se le llenaban los ojos de lágrimas. Media vida juntos y en el momento final no había podido despedirse de él. Pensó en dejar la música. Abandonarlo todo sería un alivio. Muchas noches se despertaba «con la angustia de un loco» recordando a José y dando vueltas a la letra de «Otra galaxia» que había escrito su amigo:

> Yo me pregunto mil veces
> mi paso por este mundo,
> y a quién le debo mis alegrías y mis penas:
> ¿será al cielo y a la tierra,
> o a los senderos ocultos de la esfera? [...]
> Que cambien los caminos
> de mis confusos sueños.
> Porque no sé adónde ir,
> si detenerme o andar.
> Quiero irme a otra galaxia
> *pa* encontrar mi libertad. [...]
> Me marcharé
> donde se escuchen los ruidos
> de los pájaros cantando
> y del agua de los ríos.

La Banda del Tío Pringue

A las aladas almas de las rosas
del almendro de nata te requiero,
que tenemos que hablar de muchas cosas,
compañero del alma, compañero.

Miguel Hernández,
«Elegía a Ramón Sijé»

Playa del Carmen, Riviera maya mexicana, 1991. Paco de Lucía camina por la selva vestido con un llamativo pareo de colores y una chaqueta roja poco apropiada para el clima. Lleva un sombrero que se quita de vez en cuando para secarse el sudor que le cae por la frente. Parece nervioso, hace muecas cómicas, finge un tic en un ojo. Le acompañan sonidos de dibujos animados: un resbalón, un silbido, un muelle que salta. Se detiene, otea el horizonte. El sombrero sale volando.

—He llegado demasiado pronto. Esta gente no llegará hasta las veinticinco menos diez —dice.

Se sienta bajo una palmera y enciende un cigarro. Se queda dormido.

Corte al plano de una barca donde van tres amigos de Paco: Carlos Rebato, al que llaman «marinero Nero», lleva el motor; Manolo Nieto vomita por la borda; Manolo Ramírez vigila el fondo marino y dice:

—Despacio por el arrecife. Esto es muy peligroso. Despacio... Qué miedo, Dios mío, qué miedo...

Llegan a la orilla y descargan un cofre metálico. «Aquí no hay nadie». Llevan bermudas y chaqueta, como si quisieran darse un excéntrico tono académico en la playa. «¡Profesor Berenjena, profesor Berenjena!», vocean.

—Qué extraño es todo esto —dice Ramírez.

Encuentran bajo la palmera a Paco, que despierta sobresaltado y mira la hora.

—Son las diecisiete y cuarto, ¡llevo todo el día dormido!

—¿Está sobre la pista del Gallineto Pollino? —le preguntan.

Paco hace gestos para que bajen la voz. Mira hacia los lados con exagerado gesto de sospecha. Más efectos sonoros.

Esto es solo el principio de la película *La captura del Gallineto Pollino*, con guion y dirección de Paco de Lucía y Manolo Nieto, que bien podría ser una adaptación caribeña de una obra de Ionesco. Paco y sus amigos de La Banda del Tío Pringue rodaron este cortometraje de producción casera durante unas vacaciones.

El argumento es el siguiente: Paco es un espía gaditano que se hace pasar por el profesor Berenjena para capturar al Gallineto Pollino, un animal extraterrestre con forma de gallina de plástico que llegó a la Tierra en una «molleja intergaláctica». El ente viajó a una velocidad mayor que la de la luz, por lo que adquirió una fuerza descomunal. Solo pueden capturarle con el guante Honorio, una prenda antinuclear que en realidad es un guante viejo de submarinismo. En esta película inédita, de unos veinte minutos, también intervienen el pirata Arturo, un buen hombre de origen maya, vecino de la zona, con su loro al hombro; y Manolo el Cocodrilo, un biólogo que se dedicaba al estudio de estos animales en los manglares de la región. Cuando por fin capturan al Gallineto, los tres «científicos» lo celebran bailando en la orilla.

—¡Viva la ciencia! ¡Viva el marinero Nero! —gritan.

De pronto, el espía gaditano empieza a hacer muecas, se quita toda la ropa hasta quedarse únicamente con un bañador «turbo» negro, la indumentaria favorita de Paco, y sale huyendo con el Gallineto. El marinero Nero le da alcance y, tras una lucha en las rocas, el espía gaditano cae al agua y se hace el muerto en el mar.

—¡Te mandaré una caja de ron desde el centro nuclear de Albacete! —grita el marinero Nero al pirata Arturo despidiéndose mientras se alejan en la barca con esta promesa surrealista.

Todos al Caribe

Cada verano, desde 1980, Paco reservaba los meses de julio y agosto para pasarlos en Playa del Carmen, en el Yucatán, a setenta kilómetros al sur de Cancún. Descubrió el lugar durante una gira por México con su hermano Ramón. Poco después compró un terreno con la idea de hacerse una casa.

Había pasado los dos últimos veranos en Ibiza con sus amigos más cercanos haciendo lo que más le gustaba hacer en la vida: la pesca submarina y nadar en el mar. Pero en Ibiza empezaba a haber demasiada gente. Este reducido círculo de confianza, «los cabales», como él decía, cerraba filas en torno a él. Se hacían llamar La Banda del Tío Pringue. No provenían del mundo del flamenco, no se dedicaban a la música y no mencionaban la guitarra. Se prohibía la entrada a patosos.

Paco tenía pánico a que en cualquier sitio le reconocieran, porque sabía que tarde o temprano aparecería una guitarra y le harían tocar, esperando una genialidad por su parte. Le horrorizaba esa «obligación» de demostrar quién era. Con La Banda podía estar tranquilo, sin compromisos ni recelos. Se olvidaba de los quebraderos de cabeza que le daba la guitarra. Un día, les dijo: ·

—Se acabó Ibiza. El próximo verano nos vamos al Caribe. Conozco una playa donde nada más que hay unos cuantos indios y el mar para nosotros solos.

—Pero, Paco, que el Caribe está muy lejos. Y está lleno de tiburones...

—No hay más que hablar. Dejádmelo a mí, que yo lo organizo. Ya mismo se lo digo a Casilda para que compre los billetes. Vosotros no os preocupéis de *na*.

Durante casi veinte veranos, el plan de Paco y sus amigos en Playa del Carmen consistió en salir al mar cada mañana sobre las doce en una barca motora para hacer pesca submarina a pulmón. Tenían el agua a unos cincuenta metros de la casa. Llevaban una nevera con fruta fresca, Coca-Colas y cervezas. Cuando Paco consideraba que ya tenían lo necesario para comer, regresaban. A veces estaban en el agua cinco o seis horas. Si la jornada se daba bien, volvían con algún pargo, unos boquinetes o un robalo de buen tamaño. En el mar, Paco era infatigable. De vuelta a casa, él mismo limpiaba el pescado y lo cocinaba. Le encantaba hacerlo «en blanco», de la manera más sencilla, cocido y con unos tomates o unas papas.

El resto del día lo ocupaban en tomar unos licores y echar unas risas. Conversaciones infinitas donde se sacaba punta a todo. Paco cavilaba continuamente la manera de hacer bromas, de vacilar con unos y otros en busca de la chanza. Se disfrazaba con cualquier cosa, como hacía su madre. Ella le enseñó a fabricarse unos dientes de Drácula con dos gajos de patata. La guitarra ni se movía del estuche mientras duraban las vacaciones. Una noche, después de unas botellas de un tequila estupendo, espabiló a sus amigos soñolientos.

—Venga, Manolín, ponte a escribir una historia —dijo a Manolo Nieto.

—¿Qué quieres que escriba, Paco, si casi ni veo?

—Es igual, lo que se te ocurra. Una chirigota. Vamos a hacer una película.

—Ya mañana si eso nos ponemos, Paco...

Imposible de frenar cuando se le metía algo en la cabeza, Paco se levanta, saca unos papeles de la funda de su guitarra y se los da a Manolo Nieto para que escriba. Dos días después, tenían preparada la escaleta de *La captura del Gallineto Pollino*. Más tarde, Nieto se da cuenta de que los papeles que le había dado Paco para que anotara sus ideas en la parte de atrás eran un contrato para un concierto con John McLaughlin y Al Di Meola.

—Paco, mira qué papeles me has dado...

—Es igual, Manolín, ya me mandarán otro contrato. Lo importante ahora es el Gallineto Pollino. Venga, coge la cámara, que vamos a grabar la película.

—Pero Paco, con el calor que hace... —protesta Manolo Ramírez.

—¡Anda ya, moverse, no seáis *güevones*! Hay que ver...

El núcleo duro de La Banda del Tío Pringue, los que pasaban el verano con él en Playa del Carmen, estaba compuesto por Manolo Nieto, documentalista y fotógrafo, que siempre viajaba con sus cámaras; Manolo Ramírez, delineante proyectista, y Carlos Rebato, que era comercial de una empresa norteamericana de electrodos, Lincoln Electric.

El Tío Pringue era el apodo que le daba Pepe a su hermano Antonio, porque le gustaba mucho «el pringue», es decir, mojar pan en las salsas y en los pucheros. Al contrario que Paco, Antonio era muy extrovertido. Hablaba rapidísimo, hasta tal punto que a veces no se le entendía. Era espontáneo, gracioso, inquieto, un «culo de mal asiento» que siempre provocaba risas en el grupo.

Antonio era cinco años mayor que Paco. El mote con el que le conocían en la familia era el Cabeza. En el Hotel Reina Cristina de Algeciras aprendió a hablar inglés y a defenderse en otros idiomas. Su hermana, María, contaba que su padre solía decir que Antonio no iba a llegar a ninguna parte porque era «el más golfo de todos». Comprobar que su hermano pequeño, con solo siete años, podía tocar la guitarra mejor que él debió de ser una revelación desconcertante. Gracias al dinero que le dieron al despedirle del Reina Cristina y a su sueldo en el Hotel Alcalá, ya en Madrid, la familia pudo mantenerse los primeros meses en la capital y pagar el alquiler del piso de la calle de la Ilustración, que después comprarían.

Antonio era el alma de La Banda. El cable conductor que unía a unos con otros. Él se encargaba de la logística, ese asunto a veces incómodo pero indispensable para mantener un colectivo. Organizaba las reuniones cada viernes, preparaba la comida en el estudio que Manolo Nieto tenía en la plaza del Ángel de Madrid o reservaba mesa en un restaurante cercano. Al que fallaba le ponía firme. Si faltaba más de dos veces, le apuntaba en la lista negra.

A los Pringue se unían eventualmente amigos de Algeciras de Paco, como Victoriano Mera, Manolo Rebolo o José Luis Marín. Por allí también pasaban el primo de Manolo Nieto, Jesús de Diego, al que llamaban «Susi», miembro del dúo Víctor y Diego, que tuvo cierto éxito en los años setenta; y Antonio Cores, otro personaje cercano a la banda, fotógrafo y aventurero de San Fernando (Cádiz), que realizó una amplia serie de fotos de Picasso en sus estudios de Vallauris y Mougins.

Paco quería mucho a Cores porque era una persona sin dobleces ni remilgos, valiente, con un apetito voraz por la vida, condiciones que a Paco le atraían por encima de todo. Provenía de una familia de rancio abolengo de Oviedo, los Uría. Intentó una vuelta al mundo en velero, pero encalló en un arrecife en Santo Domingo. El barco se hundió y él se salvó de milagro. Viajó por el Nilo hasta Uganda haciendo fotos para *National Geographic*. Pilotaba avionetas. Convivió durante diez años con el pueblo nuba, en las montañas de Sudán, junto a su mujer y su hijo. De vez en cuando, los Pringue iban a su casa familiar del palacio de Meres, en Siero. A Paco le volvía loco la fabada asturiana que preparaban allí.

La Banda del Tío Pringue surgió una tarde de 1965. Paco acababa de regresar de su segunda gira por Estados Unidos, donde había coincidido con Emilio de Diego, que había dejado la compañía de José Greco para entrar como director musical en la recién creada compañía de Antonio Gades. Con él vivió Paco algunas de sus aventuras más surrealistas, como cuando en Madrid fueron a la Venta de Manolo Manzanilla en busca de Manolo de Huelva, el guitarrista legendario. Manolo de Huelva era tan aprensivo que a veces hacía poner un biombo en el escenario para que nadie pudiera copiarle sus falsetas. Otras veces miraba al público y, si alguien no le gustaba, decía: «Hasta que no se vaya esa señora yo no toco». El de Huelva estaba retirado y ya no tocaba para nadie, ni con biombo ni sin él, pero Paco y Emilio lograron convencerle con una botella de vino y un bocadillo de caballa con pimientos de piquillo.

Emilio quería que Paco conociera a su primo Manolo Nieto, que vivía en una buhardilla cerca de la plaza de Cascorro. Allí solían reunirse unos cuantos.

—He quedado aquí con un amigo al que os quiero presentar. Paco de Lucía, se llama. No he visto a nadie tocar como él —dijo Emilio.

Ese día, Paco llegó acompañado de su íntimo amigo Carlos Rebato. Tras las informales presentaciones y un rato de conversación, Paco cogió una guitarra, se sentó con las piernas cruzadas y comenzó a tocar las *Zardas* de Vittorio Monti como quien no quiere la cosa. Todos se quedaron con la boca abierta. Tocaba la guitarra como por arte de magia, «como si simplemente pasara los dedos por encima de las cuerdas sin ningún esfuerzo», recuerda Manolo Nieto.

—No está mal para ser un aprendiz... Le estaba contando a mi primo que eres mi sustituto —bromeó Emilio.

Paco sonrió, encendió un cigarrillo y le preguntó a Manolo Nieto:

—Bueno, ¿y tú a qué te dedicas?

—Soy fotógrafo.

—¿Y por qué no me haces una foto?

—¿Para qué quieres una foto ahora?

—Porque me voy a sacar el carnet de conducir y me hace falta.

—Mejor vamos a un fotomatón, ¿no? Digo yo... —respondió Nieto sin tener claro aún si su nuevo amigo le tomaba el pelo.

Manolo Nieto, al que Paco llamaba cariñosamente Crispín, como el compañero inseparable del Capitán Trueno, no podía saber que precisamente acababa de conocer a la persona a la que más fotos y vídeos haría en su vida.

El doctor Jekyll

Carlos Rebato, «Cara Rata», era el amigo con el que Paco más disfrutaba, con quien mejor se entendía, con el que tenía una mayor complicidad. Esa alma gemela a la que se refirió Platón hace dos mil y pico años.

—Hay que ver, Cara Rata, qué vicioso eres —solía decirle Paco como quien se habla a sí mismo frente a un espejo cuando su amigo se encendía otro cigarrillo, cuando se tomaba otra copa, cuando ligaba o cuando se picaba porque había capturado un pescado más grande o atrapado más langostas.

Carlos era muy parecido a Paco en su manera de estar y entender la vida. Ambos mantenían un ida y vuelta de bromas y señales que provocaban una reverberación entre ellos, indetectable para los demás. Competían en todo lo que hacían. La acción más prosaica podía convertirse en un reto mundial, desde una pachanga de fútbol en la playa a una partida de billar o el inocente pasatiempo de lanzar una piedra lo más lejos posible. Estaban jugando continuamente, apostando, retándose como eternos adolescentes, con el simple e inconsciente propósito de reírse.

Rebato fue una de las primeras personas a las que Paco conoció en Madrid. Cuando de adolescente iba a la capital con su padre y su hermano Pepe, con la esperanza de que una discográfica los contratase, se alojaban en una pensión de la calle Santa

Isabel, cerca de la estación de Atocha. Alquilaban una habitación con dos camas. Don Antonio dormía en una y los dos hermanos en la otra. Carlos vivía muy cerca de allí, en la calle Baltasar Bachero, hoy calle Salitre. Su padre era aficionado a la guitarra y tenía un buen instrumento con una doble erre dorada en el clavijero: Ramón Rebato. A Carlos también le gustaba el flamenco. Pronto conectaron y, en cuanto Paco se instaló definitivamente en Madrid tras sus viajes a América, empezaron a salir juntos por los ambientes flamencos.

Además de su amigo del alma, Carlos Rebato fue un fiel escudero de Paco con la guitarra. No era un virtuoso, pero se defendía lo suficiente y a Paco le gustaba tenerle cerca. Durante varios años, le acompañó en las giras junto a su hermano Ramón, haciendo malabares nocturnos y diurnos para mantener su trabajo en la empresa norteamericana de electrodos a la que su padre representaba en España. Llegó un momento en que el equilibrio se hizo insostenible y Ramón Rebato le dijo a su hijo: o los electrodos o la guitarra.

Paco y Carlos se entendían con el chispazo de una mirada. Si estaban en algún lugar en el que Paco no se sentía cómodo, buscaba a su amigo con la vista y, sin mediar palabra, un minuto después, Carlos le esperaba en la puerta de atrás con el coche en marcha. Según Rebato, Paco era como el doctor Jekyll, el científico de la novela de Robert Louis Stevenson que se convertía en el señor Hyde, un psicópata que no recordaba las atrocidades que cometía cuando volvía a su estado normal. De la misma manera, decía Carlos, Paco no era consciente de la fuerza que adquiría con la guitarra, y cómo esta le transformaba cuando subía con ella al escenario.

En cuanto tuvo la confianza capilar suficiente, Carlos se dejó un bigote a lo Burt Reynolds que le acompañó toda su vida.

A Paco y a él les había impresionado la película *Deliverance*, donde participaba este actor. Paco aprovechaba la mínima oportunidad para hacer bromas con el mostacho de su amigo.

—Hay que ver, Carlos, no sé cuándo te vas a quitar esa rata muerta que llevas ahí... Qué vergüenza, Carlos, qué vergüenza.

Rebato no se quedaba atrás y estaba al quite para devolverle la pulla a la menor oportunidad.

La peor guitarra del mundo

Paco no era capaz de estarse quieto. Si no tenía las manos sobre una guitarra, no sabía qué hacer con ellas. Aunque no tocase, mantener el instrumento en el regazo le daba seguridad. Necesitaba estar cerca de la guitarra aunque psicológicamente la repeliera. Le costó mucho esfuerzo aprender a dejar de esconderse detrás. «Me he pasado con ella tres cuartas partes de mi vida. Es mi manera de expresarme. Las palabras casi no las uso».

Le gustaban las plantas y se aficionó a la jardinería. Pasaba horas ocupándose del jardín que tenía en la casa de Mirasierra, en Madrid, donde vivía con Casilda, y también del que tuvo después en la casa de Xpu Ha, cerca de Playa del Carmen, con su segunda mujer, Gabriela Canseco. Sabía de botánica porque preguntaba, observaba y leía libros para enterarse. No tenía ni idea de ebanistería, pero se las arregló para hacer dos muebles para las guitarras en su casa de Mallorca. Tampoco tenía conocimientos de electrónica, pero si se empeñaba podía arreglar un conversor de sonido con un destornillador viejo. Su hijo Curro decía que le daban «chispazos de genio loco». A su hija Casilda se le murió un hámster y él trató de devolverle a la vida insuflándole aire a través del tubo de un bolígrafo. Le gustaba arreglar lo que estaba roto, o desmontarlo para intentar reconstruirlo después. Cualquier cosa, con tal de «liberarse» de la guitarra. En sus últimos años se aficionó a los puzles. Analizaba las piezas y las movía lentamente, mientras esperaba el turno del siguiente cigarrillo.

En Xpu Ha se empeñó en hacer el camino de entrada a la casa con «chinos», ese empedrado típico de algunas calles de los pueblos de Andalucía. En esa región mexicana no hay ni una piedra pequeña, así que se fue con Gabriela Canseco al río más cercano, nada menos que a dos mil kilómetros. Allí cargaron el coche con varios sacos de piedras a las que dio el visto bueno una a una. Pasó días enteros en el suelo colocando los chinos metódicamente en la casa caribeña.

También se encargó de poner él mismo el suelo de chinos en su casa de Toledo, un pequeño palacete del siglo xv. Embebido en ese trabajo, recibió la llamada del productor Javier Limón para comunicarle que Claus Ogerman, uno de los arreglistas más importantes de Estados Unidos, quería trabajar con él. Paco escuchó la noticia sin mayor interés.

—Javier, ahora no te puedo atender. Estoy con el tema de los chinos, que es un asunto muy delicado —le dijo a Limón.

Cuenta Limón que se quedó extrañado por la actitud de Paco, y sobre todo intrigado por saber quiénes eran esos chinos. Unos días después, volvió a llamarle.

—Mira, Javier, no insistas. Ya te he dicho que los chinos son ahora mi prioridad.

Limón, preocupado, trató de averiguar a través de su discográfica, Universal, si Paco estaba realizando alguna colaboración con artistas chinos que él desconocía. Por fin, decidió presentarse en Toledo y comprobar por sí mismo a qué se refería Paco. Al llegar a su casa, le encontró sentado en el suelo del recibidor «con un chándal rojo con rayas blancas, las manos llenas de cemento» y un cubo lleno de chinos ordenados por tamaños y colores. «Me explicó que para colocar los chinos en el suelo había que tener mucho cuidado porque deben conservar una estética determinada, cosa que no cualquiera puede hacer bien, y que por eso se había puesto manos a la obra él mismo en vez de llamar a un albañil», dice Limón.

Lo que Paco se proponía lo hacía. Cuanto más laboriosa la tarea, fuera la que fuese mientras no tuviera que ver con la guitarra, más le absorbía. «Si su padre hubiera sido mecánico de coches y le hubiera enseñado el oficio, Paco habría sido el mejor ingeniero mecánico del mundo. Tenía una capacidad superior», asegura Manolo Nieto.

Un día, Paco y Carlos Rebato aparecieron por el estudio de Manolo Nieto, punto de encuentro de los de La Banda del Tío Pringue.

—Toma, Manolín, te traigo esta guitarra, que es la peor guitarra del mundo. Suena como una caja de pescado —dijo Paco.

—Pero Paco, si yo no tengo ni idea de tocar la guitarra, para qué la quiero.

—Tú guárdala por ahí, y ya veremos.

Era una guitarra barata, mal hecha, le faltaba una cuerda. A saber de dónde la habían sacado. Quizá se la encontraron por la calle. Allí se quedó el instrumento, arrumbado en un rincón del estudio de Manolo. Paco tenía guitarras mil veces mejores, pero aquella no la olvidó. Tiempo después, preguntó por ella.

—Ahí la tienes, Paco, donde la dejaste. Yo no la he tocado.

—Trae p'acá.

La agarró y empezó a trastear con ella. Le ajustó las clavijas. Pulsaba las cuerdas. Inclinaba la cabeza y apoyaba la sien en la caja. La afinó durante un rato, cerró los ojos y se puso a tocar. Aquella guitarra sin una cuerda que sonaba «a muerto» se convirtió en sus manos en la mejor guitarra del mundo. De pronto, la soltó y dijo:

—Bah, qué pereza tanta guitarra. —Y volvió a dejarla en el rincón.

En otra ocasión, estaba de gira con la compañía de Antonio Gades en Brasil. Nada más terminar el concierto, salió corriendo con su amigo Emilio de Diego. La juerga duró hasta la tarde siguiente. Llegaron por los pelos para subir al escenario justo cuando tenían que interpretar la farruca. Con las prisas del día anterior, Paco había guardado la guitarra en su estuche sin quitarle la cejilla. Este olvido es casi un sacrilegio para un guitarrista. Al dejar tanto tiempo ese cepo que presiona las cuerdas, estas pierden su tensión cuando se liberan y hay que volver a afinar. Emilio vio la guitarra de Paco y le hizo un gesto para indicarle que él ganaría tiempo mientras volvía a poner las cuerdas en su tono. Pero Paco le respondió en voz baja: «No te preocupes. Tú sigue, que me apaño».

Gades apareció en el escenario. Hizo los primeros movimientos de su mítica farruca, con las caderas quietas y los dedos de la mano juntos, como había aprendido de Vicente Escudero. Sin soltar el cierre de la cejilla, Paco tardó solo unos segundos en hacer la translación, adaptándose a la posición que las cuerdas mantenían desde la noche anterior. «Eso está prohibido. No se puede hacer. Los guitarristas normales hubiéramos tardado horas en volver a poner esa guitarra en su tono. Pero Paco tenía el instrumento tan interiorizado que era él mismo. Lo entendía y lo dominaba absolutamente. Y no presumía de ello», dice Emilio de Diego.

La neurociencia explica que la observación, más que la práctica, es el componente fundamental para aprender a tocar un instrumento, porque activa el llamado «mecanismo de la representación motora». Según un estudio que publicaron Frances Rauscher y Wilfried Gruhn en *Neurosciences in Music Pedagogy*, la práctica mental que muchos intérpretes realizan sin el instrumento quizá parezca «una conducta compulsiva», pero en realidad está estrechamente relacionada con el aprendizaje: «Cuando se practica mentalmente varios días seguidos, las regiones cerebrales implicadas muestran adaptaciones plásticas», dicen Rauscher y Gruhn. La diferencia con los músicos de clásica a los que se refieren la psicóloga y el musicólogo, es que Paco no sabía leer ni escribir música. Absolutamente todo estaba en su cabeza. La única manera de que quedase registrado era grabándolo.

Cuando estaba con sus amigos del Tío Pringue en Playa del Carmen, Paco no sacaba la guitarra de su estuche salvo para organizar alguna chirigota, como aquella vez que se disfrazó con aletas, calcetines, un sarape mexicano y un sombrero de paja, y montó el «Concierto subacuático caribeño a cargo de Paco de Lucía y el ballet Mandrágora».

Lo que pretendía era escapar de la tensión que le invadía el resto del año. El ritmo de las giras continuas y la exigencia de componer nuevos discos le agobiaban. Necesitaba tiempo para dar forma a los temas que llevaba en la cabeza. En realidad, la presión exterior era lo de menos. La exigencia provenía de su interior. «Soy muy fuerte, porque si no habría sucumbido hace tiempo. Doy traspiés, pero de momento no me caigo. Tengo la responsabilidad ante mí mismo de decir algo nuevo y necesito tener tranquilidad para componer mi próximo disco, que es lo que va a quedar», dijo en una entrevista. «Los conciertos —dijo también— se los lleva el viento».

En un capítulo del programa *Cantares* (1978), presentado por Lauren Postigo, Paco aparece bronceado y relajado junto a su mujer, Casilda. Hace poco más de un año que se han casado. Ella está embarazada de su primera hija. Aún no saben el sexo del bebé. Casilda quiere niña. Paco, niño. Lo echan a cara o cruz. Lanzan una moneda al aire y sale cara: será niña, y llevará el nombre de la madre. Postigo pregunta a Paco cómo ha llegado a convertirse en una estrella:

—A mí me ha venido todo gratuito. Lo único que he tenido que hacer es ser yo mismo. Nada más.

El presentador supone muchas horas de trabajo detrás, pero Paco replica:

—De trabajo no, porque lo mío es más una devoción que una obligación. He pasado muchas horas de niño con la guitarra. Ocho o diez horas cada día, durante años. Pero ahora casi no toco. Solo toco cuando me apetece tocar, para sentirme bien.

Salvar al pelícano

El verano en que los de La Banda del Tío Pringue llegaron por primera vez a Playa del Carmen, aquella costa era casi virgen. No había ninguna construcción salvo las palapas de los indios mayas, unas estructuras al aire libre sostenidas por pequeños pilotes de madera con tejados de hoja de palma. Era un pueblito de paso, cercano a la playa, con exiguas tiendas de comestibles y algunos puestos de frutas al pie de la carretera. Allí habitaban poco más de un centenar de familias mayas que vivían de la pesca y del comercio con la cercana isla de Cozumel. Aparte de ellos, los únicos habitantes eran tres o cuatro extranjeros retirados del mundanal ruido que pasaban temporadas en la playa, como una violinista de la orquesta sinfónica de Colorado en cuya casa los del Tío Pringue se quedaron una temporada, hasta que terminaron de construir la de Paco.

La única manera de comunicarse con España era a través de un teléfono que había en una caseta de madera, alimentado con la batería de un camión. Una pequeña carretera discurría en paralelo a la costa, a unos dos kilómetros hacia el interior, conectando Playa del Carmen y Tulum. A Paco le gustaba esa sensación de aislamiento. Buscaba ese mundo aún inocente, incorrupto. A pocos metros de la orilla se levantaba un espeso muro de vegetación tropical donde habitaban faisanes, pecaríes, guacamayos, zarigüeyas, tejones, serpientes venenosas y algún jaguar. A principios de 1980, el censo en Playa del Carmen era de mil quinientos habitantes. Cuarenta años después, la población estable se sitúa en más de trescientas mil personas. «Esto antes era una selva. Ahora parece Torremolinos», dijo Paco.

Cuando se acercaban los meses de verano, José Emilio Navarro, Berry, representante de Paco en España y Latinoamérica, sabía que debía tener la agenda despejada hasta septiembre, aunque fueran las fechas más idóneas para los conciertos. Las vacaciones con sus amigos eran sagradas para Paco.

—Berry, en julio y agosto no firmes nada, que no trabajo.

—Es la época con más conciertos del año, Paco. En España tendríamos la agenda repleta.

—Me da lo mismo. En verano ya sabes que cierro el chiringuito.

Desde el inicio de su carrera, Paco se acostumbró a dar conciertos en todo el mundo. Fue una tarea sacrificada. Muchas veces, la cantidad de público no compensaba el desplazamiento, pero cada nueva temporada iba subiendo el aforo de los recintos donde tocaba. De manera quizás intuitiva, acertó con una estrategia que pronto le convirtió en un músico internacional, reclamado desde América hasta Japón, desde Europa a Australia. No dependía del éxito que tuviera en un país concreto o en una región para que las cosas le fueran bien. Podía permitirse no tocar en lugares que no le interesaban por acumulación de fechas. Su ausencia generaba una necesidad, de tal manera que era esperado con más expectación en la temporada siguiente. Se convirtió en un artista *cool* al que tenías que ver en directo para estar en la onda. De pronto, Paco era un icono de la sensibilidad moderna. Esto era algo que jamás había sucedido con un guitarrista flamenco.

En Playa del Carmen la temperatura aproximada del agua es de veintiocho grados. El mar transparente apenas tiene oleaje. El efecto de la luz sobre el fondo poco profundo tiñe la superficie de azul turquesa. A unos minutos en barca se encuentra un arrecife con peces globo, caballitos de mar y tortugas. La dinámica preparada por Paco disponía que Manolo Ramírez se quedara vigilando en la barca motora mientras los demás se sumergían en el agua. Carlos Rebato acompañaba a Paco, y Manolo Nieto grababa. A veces se dejaban llevar por la corriente. Nieto llevaba un aro de acero donde Paco y Rebato iban insertando los robalos que capturaban. Si regresaban con más pescado del que podían comer, Paco lo repartía entre sus vecinos mayas.

En uno de los vídeos submarinos de Nieto, se ve a Paco bailando alrededor de una majestuosa tortuga carey. Le coge suavemente de la aleta y el animal le acompaña. La barrera de coral, que Paco conocía muy bien, alcanza hasta veinte metros de altura submarina. Había morenas verdes, peces vela, barracudas. Una vez se cortó un tendón de la mano con el coral y a punto estuvo de llevarse un susto más grave. En otro vídeo, Paco ve en el fondo dos rayas jaspeadas y se sumerge hasta ellas unos diez metros.

—¡No las pinches, Paco! —avisa Nieto con gestos.

Las rayas están posadas en la arena. Paco toca a una de ellas con el fusil neumático y, al ondularse para iniciar el nado, levanta una nube de arena que oscurece el agua. Solo se ven las motas perladas de la piel de la raya desplegándose, como si el mar se hubiera convertido al instante en un cielo nocturno.

En ocasiones, algún tiburón toro se acercaba a la costa para barrer el fondo en busca de cangrejos y calamares. En ese caso, tenían que ir con cuidado. Una vez, en Hawai, Paco se echó a nadar mar adentro. Era un temerario. Al día siguiente, su hermano Pepe leyó en el periódico que varias playas habían sido desalojadas a causa de los tiburones. La mayor captura de Paco en Playa del Carmen fue un tiburón gato. Cuando se topó con él ya estaba herido, con un anzuelo clavado. En una foto posa coqueto con el cuerpo aún mojado, el pelo peinado hacia atrás y el tiburón sobre la encimera de la cocina.

En otro vídeo, titulado *Salvar al pelícano*, Paco y Carlos vuelven en barca de Tulum, donde habían ido a recoger un motor nuevo. En medio del mar, se encuentran un pelícano y lo suben a la barca.

—Está lleno de heridas, pobrecito. Le habían atado una boya a la pata y no podía volar. Qué hijos de puta —explica Paco a los Manolos cuando llegan a la orilla.

Tratan de alimentarlo, pero el ave les lanza picotazos. Paco consigue acercarle un trozo de pescado con un palo. El pelícano lo engulle. Y otro. Paco lo celebra entusiasmado.

—¡*Pal* buche!

Cuando recupera las fuerzas, el pelícano echa a volar con un ímpetu melancólico rozando el mar hacia el horizonte. Paco le sigue con la mirada sonriendo.

Como hizo Leopold Mozart con su hijo, don Antonio «exhibe» a Pepe y Paco en reuniones de flamencos y aficionados en Algeciras y alrededores con la idea de darlos a conocer. Un día actúan en Radio Algeciras; otro, en una fiesta con el famoso cantaor Antonio el Chaqueta; otro, en un festival benéfico por Navidad. En algunas fotografías aparecen los dos repeinados, con pantalón corto, chaqueta gris y chaleco, es de suponer que sudando a chorros bajo aquel traje de faena. Empiezan a ser conocidos como Pepito y Paquito de Algeciras.

Primera actuación de Los Chiquitos de Algeciras (cortesía de Ziggurat Film Productions).

La primera vez que subió al tren para ir a Madrid con su padre y su hermano Pepe. El humo del carbón que salía de la locomotora, los asientos de madera, los bocadillos de tortilla que su madre les había hecho para el camino, el vendedor de refrescos, que decía: «¡Hay gaseosas Citrania, de naranja y de limón!».

En la fotografía, Pepe, Paco y su padre, Antonio, se asoman a la ventana del vagón, en la estación de Algeciras (cortesía de Ziggurat Film Productions).

Paco envidiaba la voz de su hermano Pepe. Cantar le daba mucha vergüenza. En cambio, Pepe se distinguió desde muy niño por su descaro. Tenía exactamente un año y nueve meses más que Paco. De los dos hermanos, el protagonista era sin duda Pepe. No solo porque por entonces el cantaor mandaba sobre la guitarra, sino porque además era el travieso, el intrépido, el que no paraba hasta salirse con la suya, el Pelleja. Paco era el dócil, el obediente, el que de natural tenía un temperamento más prudente y reflexivo. En la imagen, los dos hermanos junto a su padre (© Album/Colección particular).

En cuanto Paco empezó a dedicar tanto tiempo a la guitarra, su padre se dio cuenta de dos cosas: la primera fue que su conocimiento ya no alcanzaba para enseñarle nada más y, por tanto, el papel de profesor debía pasar a su hijo Ramón; y la segunda, que la familia al completo debía concentrar sus esfuerzos en hacer de Paco un número uno. En Ramón recayó la responsabilidad de orientar a su hermano hacia lo más alto. Ramón y Paco (cortesía de Ziggurat Film Productions).

Uno de los que se interesó por ver al niño prodigio fue el guitarrista número uno del momento, Agustín Castellón Campos, conocido como Sabicas, que vivía en Nueva York desde que escapó de la Guerra Civil para incorporarse a la compañía de Carmen Amaya en Buenos Aires. Era sobrino de Ramón Montoya y estaba considerado la mayor figura de la guitarra desde su tío, inalcanzable por su técnica e innovador en la ejecución. Fotografía de Paco de Lucía en Nueva York con Sabicas (cortesía de Ziggurat Film Productions).

En Estados Unidos, Paco se unió en 1962 a la banda de Greco como tercer guitarrista. Aún no tenía experiencia en grandes escenarios como en los que tocaban, pero a sus catorce años ya superaba técnicamente a Modrego y Barón. Empezó a correrse la voz de que un prodigioso niño guitarrista había llegado de España. Músicos de todas partes del país acudían a verle. Para Paco fue como saltar de repente a la Luna.
Fotografía en grupo frente al autobús de Greco (cortesía de Pepe de Lucía).

El plan paterno funcionó a la perfección. Era otoño de 1962 cuando la familia Sánchez Gomes, salvo María, que se quedó en Algeciras con su marido y su hijo recién nacido, se muda a Madrid, a un piso en la calle Ilustración, 17, muy cerca de la estación del Norte.

Paco con su madre Luzia en la Gran Vía de Madrid en septiembre de 1965 (cortesía de Ziggurat Film Productions).

Pocas parejas artísticas en la historia de la música, de cualquier género, han alcanzado el grado de complicidad que tuvieron Paco de Lucía y Camarón de la Isla. Recogieron lo más valioso de la tradición que aprendieron de sus mayores y les dieron otra dimensión a los diversos estilos del flamenco, cuando todo parecía inventado y, para algunos, en decadencia.

Camarón y Paco de Lucía en una actuación (© Album/Colección particular).

Hay muchas historias de amor entre personas de distinta clase social. La de Paco y Casilda es una más y es diferente, como todas. Ambos provenían de mundos antagónicos y, sin embargo, descubrieron una afinidad asombrosa, intermediada por el flamenco y por un tiempo en el que todo empezaba a ser posible. Se casaron en Ámsterdam el 27 de enero de 1977 «para evitar el jaleo» de la prensa en España. Paco y Casilda recién casados (© Manuel Nieto Zaldívar).

El reducido círculo de confianza de Paco, «los cabales», como él decía, cerraba filas en torno a él. Se hacían llamar La Banda del Tío Pringue. No provenían del mundo del flamenco, no se dedicaban a la música y no mencionaban la guitarra. Se prohibía la entrada a patosos. Durante casi veinte veranos, el plan de Paco y sus amigos en Playa del Carmen consistió en salir al mar cada mañana sobre las doce en una barca motora para hacer pesca submarina a pulmón.

En la fotografía, en primer plano está Carlos Rebato; a la derecha de Paco, Manolo Ramírez; a su izquierda, Manolo Nieto (© Manuel Nieto Zaldívar).

Para compensar esa incertidumbre interna, que desde fuera cualquier otro percibía como una confianza absoluta en sí mismo, Paco necesitaba sentirse de alguna manera acompañado y protegido por sus músicos. Gozaba tocando con sus hermanos y el resto del Sexteto. Todos lo hacían. Y el invento funcionó. «No busco un flautista, un percusionista o un cantaor. Busco músicos de los que aprender y personas con las que divertirme», dijo.

De izquierda a derecha: Ramón de Algeciras, Carles Benavent, Paco de Lucía, Pepe de Lucía; detrás de ellos: Rubem Dantas y Jorge Pardo (cortesía de Ziggurat Film Productions).

Paco con sus tres hijos mayores, Casilda (1978), Lucía (1979) y Curro (1984), fruto de su matrimonio con Casilda Varela (cortesía de Casilda Varela).

—Juanito, ¿qué tengo que hacer? —le preguntó Paco a McLaughlin.

—No te preocupes, tú solo toca. Toca a lo grande, porque eres grande. Por lo demás, no te preocupes.

—Claro, a ti te parece sencillo, pero yo me estoy volviendo loco, Juanito.

—Imagina que eres un funambulista. Caminas en la cuerda floja y te puedes caer. De hecho, caes cuando improvisas. Pero lo único que puede dolerte es tu ego. Así que no pasa nada, no te preocupes.

Concierto de Paco de Lucía y John McLaughlin del 17 de julio de 1987 en Treptower Park, Berlín (© imageBROKER/Rolf Zöllner/Newscom/lafototeca.com).

Cuando Chick Corea escuchó *Fuente y caudal* se volvió loco con Paco. «¡Ya sé hacer con el piano los cierres que hace Paco!», le dijo Chick a Ruy-Blas cuando volvieron a encontrarse tiempo después en Nueva York.
Paco de Lucía y Chick Corea (© Album/Paco Manzano).

En Xpu Ha, cerca de Playa del Carmen, conoció a la que sería su segunda mujer, Gabriela Canseco, en un bar de la zona. Unas mesas más allá de donde se encontraba Paco con el resto de La Banda del Tío Pringue había un grupo de chicas, licenciadas universitarias que estaban haciendo unas prácticas en una excavación cercana. Paco y sus amigos las invitaron a sentarse con ellos. Gabriela Canseco se sentó al lado de Paco. No sabía que era un famoso guitarrista. «Sentí atracción y miedo por la fuerza que irradiaba su mirada», dice cuando recuerda el primer encuentro. Ella tenía veinte años menos que él. Se enamoraron y se casaron. En 2001 nació su hija Antonia y en 2007, su hijo Diego. La fotografía muestra a Gabriela y Paco con sus hijos Antonia y Diego en Mallorca (cortesía de Gabriela Canseco).

A finales de los años noventa, Paco se muda definitivamente a su casa de Xpu Ha, a unos treinta kilómetros al sur de Playa del Carmen. Su anterior vivienda acabó siendo engullida por las urbanizaciones turísticas. En Xpu Ha había comprado un terreno que iba desde la carretera hasta la playa y en la jungla intermedia se había hecho construir su casa, con una piscina para nadar y un torreón donde instaló su estudio.

Paco de Lucía en Xpu Ha (cortesía de Gabriela Canseco).

La búsqueda

Empieza el llanto
de la guitarra.
Se rompen las copas
de la madrugada.
Empieza el llanto
de la guitarra.
Es inútil
callarla.
Es imposible
callarla.
Llora monótona
como llora el agua,
como llora el viento
sobre la nevada.
Es imposible
callarla.
Llora por cosas
lejanas.
Arena del Sur caliente
que pide camelias blancas.

FEDERICO GARCÍA LORCA,
«Poema de la siguiriya gitana: La guitarra»,
Poema del cante jondo

Manuel de Falla tenía un deseo de absoluta perfección y un carácter tímido «como de peregrino triste», según su amiga María de la O Lejárraga. Paco se sentía identificado con él. Cada vez que oía su música le hacía sentir algo distinto, le recordaba a su niñez.

A pesar de la profunda influencia de la música andaluza y del flamenco en la obra de Falla, ningún guitarrista flamenco se había acercado nunca a sus composiciones. Por otra parte, aunque los ritmos percusivos, los acordes disonantes y los rasgueados son una constante en sus partituras, Falla solo compuso una obra para guitarra, «Homenaje Pour le tombeau de Claude Debussy». Es un tributo que hizo al compositor francés poco después de su muerte.

Tras intentar sin éxito estrenar su ópera *La vida breve* en Madrid y cansado del estéril ambiente musical de España, Falla decidió trasladarse a París con el fin de «conocer los procedimientos de la escuela moderna francesa». Se hospedó con Joaquín Turina en el Hotel Kléber. María Lejárraga, una escritora que publicó la mayor parte de su obra con los apellidos de su marido, Martínez Sierra, describe así en sus memorias el primer año de Falla en París:

Vivía a la sazón en uno de esos tristes, sórdidos, repelentes hoteles en los cuales, como hubiese dicho Cervantes, «toda incomodidad tiene su asiento», en los que París ha cobijado tanto sueño de arte y tanta esperanzada ilusión de futura gloria. En la habitación pequeña, no muy limpia, con la alfombra raída, las cortinas desteñidas y deshilachadas, el lecho dudoso, la luz escasa, no había otro lujo que un piano alquilado, a costa Dios sabe de qué privaciones, el cual, como decía el maestro sonriendo con no poca amargura, sonaba más a bandeja que a clavecino.

Paul Dukas, compositor de *El aprendiz de brujo*, la melodía que Disney haría famosa años después con Mickey Mouse, se interesó por *La vida breve*. Dukas le presentó a Albéniz, que le invitó a escuchar su *Iberia* y le dijo una frase que Falla solía repetir: «La música española debe ser una mujer hermosa que asome al balcón de Europa para que los que pasen le echen piropos».

En las Navidades de 1907, Falla conoció a su admirado Debussy, con quien mantuvo largas conversaciones que anotó en forma de consejos, y a través de él a Igor Stravinsky. Debussy, que parece ser que la única vez que pisó España fue para ver una corrida de toros en San Sebastián, abrió los ojos a Falla en cuanto a la utilización de los recursos armónicos de la guitarra flamenca. A veces hay que irse lejos para ver lo que se tiene más cerca. Escribe Falla:

Hay un hecho interesante sobre ciertos fenómenos armónicos que se producen en el particular tejido sonoro del maestro francés. Este fenómeno en germen lo producen en Andalucía con la guitarra de la manera más espontánea del mundo. Cosa curiosa: los músicos españoles han descuidado, incluso desdeñado, estos efectos, considerándolos como algo bárbaro o acomodándolos a los viejos procedimientos musicales; Claude Debussy les ha demostrado la manera de servirse de ellos. Las consecuencias han sido inmediatas: bastan para demostrarlo las doce admirables joyas que bajo el nombre de *Iberia* nos legó Isaac Albéniz.

De regreso a España, donde por fin estrena con éxito *La vida breve* en el Teatro de la Zarzuela de Madrid, en 1914, Falla compone *El amor brujo* y *El sombrero de tres picos*. El libreto de ambas es de María Lejárraga, aunque se le atribuyó a su marido. Durante la elaboración de *El amor brujo*, Falla pasó muchas horas en compañía de la bailaora gitana Pastora Imperio, para quien escribió expresamente la obra, y de la madre de esta, Rosario Monje la Mejorana, de quien dicen que fue la primera mujer en levantar los brazos en el baile flamenco. El compositor les pedía a madre e hija una y otra vez que le cantaran por soleares, seguiriyas y martinetes, con la intención de impregnar su música con las formas de los cantes.

Falla y Lorca se conocieron en Granada en el verano de 1919. «De no haber sido por ellos, el flamenco seguiría marginado», dijo Paco. Según Falla, su intención era rescatar del olvido los usos antiguos del flamenco, y no de impulsar lo nuevo:

Contra lo que ustedes suponen, esos cantos no representan solamente un valor musical-popular retrospectivo, ni mucho menos son una sombra del pasado. El polo, la caña, los martinetes, las serranas y la soleá vieja forman con la siguiriya gitana el único grupo de canciones andaluzas dignas de ostentar ese nombre y para que resurgieran es para lo que celebramos el Concurso de Cante Jondo, pues para que se canten las canciones flamencas ahora en boga no nos habríamos tomado ese trabajo, y yo, por mi parte, no hubiera perdido casi un año de labor personal. Solo, repito, nos propusimos provocar el renacimiento de este arte popular admirable que estaba a punto de desaparecer para siempre víctima del *couplet* [sic] y de las modernas canciones flamencas, que son tan andaluzas como yo chino.

Lorca le secundó en una conferencia previa al certamen, donde se refirió al cante jondo como «canto primitivo andaluz»:

¡Señores, el alma musical del pueblo está en gravísimo peligro! ¡El tesoro artístico de toda una raza va camino del olvido! Puede decirse que cada día que pasa cae una hoja del admirable árbol lírico andaluz, los viejos llevan al sepulcro tesoros inapreciables de las pasadas generaciones, y la avalancha grosera y estúpida de los *couplés* [sic] enturbia el delicioso ambiente popular de toda España.

La iniciativa fue tan insólita y entusiasta que un escritor ajeno al flamenquismo que además se encontraba en pleno apogeo vanguardista, Ramón Gómez de la Serna, se encargó de redactar las crónicas del certamen para *El Liberal* de Madrid. Ramón fue también quien pronunció el discurso de apertura del concurso. El público consideró sus palabras alejadas de sus expectativas o de su paciencia, ya que se dedicó a aplaudir cada vez que el escritor abría la boca hasta que consiguieron callarle y obligarle a que diera paso a los cantes.

«El cante jondo ha dejado en nuestra alma un deseo más vivo de las cosas hondas y un odio más decidido por las cosas cursis o que no merecen la pena. Todo ha de ser más "jondo" en nuestra literatura», fue una de las conclusiones a las que Gómez de la Serna llegó durante sus días en Granada.

Los ganadores fueron un anciano y un niño. Diego Bermúdez, llamado el Tenazas de Morón, de sesenta y ocho años, discípulo de Silverio, que había abandonado el cante treinta años antes debido a una puñalada en un pulmón que acabó perdiendo. Y un tal Manolo Caracol, hijo de Caracol el del Bulto, de doce años, que con el tiempo colgaría el diploma en la pared de su tablao Los Canasteros.

En una entrevista donde le preguntaron por su método para estudiar, ya que no sabía leer música, Paco dijo que aprendía «a través de una antena» que llevaba puesta. «La ventaja es que yo toco mi propia música. Bueno, hubo una época en que yo tenía muchas ganas de tocar a Manuel de Falla, pero me daba tanto respeto que quería hacerlo leyendo la partitura tal y como él la había escrito». Y declaró: «Falla es, sin duda, mi maestro espiritual».

Paco pasó mucho tiempo dando vueltas a la manera en que podía reinterpretar en clave de flamenco una partitura clásica que a su vez se había inspirado en el flamenco. Encontró un libro de solfeo en su casa, lo hojeó y se dispuso a identificar cada símbolo de *El amor brujo*, asociando la escritura a las notas, descifrando la partitura como un jeroglífico. «Es un trabajo enorme, pero me dio una gran satisfacción, porque es la única vez que yo he trabajado en mi vida», bromeó.

Además de aprender a transcribir las piezas de Falla sin la formación musical necesaria para ello, ensayó a conciencia durante meses. «Mi intención no es meterme en el mundo de la música clásica, sino devolver la música de Falla a sus raíces».

En su homenaje al maestro gaditano, interpretó «El paño moruno», una rima campesina de pícara metáfora que Falla recogió de los cancioneros tradicionales e incluyó en *Siete canciones populares españolas*. Paco la transformó en una bulería con el cante camaronero de su hermano Pepe.

Al paño fino, en la tienda,
una mancha le cayó;
por menos precio se vende,
porque perdió su valor.
¡Ay!

También trasladó la «Danza española n.º 1» de *La vida breve*;
la «Danza de los vecinos», la «Danza del molinero» y la «Danza
de la molinera», de *El sombrero de tres picos*, y varias piezas de
El amor brujo, como la «Danza ritual del fuego» y la «Canción
del fuego fatuo»:

Lo mismo que el fuego fatuo
lo mismito es el querer.
Le huyes y te persigue.
Le llamas y echa a correr. [...]
Lo mismo que el fuego fatuo
se desvanece el querer.

Falla no es interpretado por Paco, sino que Paco interpreta a
Falla. «El auténtico respeto aquí no excluye la incorporación de
ciertos agregados rítmicos y algunos compases dialogados, formas de amor más que licencias», escribió Félix Grande. Según
Norberto Torres, la guitarra de Paco en el mundo de Falla se
convierte en una pequeña orquesta con «rasgueados misteriosos,
agudos percusivos como trompetas, cálidos graves como los del
chelo, roce de arcos, acordes pianísticos y arpegios de arpa».

Lo que a Paco le preocupaba de esta experimentación era
mantener el equilibrio, seguir siendo él mismo, como le respondió a Lauren Postigo, no perder su espíritu flamenco por entrar
en exploraciones que algunos consideraron licenciosas o gratui-

tas. «Esta música es, en el fondo, la expresión de tendencias fundamentales del ser humano: la muerte, el amor, el deseo, el dolor. Nadie mejor que Falla supo expresar la esencia existencial del flamenco, aunque pocas veces respeta la forma en sus obras. Espero haber profundizado un poco mi conocimiento del flamenco. De todas maneras, soy todavía un aprendiz», dijo.

Una vez más de forma intuitiva, Paco pulsa dos afinidades esenciales que le unen a su «maestro espiritual»: la angustia ante el abismo del proceso creativo, y el temor por la obligación que él mismo se ha impuesto de aportar algo nuevo en cada obra.

Quizá le hubiera venido bien escuchar el consejo que el profesor de piano del joven Falla, consciente de que sus propias ansias de perfeccionismo podían convertirse en su principal obstáculo, le dio a su alumno: «Sea usted todo lo minucioso que quiera, pero no busque tanto la perfección, pues esta ya vendrá con el tiempo y el trabajo».

Me van a matar

John Coltrane y Miles Davis buscaron en el flamenco las posibles raíces africanas del jazz. Ambos creían en la universalidad de la música que provenía del pueblo, fuera cual fuera su región de origen. Coltrane estaba tan obsesionado con su investigación musical que incluso creía en el componente místico de una melodía. «Me gustaría traer algo de felicidad a la gente. Ojalá pudiera descubrir un método que, si yo quiero que llueva, empiece inmediatamente a llover. Si uno de mis amigos está enfermo, tocar una canción y que se cure. Los verdaderos poderes de la música aún no se conocen».

En 1959, Miles Davis se sentía «en la cima del mundo». Estaba de gira con su sexteto, donde tocaba Coltrane. Cada noche que interpretaban su disco *Kind of blue* llenaban el local. Ava Gardner y Elizabeth Taylor entraban a saludarle al camerino. Pero una noche de agosto un policía pensó que Miles iba a pegarle. Hubo un altercado que acabó con el músico en comisaría y su licencia para actuar en los clubes de Nueva York revocada por un tiempo. Miles aprovechó este descanso obligado para recuperar una idea que había hablado con el pianista Gil Evans. Se trataba de *Sketches of Spain*. Unos meses antes, en Los Ángeles, Miles había escuchado en casa de un indio mexicano una grabación del *Concierto de Aranjuez*, de Joaquín Rodrigo. «Supe allí mismo que tenía que grabar aquella música, porque, simplemente, se me quedó clavada en la conciencia», cuenta en sus memorias.

Esta obra del compositor español es una *rara avis*. Hay pocos conciertos en los que la guitarra se confronte con la orquesta. Con la ayuda de Evans, Miles trasladó a su trompeta la pieza de Rodrigo y la «Canción del fuego fatuo», de Falla. También incluyeron en el disco su particular versión de una saeta y de una soleá. Cuando Joaquín Rodrigo escuchó el disco, dijo que no le gustaba. «Dado que cobraba derechos de autor por la utilización de la melodía en el disco, dije a la persona que me había transmitido su opinión: "Ya veremos si le gusta cuando empiece a recibir los cheques"», cuenta Miles.

También en 1960, Carlos Montoya, sobrino del patriarca Ramón Montoya y verdadero pionero de la guitarra flamenca en Norteamérica, graba el disco *From St. Louis to Seville*. Le acompañan un guitarrista de jazz, un contrabajista y un baterista, que de pronto se ven lidiando con ritmos de tarantas y zambras.

Poco después de *Sketches of Spain*, Coltrane deja la banda de Miles, pero el embrujo de la música popular andaluza le seguía rondando la cabeza. En 1961 graba con su quinteto el disco *Olé*, que tiene una festiva portada de colores amarillo y rojo. El sustrato rítmico del tema principal, de dieciocho minutos, se basa en el vito, un animado baile tradicional andaluz, parece que de origen cordobés. El compositor Pablo de Sarasate recogió este tema melódico en su «Danza española n.º 7» y posteriormente muchos músicos lo interpretaron, entre ellos Paco de Lucía con Ricardo Modrego, en uno de sus primeros discos. Al vito a veces lo acompaña alguna letrilla jocosa:

Con el vito, vito, vito,
con el vito, vito va,
no me mires a la cara
que me pongo *colorá*.

A principios de los sesenta, el saxofonista Pedro Iturralde formó un cuarteto de jazz en el que estaba el pianista Tete Montoliu. Tocaban a diario en el Whiskey Jazz Club de Madrid. Cuando estudiaba en el conservatorio, Iturralde empezó a interesarse por la música de Falla, Turina, Albéniz y Granados. También le gustaba improvisar sobre estilos flamencos. Un día le llamó Joachim Berendt, el promotor del Festival de Jazz de Berlín.

—Vente con un quinteto y tráete un guitarrista flamenco.

Entonces, Iturralde hizo una llamada a Paco, que acababa de publicar *La fabulosa guitarra de Paco de Lucía* (1967). Su madre, Luzia, respondió al teléfono con su lío de nombres habitual.

—Paquito, que te pongas, que es *pa* ti.

—¿Quién es, mamá?

—Es Torralba. El gachó ese que toca el pito.

Berendt y su socio, Siggi Loch, habían creado en Alemania el American Folk Blues Festival. Fue un éxito y crearon otro de góspel. También triunfó. Así que se les ocurrió hacer uno de flamenco, el Festival Flamenco Gitano. La primera edición fue en noviembre de 1965. Entre los artistas estaba Ramón de Algeciras. En la presentación, los alemanes decían: «La música popular más antigua y artísticamente más rica y viva de Europa».

En 1967, Iturralde y su grupo, formado por un piano, un trombón, un batería, un contrabajo y la guitarra de Paco, tocan en Berlín dos canciones de Falla («Canción del amor dolido» y «Canción del fuego fatuo»), una adaptación del vito de Coltrane y la variación sobre soleares «Veleta de tu viento». El concierto se graba y se edita en disco con el nombre de *Flamenco jazz* y una portada de un cartel de toros. En España se lanza más tarde con el título *Jazz flamenco* y sin toros. Tras varios intentos, este es el experimento más cercano de fusión real entre ambos géneros, aunque Paco dirá más tarde que simplemente intercaló su guitarra entre interpretaciones de jazz. Por entonces, ni siquiera sabía quién era Miles Davis. Ni por supuesto fue consciente de que en aquel encuentro en Berlín se había cruzado con el genio de la trompeta, a quien acompañaba Thelonious Monk. A Paco el jazz aún le sonaba a «ladrido de perros».

Unos años después, en Madrid, el cantante y percusionista Pedro Ruy-Blas, que se cambió el apellido en honor al drama romántico de Victor Hugo, andaba una noche por el tablao Café de Chinitas, donde tocaba cada noche Serranito. Allí se encontró con el pianista Chick Corea, que había estado en una banda con Miles Davis. Iba a tocar en el Teatro Monumental. Al día siguiente quedaron para dar una vuelta y comprar algunos discos. Ruy-Blas le recomendó *Fuente y caudal*. Corea se volvió loco con Paco. «¡Ya sé hacer con el piano los cierres que hace Paco!», le dijo Chick a Ruy-Blas cuando volvieron a encontrarse tiempo después en Nueva York.

Paco y Ruy-Blas coincidieron una mañana en la cafetería de su discográfica, Fonogram. El cantante le habló a Paco del disco de Chick Corea *My spanish heart*. A Ruy-Blas le gustaría hacer algo así. Tenía un grupo llamado Dolores, donde estaban el bajista Álvaro Yébenes y el flautista y saxo Jorge Pardo.

—Mira, Pedro, esto del jazz a mí me atrae mucho, pero no tengo ni puta idea... —dijo Paco.

Por entonces, Paco sentía que había terminado una etapa tras *Almoraima* y buscaba nuevos caminos. En 1977 grabó un tema en Estados Unidos con el guitarrista de jazz fusión Al Di Meola, que no le dejó muy satisfecho. En agosto, dio un concierto en Barcelona y otro en San Sebastián con Carlos Santana. Le acompañaron su hermano Ramón y su amigo Carlos Rebato. «Cuando le veías tocar, era como un destello enorme», dijo Santana.

Paco estaba preparando una adaptación de piezas de Manuel de Falla. Ruy-Blas le propuso que metiera una flauta, la de Jorge Pardo.

—¿Tú estás loco, Pedro, una flauta en el flamenco? Me van a matar, los flamencos no lo van a entender, me van a matar...

Pero en el fondo a Paco le había encantado la idea. Cuando estaba grabando el disco en los estudios Philips, en la sala de al lado estaban los del grupo Dolores. Jorge Pardo (flauta), Álvaro Yébenes (bajo), Pedro Ruy-Blas (batería) y el recién incorporado percusionista brasileño Rubem Dantas se unieron a Paco y sus hermanos, Ramón y Pepe, para improvisar en la «Canción del fuego fatuo». Según Ruy-Blas, «Paco se adentraba en un terreno desconocido y de alguna manera necesitaba sentirse arropado por sus músicos». Este es el inicio del Sexteto, que en su primera formación quedaría compuesto por Ramón, Pepe, Pardo, Dantas y un nuevo fichaje al bajo, Carles Benavent, alias la Garza Flamenca, por denominación de Paco.

Al principio tocaban únicamente por rumbas, que admitían una improvisación más sencilla. Sesión tras sesión fueron encajando las piezas. «Tocar por bulerías era demasiado comprometido y solo nos atrevíamos a hacerlo en los ensayos. Pero aquello iba sonando mejor, hasta que un día nos lanzamos al ruedo», dijo Paco.

Donde no sentó tan bien el coqueteo con esos nuevos sonidos fue en casa de los Lucía.

—Pero ¿qué música es esta? A mí eso del jazz me suena como si fueran espiritistas. ¡Es una cosa rarísima! —dijo don Antonio.

¿Cómo se improvisa?

Todos estos encuentros y experimentos de Paco no fueron premeditados. Según dijo en alguna ocasión, las cosas en la vida se le fueron presentando y él las asumió tal cual venían. Jamás pensó: «Ahora que ya lo he hecho todo en el flamenco, voy a ver qué es esto de la clásica y del jazz». Ni: «Voy a montar un grupo de fusión para que funcione». Adentrarse en el terreno desconocido de otras músicas complejas desde un universo tan cerrado y con unas estructuras tan formales como el flamenco le daba pánico. Terror literal. Pero paradójicamente no podía ir contra su curiosidad de saber qué había más allá, o le podía la vergüenza y no sabía decir que no, con lo que acababa metido en unos *embolaos* tremendos.

Para compensar esa incertidumbre interna, que desde fuera cualquier otro percibía como una confianza absoluta en sí mismo, Paco buscaba la compañía y la protección de sus músicos. Gozaba tocando con sus hermanos y el resto del Sexteto. Todos lo hacían. Y el invento funcionó. «No busco un flautista, un percusionista o un cantaor. Busco músicos de los que aprender y personas con las que divertirme», dijo.

A finales de los setenta, en medio de una exitosa gira europea con el Sexteto, Paco recibió una llamada de su mánager británico, Barry Marshall. Le propuso una serie de recitales con el guitarrista John McLaughlin, que había tocado con Jimi Hendrix y Miles Davis.

—John estará en París. Veámonos allí y os conocéis —dijo Marshall.

Paco se echó a temblar con la propuesta, pero por supuesto dijo que sí. Al regresar al hotel después de su primer encuentro con McLaughlin, le dijo a Casilda:

—Es increíble lo que hace esta gente, el campo que te abre esto del jazz, la cantidad de armonías que se pueden hacer... ¡Son unos fieras!

Solía decir que la armonía es «la caja de herramientas de un compositor». Siempre pensó que disponer de todos los recursos que ofrece una formación musical le habría dado aún más posibilidades de expresión, pero también dudaba sobre si esto le hubiera restado originalidad. «Quieras que no, yo he tenido que inventarme mis propios patrones; eso me ha costado muchísimo esfuerzo pero el resultado es que sueno a mí, no sueno a nadie más».

Enseguida, el dueto con McLaughlin se convirtió en trío con el texano Larry Coryell, que después fue sustituido por Al Di Meola.

Durante los primeros conciertos con ellos, Paco se sentía perdido. Pensaba que no tenía la preparación suficiente, que un músico intuitivo como él no podía enfrentarse a músicos «establecidos» como ellos. Ese conocido complejo de inferioridad por no saber música le mordía con fuerza y le atenazaba. Tenía la impresión de que «Juanito» McLaughlin y Coryell se iban por la tangente en todas las direcciones. Terminaba los conciertos con la espalda *partía* y un tremendo dolor de cabeza debido a la tensión acumulada por tratar de seguirlos. «Suplía mi desconocimiento con lo que podía, con temperamento, con velocidad, no sé cómo salía del paso cada noche. Pero al día siguiente otra vez ese mal trago...».

Cuando por fin llegaba a su habitación, se acordaba de su padre y seguía atormentándose: «Qué necesidad tendré yo de estar aquí, que no necesito esto para nada, que soy un guitarrista flamenco con su nombre y su prestigio...». Pero, al mismo tiempo, Paco intuía que de aquella angustia podía aprender mucho si seguía esforzándose. Y por encima de todo, él quería aprender. «Si he observado algo en la vida, es que a través del sufrimiento se evoluciona», dijo.

Quizá la explicación más clara de qué significa improvisar en la música sea la de Jorge Pardo. «Es una acumulación de frases del lenguaje. Si el lenguaje que acumulas es el de Coltrane o Charlie Parker, es más probable que te salga una improvisación por ellos. La improvisación es un discurso consecuente».

En el flamenco, los acordes son básicos y siempre se regresa al mismo sitio. El guitarrista da vueltas a la falseta que ya conoce, con escasa posibilidad de variaciones. En el jazz, la armonía es infinitamente más sofisticada.

—Juanito, ¿qué tengo que hacer? —le preguntó Paco a McLaughlin.

—No te preocupes, tú solo toca. Toca a lo grande, porque eres grande. Por lo demás, no te preocupes.

—Claro, a ti te parece sencillo, pero yo me estoy volviendo loco, Juanito.

—Imagina que eres un funambulista. Caminas en la cuerda floja y te puedes caer. De hecho, caes cuando improvisas. Pero lo único que puede dolerte es tu ego. Así que no pasa nada, no te preocupes.

Sin embargo, Paco no encontraba la manera de seguirlos. Seguía acostándose cada noche con la cabeza como un bombo. Un día, muy enfadado, le dijo a Larry Coryell:

—¡Dime cómo se improvisa!

Coryell soltó una carcajada y se fue. Paco le siguió, le agarró por la espalda y le dio la vuelta para que le mirase. No podía soportar ya más aquello.

—¡Te estoy hablando en serio! Dime cómo se improvisa, porque estoy reventado, ya no aguanto más.

Coryell le miró incrédulo y dijo:

—Paco, aunque te parezca mentira, John y yo te seguimos a ti. Si estamos tocando en nuestra armonía, sabes que en ese acorde puedes tocar una escala de notas, y después pasas a otro acorde...

—¡Ah, es eso! —dijo Paco relajándose.

Entonces pensó: «Esto no es suficiente. Yo, además, tengo que contar algo».

Una noche de diciembre de 1980, Paco, John y Di Meola graban su concierto en The Warfield Theatre de San Francisco. Como era viernes, lo llamaron *Friday Night in San Francisco*. El álbum despachó más de un millón de copias en todo el mundo y se convirtió en uno de los discos de guitarra más vendidos de la historia. Pocas semanas después, en Navidad, Paco, Larry y John graban su concierto en Tokio. El disco se edita con el nombre de *Castro Marín*, el pueblo de la madre de Paco.

Había descubierto la improvisación: «Trataba de buscar notas que estuvieran casi fuera de la armonía, al filo de la navaja... Y el día que de pronto me olvidé de si estaba fuera o dentro, me salió el solo de mi vida. Empecé a flotar, me dejé ir, y fue eso lo que me enganchó, la idea de que cuando salga al escenario ese momento pueda volver a suceder».

En 1981 sonaron unos cuantos tiros en España y Paco pegó tres bombazos: el mencionado *Friday Night in San Francisco*, su primer disco con el Sexteto y el «cósmico reencuentro» con Camarón.

Para la esperada reunión con José, Pepe de Lucía escribe varios temas, entre ellos el que da título al disco, «Como el agua». Un Tomatito alucinado, que de pronto, con veintidós años, se ve entre sus dos ídolos, acompaña a Paco al toque. En el estudio entran dos integrantes del sexteto, Rubem Dantas y Carles Benavent. Y a las palmas, con Guadiana y la Susi, se suma el hermano Antonio, que entre toma y toma prepara las juergas de La Banda del Tío Pringue. Según Gamboa, la guitarra acompañante de Paco comienza a partir de este álbum un «segundo giro innovador», y lo mismo ocurrirá con la voz de Camarón.

A Paco le dicen que ha abandonado el flamenco, pero en realidad lo está ampliando. ¿Adónde camina Paco de Lucía?, se pregunta algún crítico escandalizado. Paco contesta: «Por más que quiera tocar jazz, no puedo ser otra cosa que flamenco. Soy lo que soy, lo que vi en mi casa desde niño».

El primer disco del Sexteto, *Solo quiero caminar*, es la prueba de ello. Se trata de «una declaración de independencia» que marcará el camino del nuevo flamenco.

En él graban por primera vez con el cajón que Paco vio tocar a Caitro Soto en la casa del embajador de España en Perú. Descubrió que esa caja de resonancia recreaba el mismo sonido que un bailaor con su planta y su tacón. Lo habló con Rubem Dantas y este incorporó el instrumento entusiasmado. Al percusionista brasileño le recordaba al sonido de la mesa de madera de la casa de su abuela en Salvador de Bahía, donde tamborileaba de niño. Tres años después, lanzaron un disco en directo, *Live... One summer night*, resumen de su gira europea de 1983. Según Paco, la primera noche de esta gira, en Utrecht, fue el mejor concierto de su vida. Aquí está la versión en directo de «Chiquito», que es como Paco llamaba a su amigo Chick Corea, con quien estuvo de gira en Estados Unidos y Japón a lo largo de 1982, y en más ocasiones depués. En una inquietante foto del interior del disco, con los créditos, los seis posan en el andén de una carretera perdida en un paisaje mesetario, sobre unos terrones de tierra removida, con un toro de Osborne al fondo. Estos años fueron los de mayor disfrute de Paco dentro y fuera de los escenarios. Es posible que hubiera encontrado la respuesta a su enigma. Pero en su interior, seguía buscando.

El Sexteto se mantuvo durante dos décadas en una gira mundial casi continua. Al final se disolvió por las razones por las que terminan las cosas, «nos empezamos a hacer mayores y quisquillosos y el día a día ya no era tan bonito», resume Pardo. Rubem Dantas recuerda con orgullo: «Inventamos algo juntos».

La letra de los tangos que dan título al disco que revolucionó el género es de Pepe de Lucía. Probablemente al lector le suenen:

Yo solo quiero caminar
como corre la lluvia del cristal,
como camina el río hacia la mar.

El milagro de *Siroco*

El siroco es un viento del sudeste proveniente del Sáhara que atraviesa el Mediterráneo a velocidad huracanada. Este fenómeno arrastra polvo del desierto y es muy molesto. En Cádiz dicen que vuelve loca a la gente.

Quizá para cerrar de una vez por todas el cansino debate sobre si había dejado o no de lado el flamenco, Paco de Lucía compone lo que para muchos es la cumbre de la guitarra flamenca moderna: *Siroco*. Este disco, grabado en 1987, rompe totalmente con la estructura formal en la composición. Paco utiliza una afinación que altera los acordes de sus posiciones comunes. Cuando los demás guitarristas escuchan *Siroco* les da un ídem. Ya nadie volverá a tocar como se tocaba antes. Es un nuevo golpe de timón a la guitarra flamenca de concierto. Otro más.

Lo compuso en el estudio de la parte de abajo de su casa de Mirasierra. Allí se encerraba durante horas cada día en una búsqueda angustiosa. Subía para comer, para pasear a los perros o para distraerse un poco arreglando el jardín. Los escarceos a la nevera eran frecuentes. Casilda tenía que controlarle la comida para frenar su tendencia a engordar. Durante el proceso, tenía un humor de perros, no había quien le dirigiera la palabra. Casilda describe su estado de ánimo en aquellos momentos como «torturado». Incluso minutos después de terminar piezas maestras como «La Cañada», «La Barrosa» o «El pañuelo», que cualquier guitarrista daría una mano por firmar. «Para componer hay que pasar muchas horas encerrado. Me vuelvo una persona irascible, insoportable. Me hablas y te digo sí, pero no te estoy escuchando, no me estoy enterando. Convivir con alguien así es difícil. Nosotros [los guitarristas] tenemos que vivir solos».

Siroco es un suceso tan milagroso que su dimensión hace frente al propio creador, como el titán Prometeo, que desafía a los dioses robándoles el fuego. Según Pohren, uno tiende a volverse «extraño, soñador, nervioso, melancólico, como algunos de los temas del disco» cuando lo escucha varios días seguidos. A Paco le angustia el peso de la responsabilidad. Sabe que todos los ojos están puestos en él. Y después de esto, ¿qué? «Cuando acabo un disco, tengo la sensación de que no es suficiente, de que se me han quedado muchas cosas en la cabeza. Y a la vez, termino completamente vacío, exhausto».

Tiene miedo a volver a decir con la guitarra lo que ya ha dicho, como si eso fuera un síntoma de debilidad o una traición a su niñez. No consigue vencer sus dudas. Los halagos cada vez le molestan más. Al mismo tiempo, su ego le impide bajar la guardia y aprovecharse fácilmente de todo lo que ya ha demostrado. La posibilidad de decepcionar le aterra. Su subconsciente sigue en La Bajadilla. Él mismo es su némesis.

Félix Grande apunta al sentimiento de soledad como la causa de ese descontento de Paco. «No tiene nadie de quien aprender en la guitarra flamenca. Ya aprendió todo, está solo en la vanguardia, y eso debe de ser estremecedor». Una madrugada, el poeta le dijo:

—Paco, estoy preocupado porque creo que *Siroco* no lo vas a poder superar, no puedo imaginar que sea posible algo mejor.

—¿Y qué es lo que te preocupa entonces, Félix?

—Precisamente que te rompas el alma tratando de superar lo que es insuperable. Te conozco, y te va a pasar...

—No lo creas. Ese disco se puede mejorar. Y si no lo hago yo, lo hará otro que venga después —dijo con su irremediable insatisfacción.

Tres años después, graba *Zyryab* con el Sexteto. En un guiño a sus veranos con los fieles del Tío Pringue, compone una rumba que suena a samba, «Playa del Carmen». Su amigo Manolo Sanlúcar se une al disco con una bulería compuesta al alimón, «Compadres»; el piano de «Chiquito» Corea también entra en el tema que da título al disco, y Paco se acuerda con una taranta de su querido Sabicas, que acaba de morir en Nueva York a los setenta y ocho años. En una entrevista, confiesa: «Sé que están esperando a ver con qué sorprende Paco, y Paco ya no sabe dónde buscar, en la chistera o debajo de la manga. Toco para los guitarristas flamencos. Ellos son el termómetro. Pero cada vez cuesta más sorprenderles, lo saben todo ya. Me vuelvo loco, pero a la vez me hace sentir vivo. Veo que aún tengo cosas que decir».

Zyryab fue un personaje del que le habló Félix Grande, un músico musulmán del siglo IX que destacó desde niño por sus habilidades en la corte abasí de Bagdad. Con treinta años, desembarcó en Algeciras camino de la radiante Córdoba de los omeyas. Hasta su muerte, en el año 857, fue «el árbitro incuestionable de todas las elegancias y el promotor de todas las modas nuevas», según escribe Lévi-Provençal en *La civilización árabe en España*. Zyryab, que en persa significa «pájaro negro», creó un conservatorio de música y tuvo una gran influencia en la corte cordobesa. Inventó el laúd de cinco cuerdas, que se convertiría en el precedente de la guitarra española, y cambió el plectro de madera con el que se solía tocar por uno hecho con una garra de águila. «Nunca hubo, antes o después que él, un hombre de su profesión más amado y admirado», dijo el escritor Al Maqqari.

Pasados los cuarenta años, Paco comienza a manifestar síntomas de agotamiento físico y psicológico. «¡Cómo me gustaría encontrar algo que me permitiera no tocar más!». Sus giras le llevan sin apenas descanso de un lado a otro del mundo. Entretanto, compone y graba sus discos. En 1991 hace su versión del *Concierto de Aranjuez*, de Joaquín Rodrigo, cuya partitura estudia durante meses. Prepara un reencuentro con «Juanito» y Di Meola. La grabación de *Potro de rabia y miel* con Camarón es un ejercicio heroico de paciencia que solo soporta porque se trata de su amigo José. Ese año, termina en Brasil una larga gira por Latinoamérica y enseguida engancha con otra por Europa. Los meses de verano los pasa, como siempre, en Playa del Carmen, y a partir de septiembre recorre otras veinticuatro ciudades del Reino Unido, Alemania y los países nórdicos.

—Estoy hecho polvo. Llevo un tren de vida que no sé cómo me tengo en pie. Cuando acabe esta gira me van a tener que echar un lazo para tocar.

En el tema «Playa del Carmen», que compuso con su hermano Ramón, se acuerda de que ya le falta menos para reunirse con sus amigos del Tío Pringue. Pepe y Potito, recién incorporado al Sexteto, cantan:

> Cuando me pongo a pensar
> que me tengo que morir
> yo tiro una manta al suelo y
> me pongo a dormir.

La guitarra es una hija de puta

La vida es un contratiempo, la vida es
un contratiempo, la vida es...

CAMARÓN DE LA ISLA,
«Esclavo de tus besos»

En su programa de variedades *Fantástico*, José María Íñigo insiste en una pregunta recurrente que Paco de Lucía acoge una vez más con cara de circunstancias. Es el 1 de abril de 1979.

—Se le conoce aquí y en medio mundo, pero no creo que haya una decena de personas que conozcan realmente a Paco de Lucía —dice el presentador—. ¿Quién es Paco de Lucía?

El mencionado viste una chaqueta marrón, camisa gris y pantalón negro. Lleva con él su guitarra. Por si la cuestión no ha quedado clara, Íñigo remata:

—Es una pregunta breve pero de difícil respuesta. ¿De dónde vienes y adónde vas, Paco?

El guitarrista contesta pero apenas se le oye. Hay un problema con su micrófono.

—No lo sé. Yo estoy desde que nací, desde que empecé a sentir y a pensar, tratando de saber quién soy.

Tanto ringorrango con la interrogante para que luego falle la técnica. Íñigo se acerca con su micrófono. Paco rasguea su guitarra. Luego le dice que no pretende ser una estrella, que solo es una parte de una larga cadena de guitarristas de todas las épocas, y que trata de aportar su «granito de arena» a esa tradición aunque sea en contra de los puristas.

—Dices que no quieres ser una estrella pero eres un ídolo, ¿qué tienes que no tengan otros?

—Puede que haya influido la suerte y una buena promoción. Hay muy buenos guitarristas en España. Manolo Sanlúcar es una estrella. Hay otros menos conocidos, como Manzanita, Enrique de Melchor, Niño Miguel, Juan Maya, los hermanos Habichuela, Ramón de Algeciras. Gente muy buena que no ha tenido la suerte o no le ha tocado la china como a mí... Yo creo que hay dos tipos de ídolos. El ídolo de prestigio y el ídolo que se vende como se vende la Coca-Cola o John Travolta.

—¿Tú qué tipo de ídolo eres?

—No lo sé. Yo sé lo que no soy. No sé lo que soy.

Cuando Paco se ponía así de filosófico es que estaba muy nervioso. «No me gustan las entrevistas porque te piden que definas cosas, y yo estoy todavía por descubrir qué es lo que pasa a mi alrededor. No estoy seguro de lo que pasa, ni siquiera de lo que pienso. Estoy en búsqueda continua», dijo.

Su primera mujer, Casilda, cree que Paco empieza a ser indescifrable precisamente cuando se convierte en un ídolo y todos empiezan a tratarle de una manera especial, cuando le siguen como a un gurú. Jamás se acostumbró a ese estatus. Sentía una especie de vergüenza de que le admirasen. No porque menospreciara su talento, sino porque pensaba que lo que hacía era lo que tenía que hacer, y además nunca le parecía suficiente. Por eso trataba de alejarse de todo lo que le recordase a ese Paco de Lucía al que idolatraba el público y reivindicaba a Francisco Sánchez, su verdadero yo, al que le gustaba el anonimato y la vida tranquila... «Pero eso es incompatible con convivir con Paco de Lucía».

Yo soy yo

En la página 40 de *Open*, el libro de memorias de Andre Agassi, el tenista recuerda su infancia de esta manera:

> Tengo siete años y estoy hablando solo porque estoy asustado y porque soy la única persona que me escucha. Entre dientes, susurro: déjalo ya, Andre, ríndete. Suelta la raqueta y sal de esta pista, ahora mismo.

Agassi confiesa que, aunque su mayor deseo era perder de vista la raqueta, le resulta imposible hacerlo. Habla de «un músculo invisible muy adentro» que no le deja. Por más ganas que tiene de parar, no lo hace. Se suplica a sí mismo, pero sigue. «Y ese abismo, esa contradicción entre lo que quiero hacer y lo que de hecho hago, me parece la esencia de mi vida».

Si Paco hubiera podido leer este libro, probablemente algunos detalles le habrían resultado familiares. Odiaba la guitarra pero estaba unido a ella para siempre. A veces se refirió a ella como una especie de «otro yo».

Sobre su amado instrumento, dijo: «La guitarra me come el coco»; «Es lo que más me gusta y lo que más odio en el mundo»; «Cada vez que la veo se me ponen los pelos de punta»; «Mejor partir una guitarra que tener úlcera de estómago»; «Es un toro de Miura que hay que lidiar»; «Me martiriza y me atrapa»... En resumen: «La guitarra, esa hija de puta».

Esta insaciable contradicción interna le hace vivir en un estado de tensión permanente. La guitarra para él es una pelea contra el paso del tiempo, contra el desgaste de la vida, contra el agotamiento de los estímulos. Lucha con ella para después reconciliarse. Según Jorge Pardo, uno de los músicos que mejor le entendió, Paco era «un ser divinamente contradictorio».

«A veces me digo: qué haces, ya has ganado mucho dinero, dedícate a disfrutar de la vida. Pero no sé vivir sin la música. Lo que realmente me da satisfacción es conseguir una falseta», dijo Paco.

Desde el momento en que empieza a ser conocido, y mucho más desde que comienza a ser «idolatrado», se agudiza su insatisfacción. «Un neurótico como yo jamás está satisfecho con su obra», dijo tras grabar el *Concierto de Aranjuez* y algunas piezas de la suite *Iberia*, de Albéniz, que arregló para tres guitarras Juan Manuel Cañizares. Más que lucirse él, no defraudar al compositor Joaquín Rodrigo, que en ese momento tenía noventa años, era su mayor preocupación. Por supuesto, a algunos les pareció una intromisión inadmisible en la clásica. Rodrigo dijo que era una interpretación «bella, exótica, inspirada».

Durante una gira por Japón, en 1990, tocó el *Concierto* por primera vez en directo en Tokio acompañado de una orquesta de cámara japonesa. Se pasó más de un mes solo en Playa del Carmen estudiando doce horas diarias, con un libro de solfeo para descifrar la partitura. «Me daba terror equivocarme en algo tan bien organizado, tan bien engranado, pero lo hice porque vi que había otra manera de expresar este concierto desde la perspectiva del flamenco, y porque en definitiva es música española, y la música española lleva implícito el ritmo». Llegó a grabar en vídeo las manos de un concertista de clásica para analizar sus movimientos: una cámara enfocaba su mano izquierda y otra la derecha. Y después de todo, cuando lo consiguió, dijo: «No estoy mentalizado para tocar clásico. Yo soy yo».

De niño le habían dicho que si uno estudiaba música clásica y aprendía a leer las partituras, perdía la espontaneidad. Lamentó toda su vida esa carencia de estudios musicales. Con los músicos de jazz constató que la libertad y la flexibilidad a la hora de crear aumentan en la medida en que se tienen más recursos.

De qué hablo cuando hablo de la guitarra

Paco era un gran lector, «un gran *león*», como decía él, desde que empezó a devorar los libros de Ortega y Gasset en su juventud. En los últimos años de su vida recuperó un ritmo de lectura digno del intelectual que no era. Leía sobre todo en una tableta electrónica porque le costaba ver la letra impresa en papel. Se propuso leer los *Episodios nacionales* de Galdós y llegó a la tercera serie. Leyó el *Diario del año de la peste*, de Daniel Defoe; *Zadig*, de Voltaire, donde se cuenta la vida del filósofo de la antigua Babilonia; *El príncipe*, de Maquiavelo; *Bella del Señor*, de Albert Cohen; y *La estepa*, de Chéjov, sobre el viaje que un niño de nueve años hace a través de la estepa rusa para poder estudiar en el instituto. Le gustaban las novelas de aventuras de Pérez-Reverte, el personaje del inspector Kurt Wallander de Henning Mankell, el comisario Brunetti de Donna Leon y la intriga de *El psicoanalista*, de John Katzenbach. Una de sus últimas lecturas fue el thriller *Perdida*, de Gillian Flynn, una escritora a la que le encantaba que la asustaran de niña, como a Paco si era su madre quien lo hacía.

Por encima de todos estos, el japonés Haruki Murakami era su favorito. Leyó casi todos sus libros y se sentía muy identificado con sus memorias *De qué hablo cuando hablo de correr*, en las que el escritor recurre a su pasión por correr como una forma de «escribir honestamente sobre mí».

En las primeras páginas del libro, Murakami da con una de las piedras de toque del pensamiento de Paco. «Cuando pienso en la vida, a veces tengo la impresión de que no soy más que un tronco a la deriva, arrastrado por las aguas hasta una playa», escribe. Paco tenía la convicción de que no era él quien decidía su rumbo. Simplemente aceptaba la corriente por la que la vida le llevaba y trataba de mantenerse a flote si había tormenta. Una muestra más que contradecía la aparente seguridad y dominio de sí mismo que los demás percibían.

Es posible que después del *Concierto de Aranjuez*, que grabó con cuarenta y cuatro años, Paco empezara a identificar la «tristeza del corredor» de la que habla Murakami. El japonés se refiere al momento en que el escritor siente que correr ya no le resulta «algo despreocupado y divertido como antes». A la vez, el terror a repetirse es cada vez más atenazante. «Me entra alegría cuando sale algo bonito, y a continuación me deprimo otra vez. Es una angustia horrorosa». Se frustra, porque tiene muchas ideas en la cabeza que le parecen fantásticas, pero al llevarlas a cabo tiene la impresión de que no valen nada. A esa angustia se une su asfixiante autoexigencia. «Sé que he llegado lejos pero cada día tengo más miedo. La gente espera malabarismos de mí, la responsabilidad es muy grande y yo tengo más años. Menos mal que con el tiempo aprendes a controlar los nervios y utilizarlos como una energía a tu propia conveniencia». Murakami le dice que lo único que podemos hacer cuando nos devora la duda es seguir corriendo, aunque solo encontremos unas pocas razones para continuar haciéndolo: «Seguir puliendo, cuidadosamente y una por una, esas pocas razones».

Aunque no solía subrayar sus libros, en su tableta electrónica marcó con el color amarillo una frase de *De qué hablo cuando hablo de correr*:

Lo más importante es si lo escrito alcanza o no los parámetros que uno mismo se ha fijado, y frente a eso no hay excusas. Ante otras personas, tal vez uno pueda explicarse en cierta medida. Pero es imposible engañarse a uno mismo. En este sentido, escribir novelas se parece a correr un maratón. Para explicarlo de un modo básico, para un creador la motivación se halla, silenciosa, en su interior, de modo que no precisa buscar en el exterior ni formas ni criterios.

Durante una gira por Estados Unidos con el Sexteto graban el disco en directo *Live in América*, que se publica en 1993. Después vuelve a reunirse con «Juanito» McLaughlin y Al Di Meola porque dice que se aburre de hacer prácticamente lo mismo y necesita espabilarse, «pelearme en el escenario con dos guitarristas gigantes para sentirme vivo». Graban un disco en directo, quince años después del clásico *Friday Night in San Francisco*.

En 1998 sale *Luzia*, el disco que dedicó a su madre. Este álbum es también un recuerdo a la Algeciras de su niñez, que nunca deja de echar de menos. Los títulos de algunos temas se refieren a los paisajes de su infancia; «Río de la Miel», donde iba con sus hermanos a bañarse en las pozas; «El Chorruelo», la playa del Hotel Reina Cristina, o «Calle Munición», donde había algunos locales de dudosa reputación, como el Globo o el Lupe, a los que a su padre no quería ir a tocar, ya se sabe que no le gustaban las «granujerías».

Ese año de 1998 se separa oficialmente de Casilda Varela. Sus contrarios modos de vida los han llevado por caminos incompatibles. Habían tenido una comunión perfecta durante muchos años, pero ya no se entendían. Admitió que por demasiado tiempo fue un padre y un marido ausente. Estaba hasta diez meses de gira, y cuando regresaba a casa había perdido el ritmo familiar. «Pensaba en mí mismo», dijo. Con el tiempo, Casilda reflexiona: «Al principio coincidíamos en casi todo. Casi podíamos adelantar lo que el otro estaba pensando. Hablábamos mucho y discutíamos también mucho, como una pareja normal que se quiere. Quizá nuestro mayor error fue casarnos».

Ya no toco más

A finales de enero de 2004, Paco se deja de lirismos con los títulos y llama a su nuevo disco *Cositas buenas*. La letra de estos tangos que dan título al álbum dice:

> Si hay que navegar
> que me lleve la marea, primito,
> donde me quiera llevar.

Para la grabación llama a unos cuantos amigos, entre ellos un invitado habitual a las aventuras de La Banda del Tío Pringue, Alejandro Sanz, que, como el día que fue al estudio estaba muy ronco, Paco le puso a tocar el tres cubano.

Nada más presentar el disco, sale de gira y da ochenta conciertos hasta el 22 de octubre, fecha en la que tiene una cita en Oviedo para recoger el Premio Príncipe de Asturias de las Artes. Antes de la ceremonia, se acuerda de Camarón: «Si él hubiera estado vivo, me habría dado vergüenza ganarlo solo. Habría hecho todo lo posible para que estuviera aquí». Y bromea: «Siempre he pensado que lo que hago no vale nada. Pero de tanto decirme que toco bien, con la edad voy empezando a creérmelo».

En una entrevista, confiesa que llega a Oviedo exhausto por la gira, «medio loco y muy *tocao*». Cuando presentó *Cositas bue-*

nas, anunció que, al finalizar la gira del disco, dejaría de dar conciertos: «Ya no toco más».

Pero a pesar del cansancio no cumple lo prometido. Pronto vuelve a los escenarios. De hecho, siguió dando recitales por todo el mundo hasta apenas tres meses antes de su muerte. ¿Por qué no lo dejó en ese momento y se dedicó a disfrutar de la vida? Si uno admite que no es la necesidad de recibir el aplauso del público lo que le mueve, ¿para qué seguir tocando ante miles de personas? Quizás estas contradicciones contengan alguna respuesta a su enigma. Seguir tocando, aunque dijese que iba a dejar de hacerlo, era una manera de espantar el miedo al día en que no pudiera tocar más o, peor aún, al día en que realmente perdiera las ganas de tocar. Nietzsche llamó a ese sentimiento anticipado del final «la melancolía de todo lo terminado».

¿Para quién toco?, se preguntó Paco muchas veces. Y, por otro lado, ¿habría sido distinto si hubiera tenido un «rival» a su altura? ¿Si hubiera aparecido un competidor con el que «picarse» con la guitarra como lo hacía en la vida? Sabía que en la posibilidad de la derrota se encuentra también la energía para ser mejor. Estaba acostumbrado a dominar. A enfrentarse solo consigo mismo. A romperse la cabeza para tratar de sorprenderse. Admiró a guitarristas descomunales de su generación que también ampliaron la guitarra flamenca, como Manolo Sanlúcar, Serranito o Niño Miguel, pero el alcance de su música le situaba en otra dimensión. Paco es «lo otro», dice Emilio de Diego.

No era cierto eso que afirmó en el documental que grabó su hijo Curro, que lo que más le gustaba era estar *echao*. «Me gustaría pasar el día *tumbao* en una hamaca, pero hay un cabrón dentro de mí que no me deja». Después de una larga temporada de descanso acababa encontrando en la guitarra la única forma de alejar el aburrimiento y la depresión. Decía que tocaba para los verdaderos flamencos, para los guitarristas que esperaban de él un nuevo triple salto hacia delante.

«Tengo una trayectoria que va precedida de un prestigio. La gente que va a verme piensa que decir en la oficina que me han visto les da prestigio a ellos también, y realmente no van a oírme porque entiendan lo que hago, sino por lo otro. Pero si sigo tocando no es por dinero ni por fama, sino precisamente por eso otro, porque adoro el flamenco y quiero que la gente se dé cuenta de lo que vale».

A finales de los años noventa se muda definitivamente a su casa de Xpu Ha, a unos treinta kilómetros al sur de Playa del Carmen. Su anterior vivienda acabó siendo engullida por las urbanizaciones turísticas. En Xpu Ha había comprado un terreno que iba desde la carretera hasta la playa y en la jungla intermedia se había hecho construir su casa, con una piscina para nadar y un torreón donde instaló su estudio. Un día estaba tomando unos tragos con los «cabales» del Tío Pringue en un bar de la zona. Unas mesas más allá había un grupo de chicas, licenciadas universitarias que estaban haciendo unas prácticas en una excavación cercana. Paco y sus amigos las invitaron a sentarse con ellos. Gabriela Canseco se sentó al lado de Paco. No sabía que era un famoso guitarrista. «Sentí atracción y miedo por la fuerza que irradiaba su mirada», dice cuando recuerda el primer encuentro. Ella tenía veinte años menos que él. Se enamoraron y se casaron. En 2001 nació su hija Antonia y en 2007, su hijo Diego.

El último año de su vida, Paco cumplió por fin un antiguo deseo. Grabó un homenaje a las coplas que escuchó en su niñez. Su hermana María se pasaba el día cantándolas. El disco *Canción andaluza* se publicó de manera póstuma. El cuarto tema, tras «María de la O», «Ojos verdes» y «Romance de valentía», es «Te he de querer mientras viva», que popularizó su amada Marifé de Triana.

En el álbum lo interpreta Estrella Morente. La canción habla del romance de un hombre y una mujer que tienen una diferencia de edad.

> Que si puede ser su *pare*,
> que es mucho lo que ha *corrío*,
> que un hombre así de sus años
> no es bueno para *marío* [...].
> Soy de tus besos cautiva
> y así escribí en mi bandera
> te he de querer mientras viva,
> compañero, mientras viva,
> y hasta después que me muera.

En ocasiones veo fantasmas

La tarde del domingo 22 de abril de 2007, Paco de Lucía llega al Hotel Reina Cristina, en Algeciras. Había cruzado por delante cientos de veces a lo largo de su vida. De niño, le gustaba ir a esperar allí a su hermano Antonio y que de camino a casa le hablase de los personajes a los que había visto, si había pasado alguna actriz famosa, algún extranjero con pinta de gánster o un millonario inglés sospechoso de viajar con su amante. En el libro de honor del hotel, escribe: «Por fin en el Hotel Cristina, el hotel de mis sueños de la niñez».

Al día siguiente, en la Escuela Politécnica Superior, le entregan el doctorado *honoris causa* por la Universidad de Cádiz, el galardón que más ilusión le hizo de todos los que recogió. Aunque le habían dado numerosos premios, con este sintió algo distinto. «Me sentí importante», dijo. «Niño callejero, antítesis de la educación formal, currante de nacimiento, autodidacta», se denominó. Paco sentía por fin compensado ese complejo por su falta de educación académica. Era además el reconocimiento a una cultura que no se puede aprender en los libros. En su discurso, añadió una reflexión melancólica:

Cada vez son menos las opiniones que me importan, imagino que porque cada vez son menos las opiniones que me dan la medida real de cómo lo he hecho en la vida... Los aplausos, las críticas, las palmadas al hombro, todo eso se acaba para convertirse en un murmullo agradable o desagradable, pero sin demasiada repercusión. De mayor solo me importan las voces de unos pocos. Las voces de mis raíces, la de mi padre, la de mi madre o la de mi pueblo, Algeciras.

De vuelta al Reina Cristina, a Paco le dieron ganas de ir al bar Rebolo, donde se había corrido unas cuantas juergas con sus amigos, pero no lo hizo. Se acordó del Diamante Rubio, aquel personaje de Algeciras que se ganaba la vida animando en los toros. Era la persona con más poca vergüenza que había conocido. Cómo le hubiera gustado tener su descaro.

Habían cambiado muchas cosas. La playa del Chorruelo, junto al hotel, ya no existía desde hacía mucho tiempo. Tampoco aquellas escalerillas que la conectaban con los jardines del Reina Cristina y daban acceso a otro mundo. Se asomó a contemplar la bahía iluminada. Recordó la noche en que de niño se adentró en el mar y nadó hacia Gibraltar braceando en la espesa oscuridad del agua. El Peñón estaba más lejos de lo que parecía. Su hermano Pepe le llamaba a voces asustado desde la orilla, pensando que se había ahogado.

—¡Si te mueres yo no voy a buscarte! —gritaba.

Pero Paco no se ahogaría nunca. Una noche, de niño, soñó que se caía a un pozo. Aún no sabía nadar. Se mantuvo a flote moviendo las manos y los pies. Cuando fue a la playa, se tiró al agua decidido y nadó por primera vez de la misma manera en que había aprendido por sí mismo en el sueño.

Nadar le alejaba de la vida ordinaria. Todas las dudas quedaban en tierra. En cierta forma era una sensación parecida a la que provocan algunas drogas. Cuanto ocurría más allá del fluir de las olas con el ritmo de sus brazadas le parecía irrelevante y convencional. Al sumergirse, sentía que su existencia aumentaba. Le gustó mucho aquella película de Burt Lancaster sobre un nadador que recorre las piscinas de Los Ángeles como un peregrino. Su incomprensible afán de cruzar a nado las propiedades de sus vecinos le convertía en un hombre con un destino. Aunque se autoengañase, el nadador estaba convencido de que nadaba para volver a casa.

Cuando buceaba, Paco notaba un vigor ilimitado, a solas con la perfección del agua. Allí desaparecía la tensión de la guitarra. Sus nervios se disipaban en una especie de estado absorto. El mundo submarino le mecía en una corriente plácida y ordenada que fuera se distorsionaba. Una vez, en Atenas, la mañana antes de un concierto, le llevaron a un río que tenía unos trampolines con una inscripción: «En memoria de aquellos que pasaron aquí muchas de las horas más felices de su infancia».

Progresivamente, los del Tío Pringue fueron dejando de ir a Playa del Carmen. La situación familiar de Paco había cambiado y los años comenzaban a pesar para todos. Apenas salía a pescar al mar. No podía ir solo en la barca. Era peligroso sumergirse sin nadie vigilando. Durante una temporada, un maya le hizo de barquero, pero él ya no tenía la misma fuerza. Aunque su vida había cambiado mucho desde la primera vez que contempló ese mar del Caribe, seguía siendo el más bello que había visto jamás cuando soplaba el viento del norte y el agua estaba tranquila.

El flamenco es una música de tensión, de expresividad extrema. El mar aliviaba esa crispación que Paco mantenía en su interior. «La tensión del flamenco te machaca». Aunque estuviera relajado, Paco mantenía un punto de crispación latente. Alguna vez justificó la cantidad de conciertos que daba porque necesitaba soltar su fuerte temperamento. «Si no lo descargo, se vuelve contra mí». Su padre le había inculcado un sentido de la perfección que le hacía dirigir su rabia y su frustración contra él mismo, para después intentar liberarlas a través de la música. No podía relajarse y evitar que esta siguiera dando vueltas en su cabeza. Tantos días encerrado para componer le situaban al límite del abismo. Los conciertos le dejaban cada vez más agotado.

«El flamenco es una música histérica, diría yo. Es extremista. Suave y fuerte a la vez. Descargas en él toda tu tensión, pero si te pasas en la electricidad, te quedas agarrotado, sin fuerzas. El secreto está en encontrar el equilibrio entre la relajación y la tensión, entre el rasgueo y el picado», dijo.

Según Carles Benavent, bajista del Sexteto, precisamente la gran virtud de Paco estaba en su pulso perfecto. «Pasa de un picado vertiginoso a un trino delicado sin perder el pulso. Su ritmo es perfecto. Ese control de las emociones es lo que le hace único».

En Xpu Ha, Paco se hizo amigo de Juan D Anyelica, un guitarrista español que llevaba varios años instalado en Cancún. D Anyelica vivía a una media hora en coche de la casa de Paco. Solía ir allí a mediodía y por la tarde se encerraban los dos en el estudio. A Paco le gustaba que alguien le acompañase para echarle una mano en las cuestiones técnicas con el Protools, la plataforma de edición de audio que utilizaba para trabajar en las composiciones. Muchos días terminaban de madrugada, después de ocho o nueve horas en el estudio. D Anyelica salía mareado pero Paco quería seguir. Era obsesivo. Llevaba su cabeza al límite. Mantenía un monólogo interior que, sin darse cuenta, a veces compartía en voz alta como si continuase una conversación a la que la otra persona era ajena. Una vez, estaba amaneciendo cuando salieron del estudio y fueron a la cocina. Paco estaba friendo unos huevos para el desayuno. Estaban en silencio. De pronto miró a D Anyelica y dijo:

—Es que Einstein no se detenía porque le preocupara si la gente le iba a entender o no. ¡¿O es que bajaba el nivel Einstein solo para que todo el mundo le entendiese?!

Una noche, D Anyelica se asustó porque Paco tenía los ojos fuera de las órbitas, como si estuviese ido. Le hablaba y no contestaba. De pronto, dijo:

—Juan, el secreto de la felicidad consiste en manejar bien el pesimismo.

En ocasiones, su tensión era tan alta que veía fantasmas. Le daba miedo perder el equilibrio. No poder dar ese paso atrás en el último instante antes de caer al abismo. Una noche le dijo a D Anyelica que a veces había notado que los pies se le iban del suelo.

—Yo me arrimo al precipicio, pero cuando veo el abismo soy capaz de reconocerlo y detenerme. Uno tiene que saber volver, Juan. Hay quien se asoma y se tira. La guitarra puede trastornarte.

Y en otra ocasión:

—Cuando te encierras contigo mismo y sabes dónde estás, que no eres capaz de dar más, te vuelves loco.

La última entrevista que concedió, no sin mucho insistir a pesar de las afinidades consanguíneas, fue a su hija Casilda. Se realizó en su casa de las afueras de Palma de Mallorca en 2010 y se publicó en la revista *Telva*.

Paco venía de Boston, donde había recogido su doctorado *honoris causa* por el Berklee College of Music después de que un grupo de alumnos interpretara composiciones suyas ante seis mil espectadores. En su discurso de agradecimiento, recordó a su padre: «Cuando era un niño, el flamenco era algo para los andaluces; ahora nuestra memoria se ha extendido por todo el mundo».

A Casilda le contó lo orgulloso que estaba de lo bien que habían *agarrao* los dos algarrobos que había trasplantado el año anterior, cerca de los limoneros que también había plantado él mismo.

—¿Sabes cómo se da uno cuenta de que ya es viejo? Cuando ya no te hace ilusión plantar un árbol porque no lo vas a ver crecer. La muerte no se ve igual a mi edad que a la tuya. Yo ya la tengo asumida.

Los últimos boquinetes

Algunos dicen que la muerte es una sospecha que se acerca sigilosamente, pero ¿quién podría demostrarlo?

Los últimos años de su vida, Paco echaba de menos muchas cosas. Quizá las mismas que todos echaremos en falta algún día. «Qué más quisiera yo que tener al menos un cuarto de esa felicidad, de esa ilusión y ganas de vivir que tenía cuando era niño», dijo.

El 23 de noviembre de 2013 dio el último concierto de su extensa gira por Latinoamérica en el Casino de Monticello en Santiago de Chile. Entre otros músicos, le acompañó su sobrino Antonio, el hijo de su hermano del mismo nombre. Debido a la altitud, tuvo que conectarse a una bombona de oxígeno en el hotel, como hizo en México, en Quito y en Lima. No se encontraba mal, pero se sentía muy cansado. Un médico en España vigilaba su colesterol, la tensión arterial y el resto de indicadores habituales. Cuando se hacía radiografías, preguntaba por sus pulmones. Sabía que dos o tres cajetillas de tabaco diarias durante cincuenta años sumaban muchos cigarrillos puestos en fila. Había intentado dejar de fumar algunas veces pero no era capaz. Viajaba con un bolso donde llevaba todos los medicamentos requeridos y los que pudiera necesitar.

Durante la gira se le vio animado, chistoso como siempre, metiéndose con unos y con otros. Pero algunos amigos percibían en él, aunque le vieran en la distancia o de cuando en cuando, un rostro hundido, la expresión apagada. «Paco no tiene buena cara», se decían entre quienes lo conocían bien. Los últimos años, desde que se mudó a vivir a Xpu Ha, veía poco a sus fieles de La Banda. Se había dejado barba.

—Quítate esa barba, Paco, que te hace viejo —le dijo Manolo Nieto la última vez que se vieron.

—Lo mismo tienes razón, Manolín. Es poco flamenco esto de la barba, ¿no?

A su mujer, Gabriela Canseco, le prometió que iba a cuidarse. «Tengo que estar aquí mucho tiempo», dijo. Su plan era dejar de fumar y mudarse al menos un año a Cuba con ella y los niños. Estaba decidido a componer un disco de flamenco puro, como cuando empezó. También había hablado con «Juanito» McLaughlin para volver a hacer algo juntos. Rubén Blades le llamaba cada cierto tiempo con la propuesta de grabar un disco de boleros. Su gran sueño era crear una obra para guitarra y orquesta.

Pasaron el mes de diciembre en su casa de Xpu Ha. Paco se lo tomó como un descanso antes de trasladarse a Cuba. Temía el momento en que no pudiera encenderse un cigarro. La táctica de fumar cada hora no le funcionaba. En el intervalo entre pitillo y pitillo se subía por las paredes, le obsesionaba la cuenta atrás hasta la siguiente calada. Se había jurado que en cuanto empezase el nuevo año lo dejaba.

Esas últimas semanas de diciembre, ayudó a D Anyelica en los arreglos de un tema que había compuesto. Las Navidades las pasó en México D. F. con la familia de Gabriela y la Nochevieja, en el Hotel Paradisus de Playa del Carmen. El 3 de enero, viajaron a La Habana. D Anyelica se ofreció a llevarle al aeropuerto. En el coche, le contó que había tenido una discusión con su mujer. Paco le escuchó muy atento.

Gabriela alquiló una casa en la playa en Siboney, al oeste de La Habana, con espacio suficiente para que Paco instalase allí su estudio. Solían ir a comer al club náutico y después Paco nadaba un rato en la piscina. Diego se apuntó a un equipo de fútbol. A Paco le gustaba ir a verle entrenar. Contactaron con algunos músicos de la ciudad y fueron a algún concierto: Pancho Céspedes, Pablo Milanés... Estuvieron en casa de Juan Formell, director de la orquesta Los Van Van. Formell era bajista, tocaron algo juntos y alguien los grabó. Si es así, esta sería la última grabación en directo de Paco de Lucía. Quedaron en hacer algún tema. Paco adoraba la música cubana, como le ocurre a todos los flamencos.

El 30 de enero se enteró de la muerte de su querido Félix Grande a causa de un cáncer fulminante. Este golpe le afectó mucho. Quizás el disgusto le decidió a dejar de fumar. Empezó a tomar unas pastillas para aliviar la ansiedad y el síndrome de abstinencia por el tabaco. El tratamiento duraba tres meses. Aunque llevaban pocas semanas en Cuba, le dijo a Gabriela que no se encontraba a gusto allí. Estaba nervioso y malhumorado. Prepararon el regreso a México. Recordó los primeros versos que leyó de Félix:

> Mirándonos al fondo del tiempo, de la pena,
> se pasará el futuro, y cuando haya pasado,
> hermana mía, iremos, mirándonos, al mar.

El domingo 23 de febrero a las dos de la tarde aterrizaron en Cancún. Paco llevaba veinte días sin fumar, pero las pastillas no conseguían frenarle la ansiedad. D Anyelica fue a recogerle al aeropuerto acompañado de su mujer. La compañía aérea le perdió una maleta y nadie sabía darle la información para recuperarla. Le dijeron que volviera a preguntar al día siguiente. Mientras D Anyelica se acercaba a buscar el coche al aparcamiento, Paco recordó la última conversación que había tenido un mes y medio antes con su amigo y le preguntó a la mujer:

—Y qué, ¿habéis hecho las paces ya?

—Sí, ya lo hemos arreglado.

—¿Ves, mujer? Todo en la vida tiene remedio, menos la muerte.

El lunes 24, D Anyelica se acerca al aeropuerto para preguntar por la maleta extraviada. Sin noticias de ella. Vuelva usted mañana. Llama a Paco desde allí para decírselo. «¿Cómo es posible, Juan? Diles que era más bien *moraíta*, color berenjena, no burdeos como les dije...». Está muy preocupado por la pérdida. A Paco podía afectarle mucho cualquier contrariedad por más banal que fuera. Se bloqueaba y no era capaz de quitárselo de la cabeza. En la maleta no llevaba nada de valor, solo ropa, su inseparable bata china y chismes de aseo. La única explicación que puede encontrarse al repentino desasosiego que le causó la desaparición de la maleta es el pudor anticipado al imaginar que otra persona pudiera tener sus cosas y las identificara con Paco de Lucía.

Esa noche se acuesta a las once, muy temprano para su costumbre. D Anyelica le llama para saber a qué hora quiere que vaya a su casa al día siguiente para ayudarle a montar el estudio.

—Vente después de comer, pero pásate antes por el aeropuerto a ver si han encontrado la maleta, hazme el favor.

Cuando se queda dormido, deja por la página 27 el libro que está leyendo, las historias de fantasmas de Dickens: *Para leer al anochecer*. Un guía sentado en el banco exterior de un convento, al caer el sol, les cuenta a otros la historia de una mujer hechizada que tres días antes de su boda sueña con el rostro de un hombre lúgubre vestido de negro, con el pelo oscuro y un bigote gris.

Al día siguiente, Paco se despierta temprano y sale a caminar. Se encuentra un paraguas roto en la carretera y se lo lleva a casa con la idea de arreglarlo. Nada en la piscina durante media hora y se da un manguerazo de agua fría por la cabeza. «Esta es la mejor sensación del mundo», solía decir. Enciende el ordenador y prepara los aparatos para montar el estudio cuando venga Juan.

D Anyelica llama desde el aeropuerto.

—Juan, ¿la han encontrado?

—Aquí estoy con el responsable de equipajes. Me dice que la están buscando. Que vuelva a preguntar mañana.

—Pásamelo.

Paco le pide explicaciones al susodicho. «¿Cómo es posible que mi maleta lleve tres días dando vueltas por ahí?». Vuelve a describírsela: «Es *moraíta,* como las berenjenas...».

—Juan, si pasas por la pescadería antes de venir a casa llámame a ver qué tienen.

Un rato más tarde, desde la pescadería Puerto Morelos, D Anyelica informa:

—Hay pargo, boquinetes, langosta...

—Tráete dos kilos de pargo, que te lo hagan en postas [rodajas gruesas], y unos boquinetes fileteados, para ceviche.

—Vale, Paco, en un rato voy para allá. ¿Qué tal andas?

—No sé, Juan, no me encuentro bien. Tengo mucha ansiedad. Yo creo que todavía no me he recuperado de la gira. Y encima sin fumar. Estoy viendo el fútbol, que juega el Madrid con el Schalke. Aquí te espero en la playa con los niños.

Después de comer, Paco se adelanta hacia la playa con su hijo Diego. Cuando llegan Gabriela y Antonia, diez minutos más tarde, padre e hijo están jugando al fútbol.

—No me encuentro bien, creo que me está cogiendo un resfriado —dice Paco.

La temperatura es de veintiséis grados. El agua está a unos veinticinco.

A Gabriela le suena raro. «Nunca he visto a Paco quejarse de un resfriado». Le cubre con una toalla, pero él cada vez tiene más frío.

—Vámonos a casa. Estoy *agotao*.

En la casa, Paco entra al baño para darse un «regaderazo» caliente. Le hacía gracia esa expresión mexicana para referirse a la ducha. Siente como si un peso le oprimiera el pecho. El dolor le irradia hacia el brazo izquierdo y le sube por la garganta hasta la mandíbula. Algunos infartados transmiten una sensación de muerte inminente que hacen visible la emergencia, pero Paco no quería alarmar a Gabriela y a los niños. La propia negación de los síntomas es, según los cardiólogos, una de las causas que provoca un retraso fatal en la llamada de auxilio. Quiso pensar que era un problema de indigestión.

—Paco, te llevo a urgencias. Estás muy mal —dice Gabriela. Llama a D Anyelica y le cuenta lo que ocurre.

Juan venía de camino con los boquinetes y el pargo.

—Doy la vuelta y os espero en la entrada del hospital.

El centro hospitalario internacional Hospiten Riviera Maya, en Playa del Carmen, está a menos de media hora en coche de Xpu Ha. En el camino, Gabriela, asustada, pregunta a Paco:

—¿No será un ataque al corazón?

Paco niega con la cabeza, pero no contesta. «Yo le creí», dice Gabriela. Está cada vez más pálido. Su ritmo cardíaco es cada vez más alto y aumenta su presión arterial.

—¿Qué ha pasado, Paco? —pregunta D Anyelica cuando se encuentran.

—Me ha dado un dolor muy fuerte en el pecho y no puedo ni hablar. Cuéntaselo tú al doctor, Juan.

D Anyelica le echa una chaqueta por la espalda. Paco insiste en ponérsela bien. A duras penas mete los brazos en las mangas. Mira a su amigo como quien busca su reflejo en un espejo. Suda a chorros. Con la mirada le interroga: «Es grave, ¿verdad, Juan?». Se apoya en su hombro para entrar al hospital.

En la recepción le indican al paciente que se siente en una camilla y espere. Pasan diez minutos. Paco le dice a Gabriela que pregunte por un médico español.

—¡Que quiten el aire acondicionado, por Dios! —grita Paco.

Gabriela está en el mostrador rellenando un formulario de entrada. Necesitan una tarjeta de crédito. Ella no la encuentra. Ha pasado más de un cuarto de hora desde que llegaron al hospital.

—¡Necesito un médico, no la tarjeta! ¡Un médico! —vuelve a gritar Paco, furioso.

En ese momento, mira a D Anyelica, se le ponen los ojos en blanco y se desmaya. Por fin, los sanitarios aparecen, le recogen rápidamente y le llevan a una sala. Tratan de reanimar su corazón con maniobras de resucitación cardiopulmonar. Quizá sea posible practicarle una intervención de urgencia para desobstruirle las arterias. Hay que avisar al cardiólogo. Ya es tarde. El corazón de Paco no tiene fuerzas para responder. D Anyelica observa todo desde el otro lado del cristal.

Si es cierto que en los segundos previos al tránsito uno tiene la certeza de que se va, es probable que Paco hubiera dejado un último mensaje para sus amigos. La frase con la que solía despedirse: «Nos vamos viendo».

El martes siguiente llamarán a D Anyelica del aeropuerto para decirle que ha aparecido la maleta perdida.

Agradecimientos

Mi abuelo Santiago tenía un radiocasete de coche extraíble en el salón de su casa. Se lo instaló mi tío Antonio en una carcasa de madera con un interruptor para encenderlo y apagarlo. Estaba conectado a unos altavoces desproporcionados para el pequeño tamaño del aparato. Allí escuchaba sus cintas. Se enfadaba cuando yo manipulaba los cuatro botones del radiocasete. «Niño, deja el cacharro, que me lo vas a changar».

Mi abuelo ponía una cinta y se sentaba en el sillón a escuchar, quizá rumiando un güito de aceituna. Solía hacerlo a mediodía, antes de comer, cuando pensaba que ningún nieto iría a molestarle. Yo le observaba. ¿Por qué se quedaba con la vista fija en la pared, solo atento a la música, quieto y callado, asintiendo con la cabeza de vez en cuando y golpeando levemente con la mano un brazo del sofá? ¿Qué le decían esos cantes que para mí eran gritos incomprensibles?

Mi abuelo era de Granja de Torrehermosa, un pueblo del sureste de Extremadura que lindaba con la cordobesa sierra de Hornachuelos. Él conocía bien esos campos a fuerza de trabajarlos. Los flamencos que paraban en Granja terminaban la fiesta en el bar de Laureano, el aguador del pueblo, compadre de mi tío abuelo Juan. Allí es donde se cantaba de verdad, en un cuarto que había en el *sobrao* (la parte de arriba de la casa). El señorito de turno o el tratante de paso encargaba a Laureano que cocinara un lechón o unos conejos. Pagaba unos duros a los flamencos y estos cantaban y bailaban para él y sus invitados.

«Este es Pepe Marchena, el mejor cantaor que ha habido», me dijo un día mi abuelo escuchando una cinta. Y: «Por Granja pasaron todas las figuras del cante, pero a mí la que más me gustaba era la Niña de la Puebla. ¡Cómo cantaba!».

A mi abuelo le gustaba la guitarra. Decía que le compró una a un compañero en la mili que prometió enseñarle. Le duró poco la afición y la vendió. «Era una guitarra *mu güena*, pero yo no tenía aguante». Nació en 1901. «Voy con el siglo», decía. Tenía cintas de Marchena, de Mairena, de Caracol, de la Niña de los Peines, de Valderrama, de Canalejas de Puerto Real, de Fosforito, de la Paquera... Se las compraban mis tíos. Dudo de que mi abuelo supiera quién era Paco de Lucía. Alguien le regaló *Soy gitano*, de Camarón. Esa cinta no la ponía porque según él eso no era cante ni era *na*.

En Nochebuena, toda la familia se reunía en casa de mi abuelo Santiago y mi abuela Dolores en Zarzaquemada (Leganés, Madrid). Los mayores se pasaban la noche cantando villancicos flamencos. Mi tío Leopoldo era el que mejor cantaba y el que más coplas se sabía. Venía del pueblo a pasar las Navidades. Mi abuelo llamaba «coplas» a las canciones. Los primos hacíamos turnos para rascar con una cucharilla los relieves de la botella de Anís del Mono. Mi tío Santiago traía regalos, panderetas y zambombas para todos. Algunos golpeaban la mesa con los nudillos o con la palma de la mano para hacer compás. La letra que más me gustaba era la de «Los campanilleros». Muchos años después la escuché en el bar de Vicente y empecé a cantarla, sin recordar que me la sabía.

Por los campos de mi Andalucía
los campanilleros en la *madrugá*
me despiertan con sus campanillas
y con sus guitarras me hacen llorar.

Mis abuelos llegaron a Madrid a finales de los años sesenta. Mi abuelo ya estaba jubilado y sus hijos mayores habían ido a la ciudad a buscarse la vida. Cuando ahorraron lo suficiente, trajeron a sus padres. Primero vivieron en el cerro del Tío Pío. Todos sabían de albañilería, de electricidad, de fontanería. Se ayudaban unos a otros. En las calles siempre había barro. Allí se conocieron mis padres. Mi madre llegó a Madrid con dieciséis años. Mis tíos la siguen llamando «la niña» porque es la única mujer de siete hermanos. Recuerdo quizás oníricamente los terraplenes del cerro y las casas bajas que un día derribaron con una bola gigante. Sobre los escombros de aquellas construcciones precarias, donde había también cuevas, se construyó un parque con unas colinas falsas conocido como las Siete Tetas. Al lado hicieron un barrio nuevo, Fontarrón, pegado al mío.

En las Fiestas del Carmen de Fontarrón de 1989 anunciaron un concierto de Camarón y se formó un revuelo importante. Dos preguntas corrieron de boca en boca: «¿A qué hora vas a ir a pillar sitio?» y «¿Pero tú crees que de verdad va a aparecer Camarón?». Horas antes del concierto, una riada de gente de todas partes ocupó las Siete Tetas con tortillas de patatas, pollos asados y neveras llenas de cervezas y vino con Casera. Yo me quedé en casa.

Cuando mi abuelo murió, recuperé aquellas cintas y las escuché en mi *walkman*. Encontré unos cuantos vinilos de mi tío Gonzalo en casa de mis otros abuelos. Mi tío tenía un disco doble de José Menese grabado en directo en el Teatro Olympia de París. En la portada salía un señor con los ojos cerrados y el puño apretado. No era fácil escuchar con atención. Ponía un cante o dos y los quitaba. Mi tío Gonzalo también tenía *La leyenda del tiempo*, de Camarón. Más tarde descubrí *Omega*, de Morente. *Ciudad de las ideas*, de Vicente Amigo. *Tauromagia*, de Manolo Sanlúcar. *Siroco*, de Paco de Lucía. *Antología de la mujer en el cante*, de Carmen Linares.

Una madrugada oí juerga a través del cristal de la ventana de un bar cerrado. Llamé y me dejaron entrar. Desde entonces, pasé muchas noches en el bar de Vicente (Taberna San Román: aforo máximo, once personas) escuchando discos, hablando con los guitarristas, cantaores y aficionados que pasaban por allí. Cuanto más conocía del flamenco, más me intrigaba, menos entendía. Unos te conectaban con otros. De Carmen Linares ibas a la Niña de los Peines. De Morente, a Antonio Chacón. De Camarón a Antonio Mairena y Manolo Caracol. De las películas de Carlos Saura a un universo infinito. En casa de mi amigo Rafa descubrí la *Antología del cante flamenco*, la de Hispavox de 1958, y otro montón de nombres que desconocía: Perico el del Lunar, Pepe el de la Matrona, Bernardo el de los Lobitos, Pericón de Cádiz, el Chaqueta... Parecían personajes de una novela. En el libreto se podían seguir las letras y las explicaciones de cada cante.

No conocí a Paco de Lucía. Nunca le vi en directo. Soy un extraño en una tierra que adoro, pero que me es lejana por más que quiera acercarme. Quizá me atrae tanto porque dudo que jamás entienda qué ocurre ahí. Cómo es posible que el tiempo se haga eterno o se detenga en las cuerdas de su guitarra. Por qué su música no se agota y es cada vez distinta. Qué hay en su mirada fulminante y encendida. Cómo se hace el compás. Qué es ser flamenco.

El 30 de julio de 2022 pasé quince horas en el Teatro Real de Madrid. La Fundación Paco de Lucía reunió a cincuenta músicos cercanos a él para rendirle homenaje ocho años después de su muerte. Allí estaban su hermano Pepe y todos los miembros de las diferentes formaciones del Sexteto, desde los originarios a los de la última etapa, con su sobrino Antonio Sánchez como maestro de ceremonias. Acudieron los bailaores Farru y Farruquito, Sara Baras, Niño Josele, Josemi Carmona, Antonio Rey, Niña Pastori, Miguel Poveda... Y sus compañeros de ese trío de guitarras que asombró al mundo: «Juanito» McLaughlin, que no paraba de repetir «Paco era mi amigo», y Al Di Meola.

A lo largo del día, durante los ensayos y las pruebas de sonido, hablé con cada uno de ellos para hacer un reportaje. Me contaron infinitas anécdotas con el maestro. Todos conservaban algún detalle, alguna frase certera, bromas y revelaciones, conversaciones íntimas con las que Paco había llegado a su corazón. Algunos, como Niño Josele, seguían soñando con él. A Antonio Rey se le «aparecía» de vez en cuando. Destacaban la fuerza de su mirada, su magnetismo, el poder inadvertido de su sencillez. Ese día me di cuenta de que tenía que escribir sobre Paco de Lucía.

Este libro no existiría, o habría sido otra cosa o nada, sin la ayuda de Casilda Sánchez Varela. Mi mayor agradecimiento a su generosidad y su confianza. Ella me abrió las puertas de la familia y me condujo a sus hermanos, Lucía y Curro, y a su madre, Casilda Varela, una conversadora fascinante, seguramente la persona que mejor conoció el complejo interior de Paco.

A Pepe de Lucía, el último mohicano, el superviviente de Los Sánchez Five, gracias por su arte y por esos días de conversaciones en Sevilla.

Gracias a la Fundación Paco de Lucía y a Gabriela Canseco por dejarme entrar en su casa, en su álbum de fotos y en sus recuerdos. Este libro es también para sus hijos, Antonia y Diego.

De entre todas las entrevistas que hice para componer este puzle, quiero agradecer con especial cariño la ayuda de Manolo Nieto, que me invitó a su buhardilla cuantas veces se lo pedí para revisar esas grabaciones de Paco que él realizó a lo largo de muchos años de amistad. Pocas personas han tenido el privilegio de ver estos documentos. Además, Manolo me llevó a conocer a su primo, el alucinante Emilio de Diego.

También quiero mencionar a Antonio Sánchez Palomo y Ramón Sánchez Pérez, sobrinos de Paco de Lucía, a Niño Josele, Antonio Serrano, Carmen Linares, Juan D Anyelica, José Emilio Navarro «Berri», Pepe Lamarca, José María Velázquez-Gaztelu, José Manuel Gamboa, Faustino Núñez, Jorge Pardo, Rubem Dantas, Santiago de Loreto y Blanca del Rey. Todos me ayudaron con sus vivencias y reflexiones en esa escurridiza tarea que es definir a un genio. Mi agradecimiento especial a Gamboa, que se interesó desde el primer momento por este libro y me ayudó a avanzar con sus comentarios.

A Vicente San Román, en cuya taberna pasé horas incontables escuchando flamenco y hablando de chismes, porque «el que no es chismoso, es mentiroso», decía Paco.

A Rafa, que sigue hablándome de los fandangos de su tierra con la misma ilusión que cuando se los escuchaba a su madre.

Y, por supuesto, a Sandra y a mi hijo Emilio, que esta vez no me ha discutido el título del libro, quizás porque estaba a otra cosa. Confío en que esta música que ahora no entiende emerja algún día en sus gustos como un tesoro sumergido.

A mis padres, mi familia y mis amigos. Un recuerdo para los que se fueron, entre ellos mi primo Santiago, hijo de mi tío Leopoldo. Este libro también está dedicado a la memoria de Juan Carlos Aragoneses, Juan Rentería y Bladimir Zamora. Cuánto habrían disfrutado con estas historias flamencas.

A todos los antiguos maestros y los artistas del flamenco que me emocionan con su arte. Va por ellos esta letra por fandangos:

Aunque me voy no me voy,
aunque me voy no me siento,
aunque me voy de palabra,
pero no de pensamiento.

Biografía cronológica

1947

Francisco Sánchez Gomes nace el 21 de diciembre en La Bajadilla, un barrio de mayoría gitana en Algeciras (Cádiz), en la calle San Francisco, 8. Es el hijo menor de Antonio Sánchez Pecino (Algeciras, Cádiz, 5/2/1908-Madrid, 23/6/1994) y Luzia Gomes Gonçalves (Castromarín, Algarve, Portugal, 4/6/1912-Madrid, 17/8/1997). Sus hermanos son María, Antonio, Ramón y Pepe, este dos años y tres meses mayor que él.

La bailaora Carmen Amaya regresa a España tras más de una década triunfando en los escenarios de Latinoamérica y Estados Unidos junto al guitarrista Sabicas. Fue una de las mayores atracciones de Hollywood, donde interpretó su versión de *El amor brujo* ante veinte mil personas y rodó varias películas.

1949

José Greco funda en Estados Unidos su propia compañía de baile, a la que en 1962 se incorporarán Pepe y posteriormente Paco. Greco nació en Montorio nei Frentani (Italia), pronto se mudó a Sevilla y más tarde emigró con su familia a Estados Unidos, donde se incorporó a la troupe de Encarnación López Júlvez, la Argentinita. La compañía de Greco estaba formada por artistas flamencos que el bailarín «reclutaba» en sus viajes a España.

Muere con sesenta y nueve años Ramón Montoya, considerado uno de los mejores guitarristas de la historia del flamenco y figura clave para el desarrollo de la guitarra flamenca de concierto.

1950

Nace José Monje Cruz, El Camarón de la Isla, en San Fernando (Cádiz) el 5 de diciembre.

1952

Se estrena *Duende y misterio del flamenco*, una excelente mezcla de documental y ficción en la que Edgar Neville recorre los estilos del cante, el toque y el baile, con artistas como Pilar López, Aurelio Sellés, Antonio Ruiz Soler, Fernanda y Bernarda de Utrera, Pastora Amaya y su marido Farruco, Antonio Mairena y Manolo Vargas.

Nace en Huelva Miguel Vega de la Cruz, Niño Miguel, un guitarrista muy admirado por Paco que tendrá una carrera corta y una vida desgraciada.

1954

El sello Ducretet-Thomson publica en Francia la *Antología del cante flamenco*, un álbum producido por Perico el del Lunar que recupera cantes perdidos o en trance de desaparición, con la intervención de artistas como Antonio el Chaqueta, Aurelio Sellés, Bernardo el de los Lobitos, Jarrito o Rafael Romero el Gallina.

Esta recopilación está considerada una enciclopedia a la que acuden todos los cantaores.

1955

El guitarrista Mario Escudero, que tendrá una gran influencia en Paco de Lucía, triunfa en un concierto en el Carnegie Hall de Nueva York tras incorporarse a la compañía de José Greco.

Niño Ricardo, el guitarrista que inspiró a Paco en sus tempranos comienzos, graba el disco *Guitare flamenco* en París.

Antonio Ruiz Soler, Antonio el Bailarín, estrena su versión de *El amor brujo*.

1956

Joselito estrena *El pequeño ruiseñor*. Comienzan los años dorados de los llamados «niños prodigio», como Marisol y Rocío Dúrcal.

Se celebra en Córdoba el primer Concurso Nacional de Arte Flamenco, donde se da a conocer uno de los grandes cantaores de las siguientes décadas, Antonio Fernández Díaz, Fosforito, con quien Paco grabará varios discos.

1958

Paquito y Pepito Sánchez actúan por primera vez como Los Chiquitos de Algeciras en Radio Algeciras, según registra Luis Soler en su libro *Flamencos del Campo de Gibraltar*. A Paco le anuncian como el Niño de la Portuguesa.

Antonio Mairena graba su disco *Cantes de Antonio Mairena*.

Niño Ricardo graba el primer volumen de *Toques flamencos de guitarra*.

Aparece en España la *Antología del cante flamenco*, publicada por Hispavox.

1959

Los Chiquitos de Algeciras actúan en el Cine Terraza de Algeciras, el 26 de diciembre, en una función benéfica.

Agustín Castellón Campos, «Sabicas», considerado el pilar fundamental de la guitarra flamenca y artífice de su internacionalización, es aclamado en el Town Hall de Nueva York. Se edita en España su elepé *Flamenco puro*.

1960

Junto con otros artistas del Campo de Gibraltar y acompañado de sus hermanos Ramón y Pepe, Paco actúa en la plaza de toros de Algeciras el 26 de junio. En Madrid graba tres EP con su hermano Pepe, titulados *Los Chiquitos de Algeciras* (volúmenes 1, 2 y 3). Cada uno de ellos contiene cuatro canciones. Esta es la primera vez que Paco graba en un estudio, con doce años. Los discos se publican el año siguiente. Contienen seguiriyas, soleares, tientos, tarantos, malagueñas del Mellizo y de Antonio Chacón, deblas, martinetes y tonás.

En Madrid, Los Chiquitos de Algeciras actúan en el famoso programa de Radio Intercontinental *Ruede la bola*, presentado por Ángel de Echenique.

Manolo Caracol graba *Juerga gitana*.

1961

Pepe Marchena graba un disco esencial, *Sus estilos flamencos*.

1962

Del 8 al 10 de mayo se celebra en el Teatro Villamarta de Jerez el primer Concurso Internacional de Arte Popular Andaluz. Pepe gana el premio para el cante por malagueñas (treinta y cinco mil pesetas) y Paco obtiene un premio especial del jurado (cuatro mil pesetas), ya que aún no tenía la edad mínima requerida para participar. Con el dinero de los premios de Pepe y Paco, más la ayuda de Ramón y Antonio, la familia se muda a Madrid y alquila un piso en la calle Ilustración, 17.

Pepe viaja a Estados Unidos con la compañía de José Greco. Un mes y medio más tarde se incorpora Paco. Están de gira nueve meses. Paco comparte escenario y conocimientos con el primer guitarrista de la compañía, Ricardo Modrego, con quien prepara varios temas para grabar. En Nueva York conoce a su ídolo, Sabicas, que le dice que tiene que empezar a tocar composiciones propias.

1963

Antonio Ruiz Soler, Antonio el Bailarín, contrata a Pepito y Paquito en su compañía. Paco interpreta la música del espectáculo *Antonio en la cueva de Nerja*, con el que más tarde se graba un cortometraje.

Los Chiquitos de Algeciras graban *Cante flamenco tradicional*. Por primera vez se habla de Paco con el sobrenombre «de Lucía».

1964

Paco graba con Ricardo Modrego *Ricardo Modrego y Paco de Lucía. Dos guitarras flamencas en estéreo*, para la compañía Philips.

Además, con el nombre de Paco de Algeciras acompaña el cante de la Niña de la Puebla y Jarrito (junto con Juan Habichuela) en otras grabaciones. Prepara el disco *Rocío canta flamenco* con Rocío Dúrcal, para quien también compone la música de su película *Té con nubes*.

Emprende su segunda gira con la compañía de Greco, de quince meses de duración, que se extenderá hasta el año siguiente y con la que actuará por primera vez en Australia.

Los Tarantos, de Rovira Beleta, protagonizada por Antonio Gades y Carmen Amaya, es candidata al Oscar a la mejor película de habla no inglesa, que finalmente gana *8 ½*, de Fellini.

1965

Graba con Ricardo Modrego *Doce canciones de García Lorca para dos guitarras en estéreo* y *Doce éxitos de dos guitarras flamencas*. Interviene en la banda sonora de la película *Gitana*, dirigida por Joaquín Bollo Muro, con Dolores Abril, el bailaor el Güito y Juanito Valderrama.

A dúo con su hermano Ramón acompaña en los discos de varios cantaores: Chato de la Isla, Carmen Moreno, Gaspar de Utrera, el Sordera y su hermano Pepe de Algeciras. Realiza una gira por Francia con la compañía de la bailaora Manuela Vargas.

1966

Se incorpora a la compañía de Antonio Gades, donde su amigo Emilio de Diego ejerce de director musical. Realizan una gira por Latinoamérica interpretando *Suite flamenca* y Paco descubre la música brasileña.

Antonio Mairena graba *La gran historia del cante gitano andaluz*, en tres elepés.

Víctor Monge, Serranito, graba el álbum *El flamenco en la guitarra de Víctor Monge, Serranito*, una joya de la discografía flamenca de todos los tiempos, como lo será su siguiente trabajo, *Aires flamencos* (1968).

1967

Siguiendo el consejo que Sabicas le dio en Nueva York, Paco graba su primer disco en solitario, *La fabulosa guitarra de Paco de Lucía*. «Empecé a pensar y a sentir por mí mismo y cambié la forma de tocar», dirá. Este álbum será considerado con el tiempo como el comienzo de una nueva etapa en la guitarra flamenca. Contiene nueve composiciones propias y una interpretación de «Ímpetu», de Mario Escudero. Con su hermano Ramón graba *Canciones andaluzas para dos guitarras*. Por petición de su discográfica, Philips, graba también con su hermano Ramón *Dos guitarras flamencas en América Latina*. Además, graba un nuevo EP con El Sevillano (sexto en el que le acompaña) y algunos temas como solista en dos discos de Bambino. En una de estas grabaciones en el estudio conoce a un adolescente recién llegado a Madrid: El Camarón de la Isla.

El saxofonista Pedro Iturralde le incorpora a su quinteto de jazz para tocar en el Festival de Jazz de Berlín. Graban *Flamenco Jazz*. Aunque aún no sabía quiénes eran, en el festival de Berlín Paco se cruza con figuras como Miles Davis o Thelonious Monk.

Tras treinta años de ausencia, Sabicas regresa a España como invitado de honor de la IV Semana de Estudios Flamencos de Málaga.

1968

Paco graba un álbum con Fosforito y le acompaña en varios festivales. Da importantes conciertos en París y realiza una gira por Estados Unidos, donde toca en los principales coliseos, desde Nueva York a Los Ángeles. El 2 de noviembre actúa en el Carnegie Hall de Nueva York, anunciado como «El Paganini de la guitarra flamenca». Con el Festival Flamenco Gitano recorre varias ciudades europeas junto a La Singla, El Güito, La Tati, Paco Cepero y El Lebrijano, entre otros.

Obtiene el Premio de Honor Javier Molina a la guitarra de concierto en el Concurso Nacional de Arte Flamenco de Córdoba.

1969

Publica un nuevo álbum en solitario, *Fantasía flamenca de Paco de Lucía*, con dos temas escritos por Esteban de Sanlúcar. Junto a su hermano Ramón graba *12 hits para 2 guitarras flamencas y orquesta de cuerda*, con éxitos de «música ligera», algunos de ellos pertenecientes a bandas sonoras de cine. Con El Lebrijano graba *De Sevilla a Cádiz*. También graba dos elepés con Fosforito y otro con Chato de la Isla, junto a su hermano Ramón. Con Naranjito de Triana graba el disco *A Triana*.

Graba su primer disco con Camarón de la Isla, *Al verte las flores lloran*, que supone el inicio de una alianza mítica.

Muere a los setenta y nueve años Pastora Pavón, La Niña de los Peines, una de las voces fundamentales de la historia del flamenco.

1970

Sale el segundo álbum de Paco de Lucía con Camarón: *Cada vez que nos miramos*. Graba un EP de villancicos con Fosforito. Obtiene el Premio Nacional de Guitarra de la Cátedra de Flamencología de Jerez. Realiza una gira más por Europa con el Festival Flamenco Gitano.

En noviembre triunfa en el Festival Internacional de Música de Barcelona, que conmemora el bicentenario del nacimiento de Beethoven y el vigésimo quinto aniversario del fallecimiento de Béla Bartók.

1971

El 24 de marzo es ovacionado en el Teatro de la Zarzuela de Madrid. Cada vez le requieren más teatros: en abril toca en el Teatro Español, y en diciembre en el María Guerrero de Madrid. En mayo vuelve a tocar en la Zarzuela y graba *Recital de guitarra de Paco de Lucía*, con su hermano Ramón.

El álbum de este año con Camarón se llama *Son tus ojos dos estrellas*.

Entre este año y los dos siguientes, Manolo Sanlúcar publica los tres volúmenes de su obra *Mundo y formas de la guitarra flamenca*, considerada una de las obras cumbre de la guitarra flamenca por su maestría técnica y su afán divulgador.

1972

Publica en solitario *El duende flamenco de Paco de Lucía*, y con Camarón su cuarto álbum, *Canastera*. La serie de Televisión Española *Rito y geografía del cante* le dedica un capítulo íntegro, en el que le acompañan su padre, sus hermanos Ramón, Antonio y Pepe, y su amigo Carlos Rebato. Actúa por primera vez en Japón, donde se convertirá en un ídolo, acompañado por Enrique de Melchor y su hermano Ramón. Con Fosforito graba una antología del cante que obtiene el Premio Nacional en categoría Disco de la Cátedra de Flamencología de Jerez.

Muere en Sevilla Manuel Serrapí Sánchez, Niño Ricardo (Sevilla, 1/7/1904-14/4/1972), el guitarrista más importante de la época en España, que fue la primera gran influencia de Paco a través del repertorio que le enseñó su hermano Ramón.

1973

Publica su álbum *Fuente y caudal*, donde incluye la rumba «Entre dos aguas» para completar los temas requeridos por el productor. En un principio, el disco pasa desapercibido.

Graba su trabajo anual con Camarón, titulado *Caminito de Totana*. También acompaña a María Vargas y a Fosforito en otros discos. Sale de gira por Estados Unidos y Canadá. Aunque *Fuente y caudal* está a punto de ser descatalogado por la discográfica debido a su escaso éxito, el promotor Jesús Quintero convence a Paco para llevarlo al número uno por los cauces del pop.

1974

El 16 de febrero vive un momento muy significativo en La Unión (Murcia) al acompañar el cante de Antonio Mairena, uno de los grandes cantaores de la historia y defensor práctico y teórico del arte jondo. «Jamás había cantado tan a gusto como con este muchacho», dijo el maestro.

La labor de Quintero da sus frutos. En junio, Paco ofrece un exitoso recital en el Teatro Alcalá Palace de Madrid, donde la mayoría del público es ajeno al flamenco. Al final del año, *Entre dos aguas* se sitúa en el número uno de la lista de ventas, con más de trescientas mil copias del *single* vendidas. *Fuente y caudal* ha vendido más de cien mil.

Manolo Sanlúcar se une al éxito de las rumbas con «Caballo negro», un tema incluido en su disco *Sanlúcar*.

1975

El 18 de febrero, Paco de Lucía se convierte en el primer artista flamenco que actúa en el Teatro Real, junto a su hermano Ramón. El público sobrepasa las localidades y se habilitan asientos en el escenario. La grabación del concierto se publica en un álbum titulado *En vivo desde el Teatro Real*. Unos días después toca en el Teatro Monumental de Madrid durante la I Semana del Cante, Baile y Guitarra, organizada por Quintero, por donde desfilan las primeras figuras del flamenco: Camarón, Chocolate, El Lebrijano, Fosforito, José Menese, La Perla de Cádiz, Enrique Morente, Terremoto de Jerez, Pepe de Lucía y Trini España.

Graba con Camarón uno de sus discos más logrados, *Arte y majestad*.

1976

Jesús Quintero dedica a Paco de Lucía su programa de Televisión Española *La hora de...*, emitido en horario de máxima audiencia. En la entrevista, el presentador le pregunta cuál de las dos manos es más importante para tocar la guitarra. Paco contesta que la izquierda es «la que busca, la inteligente», y la derecha, «la que ejecuta». Unos meses después, en represalia por esta respuesta con presunto mensaje ideológico, un grupo de ultraderecha le pega una paliza en la Gran Vía de Madrid. Le pisan los dedos y las manos, por fortuna sin consecuencias graves.

Publica *Almoraima*, cuya rumba «Río Ancho» toma el relevo de «Entre dos aguas». Con Camarón graba *Rosa María*, uno de los mayores éxitos del dúo.

1977

El 27 de enero se casa en Ámsterdam con Casilda Varela Ampuero, tras unos diez años de noviazgo. A la boda solo acuden los familiares más cercanos. La tarta nupcial tiene forma de guitarra.

Da dos conciertos con Carlos Santana, en la plaza de toros de Barcelona (ante quince mil personas) y en el Palacio Municipal de Deportes de San Sebastián. Conoce al joven grupo Dolores, liderado por el baterista y cantante Pedro Ruy-Blas. Este, con Álvaro Yébenes al bajo y Jorge Pardo al saxo y la flauta, le acompaña en una gira por Europa. Ruy-Blas le presenta al pianista Chick Corea.

Graba su noveno disco con Camarón de la Isla, *Castillo de arena*, el último de una serie prodigiosa.

Se retira una temporada de los escenarios españoles. Confiesa que está «cansado de los prejuicios» y que quiere «evolucionar y aportar algo distinto». El guitarrista de jazz norteamericano Al Di Meola le llama para que participe en su disco y Paco acepta. La canción se llama «Mediterranean sundance» y el álbum, *Elegant gypsy*.

El cantaor Enrique Morente publica dos discos fundamentales en la discografía flamenca: *Homenaje a don Antonio Chacón* y *Despegando*.

1978

Nueva gira por Europa, Japón y Latinoamérica, acompañado por el grupo Dolores. En Perú descubre el cajón en una fiesta gracias a Caitro Soto, cajonero de la cantante Chabuca Granda. El percusionista del grupo, Rubem Dantas, adapta el cajón al flamenco y lo incorporan como instrumento.

Graba *Paco de Lucía interpreta a Manuel de Falla*.

Nace su primera hija, Casilda.

1979

Su mánager Barry Marshall le propone crear un trío con dos guitarristas de jazz, Larry Coryell y John McLaughlin. Se hacen llamar Tres Hermanos y debutan con gran éxito en el Royal Albert Hall de Londres. Poco después comenzarán una gira por Europa, América y Japón, con el nombre de Super Guitar Trio.

Acompañado por Jorge Pardo (flauta), Rubem Dantas (percusión), Carles Benavent (bajo), su hermano Ramón (segunda guitarra) y su hermano Pepe (voz) realiza una gira mundial que los lleva por Latinoamérica, Australia y Europa. Este grupo será conocido como el Paco de Lucía Sextet. En Caracas (Venezuela) tocan ante diez mil personas.

Nace su hija Lucía.

El 16 de junio se publica *La leyenda del tiempo*, de Camarón, a quien le acompañan a la guitarra Tomatito y Raimundo Amador, con la producción de Ricardo Pachón. Por su carácter innovador, este disco se convierte en una de las obras principales de la historia del flamenco.

1980

Al Di Meola sustituye a Larry Coryell. El nuevo trío arrasa en una gira que despierta la admiración de un público totalmente ajeno al flamenco.

1981

Con el Sexteto graba el álbum *Solo quiero caminar*, que supone un paso más en su exploración de los límites del flamenco.

Se publica el disco *Friday Night in San Francisco*, grabado en un concierto con McLaughlin y Di Meola el 5 de diciembre de 1980. Sale también el álbum del concierto que dio en Japón con McLaughlin y Coryell, el 25 y el 27 de diciembre de 1980, con el título *Castro Marín*.

Se reencuentra con su amigo Camarón para grabar uno de sus mejores discos, *Como el agua*, cuyo tema principal supone el primer éxito masivo para el cantaor. De la segunda guitarra se encarga Tomatito.

1982

Da varios conciertos con Chick Corea. En un recital con Carlos Santana en Londres reúnen a veinte mil personas.

1983

Nueva gira internacional con McLaughlin y Di Meola, que queda registrada en el álbum *Passion, grace & fire*. Dedica el tema «Chiquito» a su amigo Chick Corea.

El director Carlos Saura le convence para que aparezca en su película *Carmen*, con Antonio Gades, Laura del Sol y Cristina Hoyos. En una escena memorable acompaña con la guitarra a Marisol en el tema «Deja de llorar», de Paco Cepero.

Colabora en el disco de Camarón *Calle Real* y en el de su hermano Pepe *Caminando*.

Nace su hijo Curro.

1984

Se publica un álbum en directo con el Sexteto, grabado en Holanda, *Live... One summer night*. Al grupo se incorpora el percusionista y bailaor Manuel Soler, y realizan una gira por Europa y Japón.

1985

Junto a Tomatito, acompaña a Camarón en su disco *Viviré*. Con el Sexteto realiza una nueva gira por Europa y América.

1986

Tras su gira anual con el Sexteto hace una gira por la Unión Soviética, donde tiene numerosos admiradores especialmente fervorosos.

Compone para el Ballet Nacional la música del espectáculo *Los Tarantos*, pieza dramática escrita por Alfredo Mañas, que se estrena el 27 de diciembre en el Teatro de la Zarzuela de Madrid.

Al margen del Sexteto forma un grupo de tres guitarras, Solo, Dúo y Trío, acompañado por Juan Manuel Cañizares y José María Bandera (su sobrino, hijo de su hermana María).

1987

El 11 de mayo sale a la venta el que está considerado su álbum más prodigioso, *Siroco*, una genialidad que expande aún más su idea del flamenco.

Actúa con el Sexteto en el Palacio de los Deportes de Madrid en un cartel estelar. Tras ellos salen al escenario Camarón y Tomatito. En junio ofrece un recital en el Festival de Jazz de San Sebastián con su amigo «Juanito» McLaughlin.

1988

Es un intenso año de gira con el Sexteto, con el que recorre Japón, América y Europa, donde llegan a dar hasta veinticinco conciertos solo en la República Federal de Alemania. Aún tiene tiempo para componer la banda sonora de la película *Montoyas y Tarantos*, dirigida por Vicente Escrivá.

Manolo Sanlúcar publica *Tauromagia*, uno de los mejores discos de la historia de la guitarra flamenca.

1989

Retoma el trío con Juan Manuel Cañizares y José María Bandera para una gira donde interpretan temas suyos ya clásicos y algunas piezas de Manuel de Falla.

1990

En octubre publica su esperado disco, *Zyryab*. Entre otras colaboraciones graba los temas «Compadres», con Manolo Sanlúcar, y «Chick», con Chick Corea, a quien lleva al estudio de buena mañana tras una noche de juerga.

Enrique Morente publica con Sabicas *Nueva York-Granada*, la última grabación del maestro de la guitarra.

1991

El 14 de febrero estrena en la Sala Pleyel de París su versión del *Concierto de Aranjuez*, de Joaquín Rodrigo, en la que ha trabajado muchos meses. Realiza una gira por Latinoamérica, Japón y Europa, acompañado por José María Gallardo, que actúa como ayudante orquestal y «ayudante de cámara». El 25 de abril estrena el *Concierto de Aranjuez* en Madrid, en el Teatro Bulevar de Torrelodones, con el maestro Joaquín Rodrigo sentado en primera fila frente a él. La grabación de este recital, donde le acompañó la Orquesta de Cadaqués dirigida por Edmon Colomer, se publica en disco unos meses más tarde.

Inicia la complicada grabación del que será el último disco de Camarón, *Potro de rabia y miel*.

1992

La Expo de Sevilla organiza el ciclo «Leyendas de la guitarra» en el Auditorio de la Cartuja, y Paco representa al flamenco junto a Vicente Amigo en un programa con figuras mundiales como George Benson, John McLaughlin, Larry Coryell, Stanley Clarke y Rickie Lee Jones.

Reúne al Sexteto y realizan una más de sus extensas giras mundiales.

Graba unas sevillanas a dos guitarras con Manolo Sanlúcar para la película *Sevillanas*, de Carlos Saura.

Recibe la Medalla de Oro al Mérito de las Bellas Artes.

El 2 de julio muere José Monje Cruz, Camarón de la Isla. A la tristeza por la terrible noticia se une un suceso de pesadilla: el mánager de Camarón, José Candado, difunde el bulo de que Paco se ha apropiado de los derechos de autor generados por el cantaor. Muchos le creen desde la ignorancia y pocos salen a defender la honestidad de Paco, que deja de tocar la guitarra durante casi un año, muy afectado por la muerte de su amigo y por la posterior difamación.

1993

Publica un disco doble con los conciertos en directo grabados durante su gira con el Sexteto en Boston, Nueva York y Oakland. Al grupo se incorpora el bailaor Joaquín Grilo.

Graba el tema «El escaparate», con Alejandro Sanz.

1994

Participa junto al sexteto en la película *Flamenco*, de Carlos Saura, con unos tangos.

El 23 de junio muere su padre en el Hospital Clínico de Madrid.

1995

Durante unos días de descanso de la gira en la isla de Providencia (Colombia) se corta el tendón de un dedo de la mano izquierda mientras practica pesca submarina. Por suerte, el accidente no es grave. Unos meses después se inaugura un monumento a su figura en su Algeciras natal. El guitarrista Juan Manuel Cañizares se incorpora al Sexteto.

1996

Realiza una larga gira con McLaughlin y Di Meola que termina en Corea del Sur. Entre concierto y concierto graban en estudio los temas de su nuevo disco, *The guitar trio*.

Acompaña a su hermano Pepe en su disco *El orgullo de mi padre*.

Pepe de Lucía deja el Sexteto y le sustituye Duquende, un cantaor joven que está llamado a «ocupar» el sitio de Camarón. Realizan una exitosa gira por Europa.

Carmen Linares publica *Antología de la mujer en el cante*, un doble álbum esencial en el que rinde homenaje a las grandes cantaoras de la historia, desde la Niña de los Peines a la Perla de Cádiz o la Serneta.

Enrique Morente publica su álbum *Omega*, donde le acompaña el grupo de rock Lagartija Nick y flamencos como su hija Estrella y los guitarristas Tomatito, Vicente Amigo, Cañizares e Isidro Muñoz. Este disco está considerado uno de los más revolucionarios del flamenco y es imprescindible para cualquier aficionado a la música.

1997

Tras varios meses de enfermedad, el 17 de agosto muere su madre, Luzia. Poco después le rinde homenaje en su nuevo disco, titulado *Luzia*, que presentará en directo en España en el Palau de la Música de Barcelona, el Palacio de Congresos de Madrid y en los jardines del Generalife de Granada.

Le nombran Hijo Predilecto de la provincia de Cádiz.

Aunque llevaban un tiempo separados, se divorcia oficialmente de Casilda Varela.

1998

Comienza una gira por América con el Sexteto, con el Viejín sustituyendo a Cañizares. En el concierto que ofrece en el Teatro de la Maestranza de Sevilla, dentro de la Bienal de Flamenco, realiza un gesto poco común en él: dedica su actuación a su hermano Pepe, que se encuentra entre el público.

Es nombrado Hijo Predilecto de Algeciras.

1999

El 9 de enero fallece su hermana María. Comienza una gira por Europa con el Sexteto, al que se incorpora su sobrino, el guitarrista José María Bandera, hijo de su hermana María.

2000

Se toma un año sabático, que ya era hora, aunque colabora en varios discos: *Samaruco*, de Duquende; *Gitana soy*, de Remedios Amaya; *Punto de encuentro*, de Cañizares, y *Cada día*, de su hermano Pepe.

Se casa en una boda privada con Gabriela Canseco, una restauradora mexicana a quien conoció en Cancún.

Vicente Amigo, el «discípulo» más adelantado de Paco, publica una obra fundamental de la guitarra flamenca, *Ciudad de las ideas*.

2001

En su gira con el Sexteto por Estados Unidos, Europa y Japón, el cantaor Rafael de Utrera sustituye a Duquende. La noche del 21 de julio ofrece un concierto inolvidable en el Festival de Jazz de Vitoria-Gasteiz con su amigo Chick Corea.

Nace su hija Antonia, fruto de su relación con Gabriela Canseco.

2002

Recibe un importante galardón otorgado por la Junta de Andalucía, el Premio Pastora Pavón «Niña de los Peines», por «universalizar el flamenco».

Televisión Española estrena el documental *Francisco Sánchez: Paco de Lucía*, de Jesús de Diego y Daniel Hernández, con dirección de fotografía de su amigo Manolo Nieto.

En otoño se suma a la compañía de Sara Baras para interpretar la música que Manolo Sanlúcar compuso para el espectáculo *Mariana Pineda*.

2004

Publica su álbum *Cositas buenas*, donde colaboran entre otros Diego el Cigala, Alejandro Sanz, Tomatito, Jerry González, Alain Pérez y Juan D Anyelica. El disco obtiene el Premio Grammy Latino al mejor álbum de música flamenca.

Recibe el Premio Príncipe de Asturias de las Artes. En el acta del jurado se lee: «Todo cuanto puede expresarse con las seis cuerdas de la guitarra está en sus manos, que se animan con la emocionante hondura de la sensibilidad y la limpieza de la máxima honradez interpretativa».

2007

La Universidad de Cádiz le nombra doctor *honoris causa*.
Nace su hijo Diego.

2009

Muere su hermano Ramón.

2010

Se convierte en el primer artista español investido doctor *honoris causa* por el prestigioso Berklee College of Music de Boston (Estados Unidos).

El 16 de noviembre, la UNESCO otorga al flamenco la categoría de Patrimonio Cultural Inmaterial de la Humanidad.

El 13 de diciembre muere a los sesenta y siete años su amigo el cantaor Enrique Morente, otro de los grandes renovadores del flamenco.

2012

Obtiene el Premio Grammy Latino al mejor álbum de música flamenca por su disco *En vivo. Conciertos España 2010*.

2014

Paco de Lucía muere de un infarto de miocardio el 25 de febrero en Playa del Carmen. Se publica póstumamente el disco que había dejado grabado como homenaje a las coplas que escuchó en su niñez, *Canción andaluza*. Este trabajo obtiene dos premios

Grammy Latino: al álbum del año, convirtiéndose en el primer disco de música flamenca que gana este galardón, y al mejor álbum de música flamenca.

En mayo muere su hermano Antonio.

El 24 de octubre se estrena el documental *Paco de Lucía: La búsqueda*, dirigido por su hijo Curro, con guion de su hija Casilda. Este trabajo obtiene al año siguiente el Premio Goya a la mejor película documental.

Lista de canciones para seguir la lectura

Antes, durante y después del proceso de este libro le he dado unas cuantas vueltas a los discos de Paco. A continuación, va una selección de sus temas, con la intención de que puedan servir al lector de ilustración, acompañamiento y por supuesto disfrute.

CON USTEDES, EL FABULOSO PACO DE LUCÍA

«Ímpetu» (bulerías), *La fabulosa guitarra de Paco de Lucía*, 1967.
«En la Caleta» (malagueñas), *La fabulosa guitarra de Paco de Lucía*, 1967.
«Punta Umbría» (fandangos), *La fabulosa guitarra de Paco de Lucía*, 1967.
«Punta del Faro», *El duende flamenco*, 1972.
«Entre dos aguas» (rumba), *Fuente y caudal*, 1973.
«Aires choqueros» (fandangos de Huelva), *Fuente y caudal*, 1973.
«Granaínas», *En vivo desde el Teatro Real*, 1975.
«Fandangos», *En vivo desde el Teatro Real*, 1975.
«Almoraima» (bulerías), *Almoraima*, 1976.
«Cueva del gato» (rondeña), *Almoraima*, 1976.
«Río Ancho» (rumba), *Almoraima*, 1976.

UNA MELANCOLÍA DE TIEMPOS REMOTOS

«Rondeña», Ramón Montoya.

«Cómo reluce» (caracoles), Antonio Chacón y Ramón Montoya.

«Gitanería arabesca» (danza), Niño Ricardo.

«Variaciones por Granadinas», Niño Ricardo.

«Punta y tacón», Sabicas.

«Bronce gitano» (soleares), Sabicas.

«Ritmo de Carmen Amaya», Sabicas y Carmen Amaya.

«Taranta», Sabicas y Carmen Amaya.

«Milonga flamenca», Sabicas.

«Repiqueteos flamencos», Mario Escudero.

«Ritmos de Sabicas», Sabicas y Mario Escudero.

«Planta y tacón, zapateado», Serranito.

«Oración», Manolo Sanlúcar.

«Sueños de la Alhambra», Niño Miguel.

UNO ES LO QUE FUE EN SU NIÑEZ

«Baladilla de los tres ríos» (bulerías), *Los Chiquitos de Algeciras*, 1961.

«Tanguillos de Málaga», *Los Chiquitos de Algeciras*, 1961.

«A buscar la flor» (malagueñas de Chacón), *Los Chiquitos de Algeciras*, 1961.

«Guajira flamenca», *Dos guitarras flamencas en estéreo*, Ricardo Modrego y Paco de Lucía, 1964.

«Anda jaleo», *12 canciones de García Lorca para guitarra*, Ricardo Modrego y Paco de Lucía, 1965.

«Malagueña», *12 éxitos para dos guitarras flamencas*, Ricardo Modrego y Paco de Lucía, 1965.

«El Vito», *12 canciones de García Lorca para guitarra*, Ricardo Modrego y Paco de Lucía, 1965.

«Que viene el coco», *Canciones andaluzas para dos guitarras*, Paco de Lucía y Ramón de Algeciras, 1967.

«La zarzamora», *Canciones andaluzas para dos guitarras*, Paco de Lucía y Ramón de Algeciras, 1967.

«La flor de la canela», *Dos guitarras flamencas en América Latina*, 1967.

«Aires de Linares», *Fantasía flamenca de Paco de Lucía*, 1969.

«Panaderos flamencos», *Fantasía flamenca de Paco de Lucía*, 1969.

UNA PAREJA PERFECTA

«Detrás del tuyo se va» (tangos), *Al verte las flores lloran*, El Camarón de la Isla con la colaboración especial de Paco de Lucía, 1969.

«Al verte las flores lloran» (bulerías), *Al verte las flores lloran*, El Camarón de la Isla con la colaboración especial de Paco de Lucía, 1969.

«Cada vez que nos miramos» (soleá de la Serneta), *Al verte las flores lloran*, El Camarón de la Isla con la colaboración especial de Paco de Lucía, 1969.

«Ante el altar me juraste» (tangos), *Cada vez que nos miramos*, El Camarón de la Isla con la colaboración especial de Paco de Lucía, 1970.

«Al Gurugu Guruguero» (tientos), *Cada vez que nos miramos*, El Camarón de la Isla con la colaboración especial de Paco de Lucía, 1970.

«Jardín de belleza» (romera), *Cada vez que nos miramos*, El Camarón de la Isla con la colaboración especial de Paco de Lucía, 1970.

«Son tus ojos dos estrellas» (bulerías), *Son tus ojos dos estrellas*, El Camarón de la Isla con la colaboración especial de Paco de Lucía, 1971.

«Sin motivos ni razón» (fandangos de Gabriel Macandé), *Son tus ojos dos estrellas*, El Camarón de la Isla con la colaboración especial de Paco de Lucía, 1971.

«... Y me gustan las mujeres» (tangos), *Canastera*, El Camarón de la Isla y Paco de Lucía, 1972.

«Canastera» (canastera), *Canastera*, El Camarón de la Isla y Paco de Lucía, 1972.

«No quisiera que te fueras» (bulerías), *Canastera*, El Camarón de la Isla y Paco de Lucía, 1972.

«Que a mí me vio de *naser*» (alegrías), *Canastera*, El Camarón de la Isla y Paco de Lucía, 1972.

«Caminito de Totana» (taranto), *Caminito de Totana*, El Camarón de la Isla con la colaboración especial de Paco de Lucía, 1973.

«Salud antes que dinero» (fandangos), *Caminito de Totana*, El Camarón de la Isla con la colaboración especial de Paco de Lucía, 1973.

«El caminante» (bulería), *Soy caminante*, El Camarón de la Isla con la colaboración de Paco de Lucía, 1974.

«Se pelean en mi mente» (taranta), *Soy caminante*, El Camarón de la Isla con la colaboración de Paco de Lucía, 1974.

«Ni que me manden a mí» (fandangos de Enrique Morente), *Arte y majestad*, El Camarón de la Isla con la colaboración especial de Paco de Lucía, 1975.

«No naqueres más de mí» (tangos del Titi), *Arte y majestad*, El Camarón de la Isla con la colaboración especial de Paco de Lucía, 1975.

«Con roca de pedernal» (bulerías), *Rosa María*, El Camarón de la Isla con la colaboración especial de Paco de Lucía, 1976.

«Rosa María» (tangos), *Rosa María*, El Camarón de la Isla con la colaboración especial de Paco de Lucía, 1976.

«Como castillo de arena» (bulerías), *Castillo de arena*, El Camarón de la Isla con la colaboración especial de Paco de Lucía, 1977.

«Y mira que mira y mira» (tangos), *Castillo de arena*, El Camarón de la Isla con la colaboración especial de Paco de Lucía, 1977.

«De tus ojos soy cautivo» (soleá de Cádiz), *Castillo de arena*, El Camarón de la Isla con la colaboración especial de Paco de Lucía, 1977.

«Como el agua» (tangos), *Como el agua*, Camarón con Paco de Lucía y Tomatito, 1981.

«Pueblos de la tierra mía» (alegrías), *Como el agua*, Camarón con Paco de Lucía y Tomatito, 1981.

«Na es eterno» (bulerías), *Calle Real*, Camarón con Paco de Lucía y Tomatito, 1983.

«Viviré» (bulerías), *Viviré*, Camarón con Paco de Lucía y Tomatito, 1984.

«La primavera» (rumba), *Potro de rabia y miel*, Camarón con Paco de Lucía y Tomatito, 1992.

LA BANDA DEL TÍO PRINGUE Y LA BÚSQUEDA

«Danza ritual del fuego», *Paco de Lucía interpreta a Manuel de Falla*, 1978.

«Danza», *Paco de Lucía interpreta a Manuel de Falla*, 1978.

«Canción del fuego fatuo», *Paco de Lucía interpreta a Manuel de Falla*, 1978.

«Solo quiero caminar», *Solo quiero caminar*, 1981.

«Monasterio de sal», *Solo quiero caminar*, 1981.

«Mediterranean Sundance / Río Ancho», *Friday Night in San Francisco*, Al Di Meola, John McLaughlin, Paco de Lucía, 1981.

«Castro Marín», *Castro Marín*, 1981.

«Palenque», *Castro Marín*, 1981.

«Gitanos andaluces», *Live One Summer Night*, The Paco de Lucía Sextet, 1984.

«La Cañada», *Siroco*, 1987.

«Mi niño Curro», *Siroco*, 1987.

«La Barrosa», *Siroco*, 1987.

«Zyryab», *Zyryab*, 1990.

«Soniquete», *Zyryab*, 1990.

«Playa del Carmen», *Zyryab*, 1990.

LA GUITARRA ES UNA HIJA DE PUTA

«Concierto de Aranjuez: 1. Allegro con Spirito», *Concierto de Aranjuez*, Joaquín Rodrigo, Paco de Lucía, Orquesta de Cadaqués, 1991.

«Iberia: 3. Puerto», *Concierto de Aranjuez*, Isaac Albéniz, Paco de Lucía, José María Bandera, Juan Manuel Cañizares, 1991.

«Me regalé» (tangos), *Luzia*, 1998.

«Río de la Miel», *Luzia*, 1998.

«Camarón», *Luzia*, 1998.

«Patio Custodio» (bulería), *Cositas buenas*, 2004.

«Antonia» (bulería por soleá), *Cositas buenas*, 2004.

«Volar» (bulería), *Cositas buenas*, 2004.

«Te he de querer mientras viva», *Canción andaluza*, 2014.

Bibliografía

ÁLVAREZ CABALLERO, Ángel, *El cante flamenco*, Madrid, Alianza, 1998.

BARRIOS, Manuel, *Ese difícil mundo del flamenco (semblanzas)*, Sevilla, Universidad de Sevilla, 1972.

—, *Antología del cante flamenco*, Madrid, Zafiro, 1978.

BLAS VEGA, José, *Vida y cante de don Antonio Chacón*, Madrid, Cinterco, 1990.

— y RÍOS RUIZ, Manuel, *Diccionario enciclopédico ilustrado del flamenco*, Madrid, Cinterco, 1988.

CABALLERO BONALD, José Manuel, y COLITA, *Luces y sombras del flamenco*, Sevilla, Fundación José Manuel Lara, 2006.

ESCRIBANO, Antonio, *Y Madrid se hizo flamenco*, Madrid, El Avapiés, 1990.

FERNÁNDEZ ZAURÍN, Luis, y CANDADO CALLEJA, José, *Camarón, biografía de un mito*, Barcelona, RBA, 2002.

GAMBOA, José Manuel, *Una historia del flamenco*, Madrid, Espasa, 2005.

—, *La correspondencia de Sabicas, nuestro tío en América*, Madrid, El Flamenco Vive, 2013.

—, *Víctor Monge, Serranito. El guitarrista de guitarristas*, Madrid, El Flamenco Vive, 2017.

—, *¡En er mundo! De cómo Nueva York le mangó a París la idea moderna de flamenco*, Sevilla, Athenaica, 2017.

—, «Cada día canta mejor» (artículo en la revista *La Caña*, 1993).

— y Núñez, Faustino, *Camarón: vida y obra*, Madrid, Fundación SGAE, 2002.

— y Núñez, Faustino, *Biografía de Paco de Lucía* (libreto incluido en la edición de la caja *Integral* con todos sus discos remasterizados), Madrid, Universal Music Spain, 2003.

Grande, Félix, *Agenda flamenca*, Barcelona, Mondadori, 1992.

—, *Memoria del flamenco*, Madrid, Alianza, 1999.

— y González, David (Zaafra), *Paco de Lucía y Camarón de la Isla*, Barcelona, Lunwerg, 1998.

Grimaldos, Alfredo, *Historia social del flamenco*, Barcelona, Península, 2010.

Gutiérrez, Balbino, *Enrique Morente, la voz libre*, Madrid, Fundación SGAE, 1996.

Lencero, Carlos, *Sobre Camarón: la leyenda del cantaor solitario*, Barcelona, Alba, 2009.

León Benítez, Catalina, *Manolo Caracol: cante y pasión*, Córdoba, Almuzara, 2008.

Limón, Javier, *Memorias de un productor musical*, Barcelona, Debate, 2022.

Mairena, Antonio, *Las confesiones de Antonio Mairena*, edición de Alberto García Ulecia, Sevilla, Universidad de Sevilla, 2009.

Montero Glez, *Pistola y cuchillo*, Barcelona, El Aleph, 2010.

Montiel, Enrique, *Camarón: vida y muerte del cante*, Barcelona, Ediciones B, 1993.

Mora, Miguel, *La voz de los flamencos: retratos y autorretratos*, Madrid, Siruela, 2008.

MURCIANO, Antonio, *Mi vida y el cante. Memorias flamencas de Juanito Valderrama*, Jaén, Diputación Provincial de Jaén, 1994.

ORTIZ NUEVO, José Luis, *Las mil y una historias de Pericón de Cádiz*, Barcelona, Barataria, 2008.

PÉREZ CUSTODIO, Diana, *Paco de Lucía. La evolución del flamenco a través de sus rumbas*, Cádiz, Universidad de Cádiz, 2005.

POHREN, Donn E., *Paco de Lucía y familia: el plan maestro*, Madrid, Sociedad de Estudios Españoles, 1992.

RODRÍGUEZ, Alfonso, y MONTOYA, Dolores (la Chispa), *La chispa de Camarón: la verdadera historia del mito contada por su viuda*, Barcelona, Espasa, 2008.

SEVILLA, Paco, *Paco de Lucía: A new tradition for the flamenco guitar*, San Diego, Sevilla Press, 1995.

SOLER GUEVARA, Luis, *Flamencos del Campo de Gibraltar*, Tarifa, Acento 2000, 2000.

TÉLLEZ, Juan José, *Paco de Lucía: el hijo de la portuguesa*, Barcelona, Planeta, 2015.

— y SILVA LÓPEZ, Juan José, «Paco de Lucía en el recuerdo y la palabra de Félix Grande», *Almoraima. Revista de Estudios Campogibraltareños*, n.º 12, 1994.

TORREMOCHA, Antonio, *Algeciras (1950-1960). Recuerdos de infancia y juventud*, Algeciras, A. Torremocha, 2015.

TORRES, Norberto, «Camarón, la voz interior de Paco de Lucía», revista *El Candil*.

—, «Paco de Lucía interpreta a Manuel de Falla», *El Olivo*, n.º 34, 1998.

—, «Claves para una lectura musical de la obra de Paco de Lucía», *Revista de Investigación sobre Flamenco «La madrugá»*, n.º 11.

— y RIOJA, Eusebio, *Niño Ricardo: vida y obra de Manuel Serrapí Sánchez*, Sevilla, Signatura Ediciones, 2006.

Torres Clemente, Elena, *Manuel de Falla*, Málaga, Arguval, 2009.

Troupe, Quincy, *Miles Davis. La autobiografía*, Barcelona, Alba, 2009.

Varios autores, «Te recuerdo como eras en el último otoño», revista *La Caña*, especial Camarón, n.º 6, verano de 1993.

Zagalaz, Juan, «Contactos tempranos entre jazz y flamenco en España. Una perspectiva analítica de la serie Jazz-Flamenco de Pedro Iturralde y Paco de Lucía (1967-1968)», *Jazz-Hitz*, n.º 1, 2018.

Recursos en línea

Archivos de RTVE.

Rito y geografía del cante: programa de TVE emitido entre 1971 y 1973, dirigido por Mario Gómez, con Pedro Turbica y José María Velázquez-Gaztelu, guionistas (este último, también entrevistador).

www.deflamenco.com: revista de actualidad del flamenco.

www.flamencopolis.com: web del musicólogo Faustino Núñez.

www.lamusayelduende.blogspot.com: *La Musa y el Duende*, revista internacional de flamenco, artículo «*Olé* de John Coltrane».

www.papelesflamencos.com: blog de David Pérez Merinero.

YouTube: Grabaciones, conciertos y entrevistas disponibles.

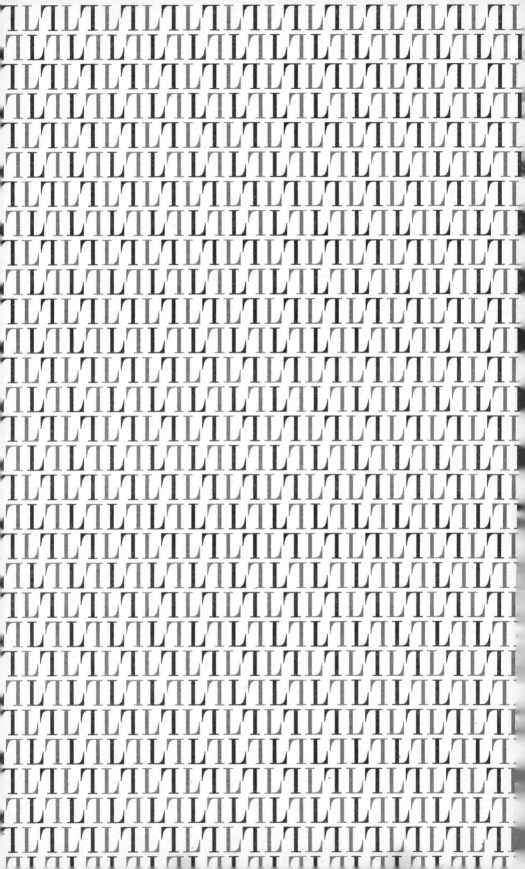